Nostradamus

Zum Buch

Viele Vorhersagen von Nostradamus haben die Menschheit schon verunsichert,
doch etliche Prophezeiungen in der Interpretation unterschiedlichster Nostra-
damusforscher haben sich nicht oder nur teilweise bewahrheitet.
Peter Lemesurier hat das Quellenmaterial eingehend studiert, die Themen und
Jahreszahlen geordnet und kam zu einem verblüffenden Ergebnis. Wenn
bestimmte vorhergesagte Ereignisse nicht eingetreten sind, so ist das nicht auf
Nostradamus' Fehlbarkeit, sondern auf die Fehler seiner Interpreten zurückzuführen, die dessen Aussagen mit ihren eigenen Erwartungen von der Zukunft
verwoben und alles auf ihre eigene Zeit, ihr eigenes Land oder ihr Interessenge-
biet bezogen haben.
Unterhaltsam und spannend schildert Lemesurier, was die Menschen in den
kommenden Jahrzehnten zu erwarten haben.
Blutige Ereignisse, deren Beginn er um das Jahr 1999 ansiedelt, werden etwa 50
Jahre andauern. Doch ihnen folgt eine jahrzehntelange Periode des Friedens und
des Wohlstands.

Zum Autor

Peter Lemesurier, geboren 1936, lehrte Sprachen an der Cambridge University
und arbeitete außerdem als Musiker, Pilot, Lehrer und Übersetzer.
Er hat zahlreiche Bücher veröffentlicht, unter anderem den Titel »The Great
Pyramid Decoded«, der in Großbritannien ein Bestseller wurde.

Peter Lemesurier

Nostradamus

Prophezeiungen bis 2050

Aus dem Englischen
von Andrea Witte

Cormoran

Der Cormoran Verlag ist ein Unternehmen
der Verlagshaus Goethestraße GmbH & Co. KG
1999 Sonderausgabe für den Cormoran Verlag
© 1993 by Peter Lemesurier
First published by Arrangement with Judy Piatkus Publishers Ltd.
Die deutsche Erstausgabe erschien 1996
im Econ Taschenbuch Verlag, Düsseldorf
Titel der englischen Originalausgabe:
Nostradamus: The Next 50 Years
Aus dem Englischen von Andrea Witte
Nachdruck – auch auszugsweise – nur mit
ausdrücklicher Genehmigung des Verlages
Umschlaggestaltung: Heinz Kraxenberger, München
Printed in Germany by Ebner, Ulm
ISBN 3-517-09018-2

Ein Wort des Danks

Herzlichen Dank an Susan Mears, die die Anregung zu diesem Buch gegeben hat, an Elen Sandhu und Hywel Edwards, die es durchgesehen haben, an Max und Jean-Charles de Fontbrune, die mir den Weg gewiesen haben, und an Erika Cheetham, die mich durch ihr Buch *Final Prophecies of Nostradamus* auf die 1568 erschienene Ausgabe des französischen Originals von Nostradamus in der Oxforder Taylorian Library aufmerksam gemacht hat.

Inhalt

Einleitung :
Eine Neuübersetzung

Als mir zum ersten Mal vorgeschlagen wurde, ein Buch über Nostradamus zu schreiben, hatte ich große Bedenken. Bei meinen früheren Untersuchungen zu Prophezeiungen und ihren Wirkungsweisen hatte ich mich näher mit den Kommentaren über den berühmten französischen Seher befaßt und den Eindruck von einem düsteren und offenbar verwirrten Kopf bekommen; ich bezweifelte seine angebliche Genauigkeit und mißtraute seinen Beweggründen geradeheraus. Wer war dieser finstere Mensch, der bereit war, mit so leidenschaftlicher Hingabe Düsterkeit über die Welt zu verbreiten? War ihm nicht klar, welchen Schaden er möglicherweise anrichten konnte, welche Ängste er nähren konnte, welchen gefährlichen Gedanken er Vorschub leisten konnte?

Die jüngsten und weithin anerkannten Übersetzungen waren sich immerhin einig, daß unser nächstes Jahrzehnt nach Nostradamus' Vorhersagen eine Zeit des reinen Schreckens für die ganze Welt sei. Da sollten der Antichrist und der Weltuntergang kommen, ein Atomkrieg zwischen den Westmächten und dem Warschauer Pakt, weltweite Hungersnöte, Pestepidemien und sämtliche apokalyptischen Greuel der biblischen Offenbarung des Johannes – und das alles zum Ende des zwanzigsten Jahrhunderts. Tatsächlich sollte – so steht es in der Mehrzahl der nostradamischen Prophezeiungen – 1999 ein großer »König des Schreckens« vom Himmel herabsteigen, um Zerstörung auf die verdammte Welt zu bringen, auch wenn die Menschen offenbar dazu bestimmt waren, noch ein bißchen länger zwischen den sich türmenden Übeln umherzuirren.

Ich wußte natürlich nicht, ob an all dem ein Funken Wahrheit war. Aber ich fragte mich, ob die Vorhersagen des Nostradamus nicht selbst dazu beitragen konnten, die Ereignisse herbeizuführen. Könnte nicht die eifrige Neuverbreitung seiner Botschaft durch moderne Interpreten dazu führen, in unseren Köpfen wieder dementsprechende Erwartungen zu wecken und so dem Eintreten des Vorhergesagten Vorschub leisten? Könnte das ganze Szenario nicht, kurz gesagt, eine sich selbst bewahrheitende Prophezeiung sein und jede zusätzliche Auslegung meinerseits nur dazu beitragen, das Ganze geschehen zu lassen?

Ich hätte mir keine Gedanken machen brauchen. Schließlich war es inzwischen schon Herbst 1992. Der Kalte Krieg war seit kurzem beendet. Es existierte nicht einmal mehr eine Sowjetunion oder ein Warschauer Pakt, die die düsteren Voraussagen hätten erfüllen können. Obwohl es überall noch viele Atomwaffen gab, bestand für keine der Weltmächte weiterhin ein Grund, sich damit gegenseitig zu bekämpfen, und sie schienen auch nicht im geringsten geneigt, dies zu tun. Der atomare Weltuntergang schien somit höchst unwahrscheinlich. Abgesehen vom vergleichsweise machtlosen Saddam Hussein gab es kein Anzeichen, daß irgendein Machthaber auch nur näherungsweise die Rolle eines universellen Antichristen spielen könnte. Plötzlich war das Ende der Welt in weite Ferne gerückt, hatte sich in ein großes Fragezeichen verwandelt. Wenn es überhaupt ein Jüngstes Gericht geben sollte, so schien es am ehesten über die Übersetzer und Interpreten hereinzubrechen – es sei denn, Nostradamus wäre derjenige, der sich geirrt hat.

Ein neuer Ansatz

Folglich war es also sinnvoll, die Schriften des Sehers aufs neue zu untersuchen, und zwar diesmal aus einer völlig veränderten Perspektive. Denn als ich nun in der Rolle des professionellen

Übersetzers die mir schon bekannten französischen Verse betrachtete, wurde schnell deutlich, daß viele von ihnen eben nicht das besagten, was frühere Ausleger lange angenommen hatten. Besonders der so gefürchtete »König des Schreckens« entpuppte sich als etwas ganz anderes: Ich fand heraus, daß er nichts weiter als ein größerer Anführer war, dem viel Geld zur Verfügung stand (s. Seite 92). Obwohl seit Jahrhunderten Übersetzungen der Prophezeiungen erschienen waren, enthielten diese nur zu oft eine erschreckende Zahl von Übersetzungsfehlern, wie sich nun ebenfalls herausstellte.

Aber warum war das so? Wahrscheinlich weil Nostradamus' Voraussagen, obwohl sie deutlich zusammengehören, keiner Art logischem System folgen (siehe Seite 22 »Verschleiern der Prophezeiungen«). Die meisten Kommentatoren haben daher versucht, jede Strophe mehr oder weniger für sich auszulegen, obgleich man das mit Nostradamus' verschlüsselten Versen ebensowenig tun kann, wie man die einzelnen Teilchen eines Puzzles zusammensetzen kann, wenn man die Schachtel mit der Abbildung verloren hat. Zwar bemühten sich einige Deuter, die Teile nach einer bestimmten logischen Struktur zusammenzufügen – aber sie legten dabei ihre eigenen zweifelhaften Auffassungen wie eine Art Schablone über den Deutungsprozeß, so daß das ganze Unternehmen unbrauchbar wurde.

Offensichtlich waren beide Ansätze unbefriedigend. Für dieses Buch mußte ich daher praktisch bei Null anfangen. Ich kehrte zum Original zurück, dem französischen Text aus dem sechzehnten Jahrhundert. Ich mußte mein angelesenes Wissen und meine Vorurteile aus dem Weg räumen und durfte mich statt dessen nur an wiederkehrenden Inhalten, Ausdrücken, Ortsnamen und Zeitangaben orientieren, die Briefe und gelegentlichen zusammenfassenden Verse des Nostradamus zu Hilfe nehmen, um eine wahrscheinliche Abfolge der Verse zu rekonstruieren. Und tatsächlich führten Paarungen bald zu Gruppen und Gruppen zu größeren Einheiten, bis sich am Ende eine Reihenfolge ergab, die wenig mit dem gemein hatte, was in früheren Kommentaren nahegelegt worden war.

Die bevorstehende Invasion

Die Botschaft für unsere eigene nahe Zukunft war und ist erstaunlich. Nach Nostradamus haben wir eine gewaltige Invasion des europäischen Mittelmeerraumes durch Horden aus dem Osten zu erwarten, die asiatisch, muslimisch *und rot* sind (was auch immer er damit meint).

Die Eindringlinge werden vor der Jahrtausendwende Italien erreichen, sie werden sich entlang der nordafrikanischen Küste ausbreiten und über Spanien in Südfrankreich einfallen. Der Papst wird ins Rhônetal fliehen müssen, wo er verfolgt, gefangen und schließlich getötet wird: *überdies wird es offenbar der jetzige Papst sein* (allein dieses Detail steigert zwangsweise die Bedrohlichkeit der beschriebenen Ereignisse). Der Vatikan wird später zerstört werden. Von Südfrankreich aus werden Millionen von Invasoren ohne Unterlaß plündernd und raubend nach Norden vorrücken und besonders die katholische Kirche verfolgen. Mit Hilfe einer Art von Luftfeuerwaffe werden sie die Hauptverteidigungslinien an der Garonne und der Loire überrennen, bis sie schließlich die Küste des Ärmelkanals erreichen. Förmlich in letzter Minute wird eine Invasion Englands abgewendet werden; dies gelingt dann aber eher aufgrund von Unstimmigkeiten in den asiatischen Reihen als durch die Überlegenheit der Verteidiger.

Die Geschichte des Zweiten Weltkriegs wird sich wiederholen, wenn eine gewaltige Gegeninvasion der Alliierten beginnt (Nostradamus glaubte ganz fest an sich wiederholende Abläufe). Diesmal wird sie jedoch von Großbritannien und Deutschland zusammen ausgehen. Dank einer hervorragenden Invasionstaktik werden die Eindringlinge aus einem inzwischen verfallenen und größtenteils entvölkerten Frankreich dann aus Italien und schließlich aus Spanien getrieben. Später werden sie von einem charismatischen neuen westlichen Führer, der sich dann wie Karl der Große zum König von Europa krönen wird, bis in den Mittleren Osten verfolgt. Eine Zeit nie dagewesenen Friedens und Wohlstands wird anbrechen und länger als ein halbes Jahrhundert Bestand haben.

Doch damit sind wir noch nicht am Ende. Der herbeigesehnte Beginn des Tausendjährigen Reiches – das Königreich auf Erden aus den Evangelien – wird nach Nostradamus allerdings noch mindestens weitere siebenhundert Jahre auf sich warten lassen. Es folgt eine neue Reihe von schweren Leiden und Unbill für die Menschheit im allgemeinen ...

Dieses also ist es, was ich als Nostradamus' Botschaft entziffert habe – und er wiederholt es des öfteren, anschaulich und sehr detailliert. Sein Entwurf ist dramatisch, manchmal sogar entsetzlich, aber er ist keinesfalls nur düster. Ganz im Gegenteil hat er so gut wie nichts mit dem zu tun, was in den meisten der schon vorhandenen Interpretationen vorhergesagt wird. Soweit ich weiß, ist das noch nie vorher so beschrieben worden. Erst durch das Ende des vieldiskutierten Kalten Krieges und der damit verbundenen atomaren Bedrohung ist es tatsächlich möglich geworden, diese Vision sichtbar werden zu lassen. Nur das erzwungene Ende der alten Interpretationen hat das Entstehen von neuen möglich gemacht.

Könnte es sich bewahrheiten?

Ist das nun wahr oder erfunden? Liegt so ein Szenario auch nur entfernt im Rahmen des Möglichen? Selbst jetzt, da ich darüber schreibe, könnte man ohne weiteres annehmen, daß es nicht eintritt. Und doch geschieht immer mehr Erstaunliches: In Zentralasien kommen langsam die neuerdings unabhängigen Mos-

lemrepubliken der ehemaligen Sowjetunion auf die Beine, sie
werden von der Türkei und anderen muslimischen Ländern
unterstützt. Zusammengenommen sind deren potentielle Ein-
nahmen aus dem Ölhandel schon beträchtlich, ihr Waffenarsenal
(Rückstände aus dem Kalten Krieg) immens. Langsam, aber
sicher kehrt der Islam zu seiner alten Stärke zurück. Man sehnt
sich nach einem neuen, charismatischen Führer, der alles in Ordnung bringt. Schon spricht man von der Gründung der Vereinigten Staaten von Zentralasien. Zwischenzeitlich ist der Mittlere
Osten mehr als reif für eine Art letzter Auseinandersetzung zwischen dem militanten Islam und dem Westen, während im ehemaligen Jugoslawien die Versuchung für die arabische Welt
immer größer wird, im Herzen Europas selbst einzugreifen…

Ich kann natürlich nicht mit Sicherheit behaupten, daß irgendeine dieser Entwicklungen notwendigerweise mit Nostradamus' Prophezeiungen verbunden ist. Noch habe ich an dieser
Stelle die für den Juden und Christen Nostradamus typische
Ablehnung des Islams zu kommentieren, auch wenn ich sie
nicht teile. Trotzdem kann ich nicht umhin zu glauben, daß hier
eine Art Verbindung besteht, die nur aufgedeckt werden will.
Und wenn dem so ist, werden die Beweggründe für Nostradamus' Anliegen sehr schnell klar ersichtlich sein. Denn er weist in
seinen Versen wiederholt darauf hin, daß die Zukunft zum
größten Teil in unserer Hand liegt. In anderen Worten: Es liegt
an uns, seine Weissagungen als Warnungen zu verstehen, uns
auf das, was wahrscheinlich eintritt, entsprechend vorzubereiten
und, solange noch Zeit ist, alle möglichen Gegenmaßnahmen
zu ergreifen.

Natürlich ist es immer auch möglich, daß er sich geirrt hat.
Aber wenn, dann wäre es ein riesengroßer Irrtum – dann hätte er
sich tatsächlich vollkommen und hoffnungslos geirrt –, was sich
kaum mit der Tatsache in Einklang bringen läßt, daß ihm im allgemeinen, wie wir sehen werden, eine bemerkenswerte Anzahl
von zutreffenden Prognosen zugeschrieben wird.

Es scheint mir daher von äußerster Wichtigkeit zu sein, eben das herauszufinden, was Nostradamus für die nächsten Jahre voraussagte. Aus diesem Grunde habe ich seine Verse so klar und angemessen wie möglich wiedergegeben, nämlich als gereimte Verse in der nostradamischen Tradition. Soweit ich weiß, ist das der erste Versuch dieser Art, zumindest in den letzten Jahren. Ich habe mich auch bemüht, meine eigenen Kommentare einfach und sachbezogen zu halten und habe das eher wissenschaftliche Material an das Ende des Buches verbannt. Ich habe die französischen Verse des Originals überhaupt nicht mehr wiedergegeben, da diese ohne weiteres in anderen Ausgaben zu finden sind und sie für die Mehrzahl der Leser sowieso zu kompliziert sind, als daß sie von Hilfe sein könnten.

Das Ergebnis ist meiner Meinung nach die erste leicht zugängliche deutsche Übersetzung von Nostradamus der letzten Jahre. Und wenn er mit den Ereignissen recht hat, die er ankündigt, dann ist es dazu auch höchste Zeit.

Über dieses Buch

Ich schlage vor, zu Beginn kurz einen Blick auf Nostradamus, den Menschen, zu werfen und seine Lebensgeschichte zu erzählen. Darauf werde ich seinen prophetischen und schriftstellerischen Werdegang sowie einige seiner Arbeitsmethoden darstellen. In Kapitel 2 werde ich zeigen, wie die Interpreten und Kommentatoren sich bemühten, dem unergründlichen Rätsel des Propheten aus der Provence irgendeinen Sinn zu geben. Auch werde ich die Gesetze der Prophetie untersuchen, die von mir entworfenen Grundsätze der Interpretation darlegen und kurz erklären, wie ich zu meiner Reihenfolge gelangt bin. Kapitel 3 wird eine Auswahl der erfolgreichsten Weissagungen des Sehers unter die Lupe nehmen, und schließlich werde ich in den Kapiteln 4, 5 und 6 zum ersten Mal seine

erstaunlichen Prophezeiungen für die kommenden Jahre in
Versform ausführen.

> *Flieh! Auf! Hinaus ins weite Land!*
> *Und dies geheimnisvolle Buch,*
> *Von Nostradamus' eigner Hand,*
> *Ist dir es nicht Geleit genug?*

Goethe, Faust (I,1)

1
Der Seher

Es sitzt des nachts der fleißige Scholar,
Auf den metallnen Dreifuß blickt er starr.
Im Dunkeln drängt ein Flackern rätselvoll,
Zu künden, woran niemand zweifeln soll.

Centuries (I.1)   (Lateinischer Vierzeiler)

Beklemmung, Angst, Endzeitstimmung – das sind normalerweise die Reaktionen der Menschen von heute, wenn sie den Namen Nostradamus hören. Der mysteriöse mittelalterliche Doktor und Seher wirkt auf uns wie ein Zauberer, ein düstrer und bedrohlicher Meister des Okkulten, wie jemand, der in die undurchsichtigen Geheimnisse der Astrologie und Hexerei eingeweiht ist. Viele haben ihn mit Mephisto selbst in Verbindung gebracht.

Nicht, weil er tatsächlich so war, sondern weil seine verworrenen und eigenartigen Verse so eingestuft werden, besonders von denen, die sie nie gelesen haben.

Es ist fast so, als würde dieser angesehene Arzt und Okkultist des sechzehnten Jahrhunderts, ein Zeitgenosse seines englischen Gegenstücks, des gefeierten Hofastrologen Königin Elisabeths I. Dr. John Dee, durch seine Verse nicht nur die Zukunft voraussagen, sondern sie tatsächlich von seinem Grab aus kontrollieren, obwohl er nun schon seit über vierhundert Jahren tot ist.

Offensichtlich haben das auch die ehemaligen Führer der Nazis in Deutschland geglaubt. Oder sie wollten auf zynische Weise den verbreiteten Aberglauben für ihre Zwecke nutzen. Nicht nur das Propagandaministerium von Goebbels, sondern auch Himmlers SS befaßte sich eingehend mit den Prophezeiungen. Ihr Ziel scheint gewesen zu sein, zuerst das Schicksal der Welt im allgemeinen und dann das des Dritten Reiches im besonderen zu ergründen und danach die Welt von ihren Schlußfolgerungen zu überzeugen. Die Briten und Amerikaner schlugen nicht weniger zynisch zurück. Am aufrichtigsten tat das einer der größten französischen Nostradamus-Kenner, Dr. Max de Fontbrune. Sein Buch über die Prophezeiungen Nostradamus', 1938 veröffentlicht, sagte zwar die Invasion Frankreichs durch die Deutschen voraus, kündigte aber auch die darauf folgenden Siege der Alliierten in Nordafrika an, die Invasion Italiens, die Schande von Marschall Pétain, die triumphierende Rückkehr von General de Gaulle nach Frankreich und die Niederlage und Teilung Deutschlands. Es überrascht nicht, daß die deutschen Besatzer das Buch fast direkt nach ihrer Ankunft in Frankreich 1940 verboten. De Fontbrune selbst wurde von der Gestapo verfolgt. Es war, als glaubten sie, wenn sie die prophetischen Deutungen angriffen, indem sie sozusagen den Boten für die Botschaft bestraften, würde sich der Weltenlauf irgendwie ändern. Seltsamerweise steckt in dieser Auffassung tatsächlich mehr als nur ein Körnchen Wahrheit. Prophezeiungen scheinen Ereignisse tatsächlich teilweise zu bedingen.

Wenn dem so ist, dann ist es buchstäblich lebensnotwendig, daß wir nicht die falschen Schlüsse ziehen. Wenn wir uns, wie schon viele, irgendwie davon überzeugen können, daß Nostradamus für die übrigen Jahre des gegenwärtigen Jahrhunderts eine Zeit des Atomkriegs, weitverbreiteten Völkermords und der Hölle auf Erden voraussagte, dann ist das wahrscheinlich genau das, was wir zu erwarten haben. Wenn wir aber herausfinden, daß seine im tranceähnlichen Zustand empfangenen Orakel nichts Derartiges verheißen, was auch immer der nüchterne Nostradamus nach der Vision darüber gedacht haben mag, kann diese Erkenntnis ebensogut handfeste, praktische Konsequenzen haben.

Daher brauchen wir also dringend ein neues und besonneneres wissenschaftliches Buch wie dieses.

Student und Arzt

Michel de Nostredame (sein Name scheint schlicht von seiner heimischen Pfarrkirche herzurühren) war von einfacher, jüdisch-französischer Herkunft. Am 14. Dezember 1503 (nach Julianischem Kalender) in St. Rémyde-Provence geboren, wurde er im römisch-katholischen Glauben erzogen, zu dem die Familie seit kurzem von der jüdischen Religion ihrer Vorfahren übergetreten war, aus verständlicher Sorge um ihr eigenes Überleben in einer Zeit wachsender religiöser Bigotterie.

Der älteste von fünf Söhnen wurde von seinem Großvater mütterlicherseits erzogen, einem Arzt und Naturheilkundler, der ihn Griechisch, Latein, Hebräisch, Mathematik und Astronomie lehrte, das damals noch nicht von der Astrologie getrennt wurde. Früh bekehrt zur kopernikanischen Theorie, daß sich die Erde um die Sonne dreht und nicht andersherum, studierte der junge Nostradamus an den Universitäten von Avignon und Montpellier, wo er Medizin als Hauptfach wählte. Nach seinem Abschluß 1525 kehrte er der akademischen Laufbahn den Rücken, um ein Leben als reisender Arzt aufzunehmen. Damals war gerade die Pest auf ihrem Höhepunkt, und Nostradamus verdiente sich bald beachtliche Anerkennung für seine ungewöhnlichen Behandlungsmethoden. Er bestand auf guten hygienischen Verhältnissen, benutzte bereits einfache Antiseptika und scheint von den Übertragungswegen der Krankheit mehr als nur eine flüchtige Ahnung gehabt zu haben; er weigerte sich hartnäckig, seine Patienten zur Ader zu lassen, was die traditionelle Medizin hingegen forderte. Darüber hinaus war er wirklich bereit, die Kranken zu pflegen. Er teilte nicht die gängige Meinung, daß die Krankheit eine Art wohlverdienter göttlicher Fluch sei und daß diejenigen, die an ihr litten, gemieden werden müßten »wie die Pest«, wie wir heute noch sagen – vielleicht ein frühes Anzeichen für die schon beinahe fatalistische Einstellung gegenüber der Aidsepidemie, die heutzutage so oft von christlichen Fundamentalisten vertreten wird.

Dies alles war dem herrschenden medizinischen Establishment natürlich ein Dorn im Auge. In der Tat war man damals der Meinung, solche Ideen seien des Teufels. So war es fast ein Wunder, daß dem jungen Mann erlaubt wurde, nach Montpellier zurückzukehren, um dort seinen Doktor zu machen. Nichtsdestotrotz schloß er sein Studium 1529 erfolgreich ab. Dann machte er sich wieder auf die Reise.

Bis 1534 lebte er im Haus des angesehenen Philosophen Julius César Scaliger in Agen, wo er zu Wohlstand kam, heiratete und zwei Kinder zeugte. Seine glückliche Zeit aber war nur von kurzer Dauer, denn schon bald traten die ersten Pestfälle in der Stadt auf, und kurz darauf starben seine Frau und seine Familie an dieser Krankheit. Diese private Katastrophe zerstörte Nostradamus nicht nur persönlich, die Kunde davon bedeutete auch das Ende seiner Praxis. Denn wer vertraute noch einem Arzt, der selbst überlebte, seine Lieben aber nicht retten konnte?

Weitere Schicksalsschläge folgten: Er zerstritt sich mit seinem Gastgeber, wurde von der Familie seiner verstorbenen Frau verfolgt, und zu alledem begann die Inquisition, ihn wegen Häresie zu jagen. Nostradamus' Reaktion war vorherzusehen: Er machte sich wieder auf die Reise. Im Laufe der nächsten sechs Jahre tauchte er in Lothringen, Venedig und Sizilien auf, überall sammelte er bei den örtlichen Apothekern Material für sein geplantes Medizinbuch. Über den größten Teil seines

Lebens zu jener Zeit aber wissen wir überhaupt nichts, und so wurden fast zwangsläufig Erzähler und Romanciers angeregt, das Vakuum mit phantasievollen Geschichten von erstaunlichen persönlichen Prognosen und mit Legenden über fast magische Vorahnung zu füllen.

1544 war der Wandersmann zurückgekehrt, diesmal nach Marseille, wo die ungewöhnlich heftigen Überflutungen während des Winters die Nagetiere aus ihren Höhlen gespült hatten und so eine erneute Pestplage nach sich zogen – mehr Arbeit für Nostradamus also. Im Mai jenes Jahres war es die stark betroffene Stadt Aix-en-Provence, die ihn zu Hilfe rief. Wie immer nahm Nostradamus gerne an, bestand lediglich auf frischer Luft und klarem Wasser für seine Patienten. Dort arbeitete er fast ganz alleine und wurde zum gefeierten Mann der Stunde.

Prophet und Schriftsteller

Es folgte seine zweite Ehe, diesmal mit einer reichen Witwe namens Anne Ponsart Gemelle (ihr gemeinsames Haus in Salon, das noch steht, wurde zu seinen Ehren renoviert). Er vernachlässigte die Medizin und wandte sich dem Schreiben zu. Sich deutlich bewußt, einer Linie naturbegabter Hellseher anzugehören, hatte er schon seit 1550 einen jährlich erscheinenden *Almanach* herausgegeben – dennoch hütete er sich stets (aus offensichtlichen Gründen), seine Gabe als gottgegeben zu bezeichnen und sie mit der biblischen Prophezeiung in Verbindung zu bringen, daß »eure alten Männer Träume träumen werden und eure jungen Männer Visionen haben werden«. Nachdem er nun das oberste Stockwerk seines Hauses als Studierzimmer eingerichtet hatte, machte er sich an ein Werk namens *Prognostications*.

Aber das Größte und Beste stand noch bevor. Denn nun widmete er sich einer viel umfassenderen Arbeit, einer umfangreichen Sammlung allgemeiner Prophezeiungen mit dem Titel

Centuries. Sie sollte aus zehn Büchern mit je hundert vierzeiligen Strophen bestehen – tausend Vierzeilern insgesamt – und all die größeren Ereignisse von Nostradamus' Zeit an bis zum Ende des gegenwärtigen Zeitalters und dem Beginn des Tausendjährigen Reiches ausführlich vorhersagen.

Seine genauen Arbeitsmethoden sind weitestgehend unbekannt, obwohl sie in den ersten beiden Vierzeilern (der erste der beiden leitet dieses Kapitel ein) grob beschrieben werden. Die meisten seiner Einsichten scheint er durch eine Kristallkugel gewonnen zu haben, nämlich durch das Betrachten von Bildern, die in einem wassergefüllten Gefäß erschienen, das auf einem Dreifuß aus Messing stand, entweder bevor oder nachdem er mit einem Zauberstab seine Füße und den Saum seines Gewandes mit Wasser aus dem Gefäß besprengte. Er scheint sich auch selbst in eine Art tranceähnlichen Zustand versetzt zu haben, währenddessen er mysteriöse Stimmen hörte. Offensichtlich hat er monatelang den größten Teil der Nacht mit diesen Prozeduren verbracht, da es die beste Zeit war, um die Ruhe und Einsamkeit zu finden, die er brauchte. Daneben wendete er eine Vielzahl von Techniken an – darunter uralte Bücher und astrologische Berechnungen –, um bei den erhaltenen Einblicken eine größere Genauigkeit zu erreichen, besonders im Hinblick auf ihr Wann und Wo. Zu guter Letzt machte er sich die Mühe und arbeitete die visionären Ergebnisse gezielt in gereimte Vierzeiler um, durch die sie nicht nur einprägsam und schwer zu fälschen wurden, sondern auch eine beschwörende Melodie erhielten, wie man sie früher bei den antiken sybillinischen Orakelsprüchen kannte.

Verschleiern der Prophezeiungen

Da hellseherische Einblicke nun einmal intuitiv sind, kamen Nostradamus' Visionen natürlich in keiner bestimmten Reihenfolge. Das tun solche Bilder selten, genausowenig wie unsere nächtlichen Träume geordnet sind. Die spätere Auffassung, daß er sie absichtlich durcheinanderbrachte, scheint sich jedoch nicht auf Tatsachen zu stützen. Mit den Argusaugen der Inquisition im Rücken und dem Risiko, der Hexerei angeklagt zu werden, wenn seine Vorhersagen zu deutlich in Erfüllung gingen, verbrannte er allerdings nicht nur seine schriftlichen Quellen, sondern achtete auch darauf, daß seine Weissagungen nicht zu klar und deutlich waren – »auf eine eher verschwommene als deutlich prophetische Art geschrieben«, wie er sich später ausdrücken sollte. Wir werden im nächsten Kapitel sehen, wie er eben das erreichte und wie wir folglich hoffen können, ihn zu entschlüsseln.

Wie präzise auch immer seine ursprünglichen Visionen gewesen sein mögen, bei der nun folgenden »Aufräum«-Phase wurden sie einem ganzen Knäuel von Gefahren ausgesetzt. Wie wir auch in unserem nächsten Kapitel sehen werden, war es ein besonderes Risiko, die ursprünglichen Bilder mit den geltenden religiösen Glaubensinhalten und Endzeitvorstellungen zu überblenden. Je mehr das Bewußtsein Nostradamus' diesen Prozeß steuerte, desto wahrscheinlicher ist das der Fall. Als er schließlich sein opus magnum mit einem Vorwort in Form eines offenen Briefes an seinen neugeborenen Sohn César abschloß (wahrscheinlich nach seinem früheren Gastgeber in Agen benannt), siegten die allgemeingültigen Vorstellungen fast vollständig. Da sollte es unsägliche Katastrophen geben, die Pest, Hungersnöte, Revolutionen, Überschwemmungen und Plagen, »schrecklicher als je zuvor«. So wie es schon vor ungefähr zweihundert Jahren durch die Pest geschehen war, sollte die Menschheit so stark reduziert werden, daß kaum noch jemand zum Bestellen der Felder übrigblieb. Erst danach, nach dieser Zeit des Schreckens, würde das endgültige Goldene Zeitalter oder Millennium eintreten.

Das war gut und schön, war aber schon alles entweder gesagt worden oder geschehen. Die Offenbarung des Johannes in der Bibel war voll davon, die Geschichte ebenso. Und es bedurfte keiner großen Mühe vorherzusagen, daß auch in der Zukunft

Ähnliches geschehen würde – wahrscheinlich sogar mehrmals. Und wirklich hat sich einiges davon in unserem Jahrhundert schon wieder erfüllt. Ob das grausige Endzeitszenario des Briefes noch irgend etwas mit dem gemein hat, was Nostradamus' nächtliche Visionen tatsächlich offenbaren, müssen wir daher auf eigene Faust untersuchen, indem wir uns die Vierzeiler selbst sorgfältig ansehen und dabei die erfolgte »Aufräumarbeit« des Sehers vorsichtig mit einbeziehen.

Und wir sollten seine Behauptung in eben diesem Brief, die Prophezeiungen deckten einen Zeitraum bis zum Jahr 3797 ab, nicht zu ernst nehmen. Nach seinen eigenen abstrusen Berechnungen aufgrund von biblischen Zeitangaben und dem angenommenen Datum der Erschaffung der Welt mag er zwar recht gehabt haben. Aber die weissagenden Verse selbst erwähnen kein solches Datum. Womit sie sich allerdings besonders zu beschäftigen scheinen, sind die Jahre bis 1999 (eine Zahl, die des öfteren erwähnt wird).

Verschiedentlich hat Nostradamus darauf hingewiesen, daß er seine Prophezeiungen bis in das, wie er es nannte, »Siebte Millennium« reichen sah, das nach seiner Deutung der biblischen Zeitangaben irgendeinen Zeitpunkt zwischen 1827/8 und 2827/8 meinen konnte (übrigens stellte er auch klar, daß er davon ausging, daß die Zeit selbst noch um einiges länger weitergehen würde). Nichtsdestotrotz kann kaum bezweifelt werden, daß sich ein großer Teil der noch nicht erfüllten Prophezeiungen auf unsere Zeit und die frühen Jahre des 21. Jahrhunderts bezieht, wie wir in Kapitel 4 sehen werden.

Ruhm und Ehre

Das große Projekt sollte jedoch nie fertiggestellt werden. Als es 1555 erstmals veröffentlicht wurde, bestand es nur aus den ersten drei *Centuries* sowic aus cinem Teil des vierten (das altfranzösische Wort »*centurie*« bezieht sich hier auf eine Gruppe von hundert Versen und hat nichts mit einem Jahrhundert zu tun). Auch der Ausgabe von 1568 fehlten noch über fünfzig der für die siebte *Centurie* vorgesehenen Vierzeiler, obwohl sie schon den einleitenden Brief an Nostradamus' kleinen Sohn César und einen seltsamen vierzeiligen Fluch in lateinischem Kauderwelsch am Ende von *Centurie VI.* enthielt. Ebenso fand sich darin eine rätselhaft symbolische Nacherzählung seiner Weissagungen in Form eines weitschweifigen Ergusses mit dem Titel *Brief an Heinrich den Zweiten, König von Frankreich.* Zusätzlich wurden den verschiedenen nun folgenden Ausgaben 141 *Présages* (Omen) und 58 *Sixains* (Sechszeiler) einverleibt, und die *Centurie VIII.* wurde um acht zusätzliche Vierzeiler bereichert. Dazu kamen dreizehn neue, die offenbar für zwei weitere *Centuries* bestimmt waren, aber nie vervollständigt wurden.

Ob sie nun vollständig war oder nicht, die Wirkung der Sammlung war jedenfalls ebenso unmittelbar wie elektrisierend. Umgehend wurde Nostradamus an den Königshof zitiert, wo er gefeiert und von allem und jedem konsultiert wurde, nicht zuletzt von der Königin Katharina de Medici selbst. Er wurde gebeten, für alle Kinder der Königsfamilie Horoskope zu erstellen – eine schwierige und knifflige Aufgabe angesichts des Schicksals, das er, was die Königin nicht wußte, schon für fast alle von ihnen in seinen *Centuries* vorhergesagt hatte, wenn auch in der üblichen verdeckten Form.

War ihm vorher nicht klargewesen, als wie gefährlich sich die von ihm gewählte Aufgabe herausstellen würde, so konnte daran jetzt kein Zweifel mehr sein, erst recht, als ihn plötzlich die Nachricht erreichte, die Richter in Paris fingen nun ernsthaft an, wegen angeblicher Zauberei gegen ihn zu ermitteln. Nostradamus reagierte wie üblich: Er machte sich wieder auf die Reise. Eilig kehrte er nach Salon zurück, wo sein frisch erworbener Ruhm jeglichen dunklen Verdacht erstickte, der über ihn im

Umlauf hätte sein können. Tatsächlich wuchs sein Ansehen
beständig, nachdem sich nun offenbar eine Prophezeiung nach
der anderen zu erfüllen schien – besonders hinsichtlich der französischen Königsfamilie.

Die Königin war inzwischen so beeindruckt, daß sie den
Seher in seinem Haus in Salon während einer ihrer königlichen
Reisen besuchte. Man sagt, daß er die Gelegenheit nutzte, in
ihrem Gefolge den ziemlich unbedeutenden Mann zu erkennen,
der der künftige König Heinrich IV. werden sollte.

Wenige Tage später wurde Nostradamus erneut zur Königin
und ihrem Sohn, dem neuen König Karl IX., nach Arles gerufen, wo man ihm ein Stipendium von 300 Goldkronen über-
reichte. Sein Triumph war vollkommen. Sicherlich litt er zunehmend an Gicht, Arthritis und Wassersucht, doch konnte er
durch die Nachdrucke der *Centuries* im In- und Ausland (ihr
Druck ist tatsächlich bis heute nicht eingestellt worden) wenigstens reich, berühmt und zufrieden sterben.

Und das tat er dann auch im Alter von 62 Jahren in der Nacht
vom 1. auf den 2. Juli 1566, genau wie er es seinem Priester am
Vorabend vorhergesagt hatte, und auf eben die Weise, die er
offenbar schon in seinem *Présage 141* beschrieben hatte:

> *Wenn einst die große Botschaft kundgemacht,*
> *Die Königsgabe, so ist es vollbracht.*
> *Sein bester Freund, sein treuester Gesell,*
> *Findet ihn tot bei seinem Bettgestell.*

Es war ein bemerkenswertes, auch turbulentes Leben gewesen,
das auf der ganzen Welt in den kommenden Jahrhunderten
Widerhall finden würde. Als er sterbend in der Stille der Nacht
lag, die er so liebte, mag Nostradamus sich ein heimliches
Lächeln bei dem Gedanken gegönnt haben, daß die Welt sein
letztes Wort noch nicht gehört hatte.

2
Im trüben fischen

Der Leser lese dies mit weisem Sinn,
Doch meidet es, Ihr Seichten und Ihr Groben!
Sternkundler, Narren, Abschaum fahrt dahin!
Laß nur die Ehrenwerten mein Werk loben!

Centuries (VI.100)

Genaugenommen hatte Nostradamus keine Wahl. Seine Botschaft mußte absichtlich wirr klingen – oder mindestens zweideutig, unklar, obskur. Das Ganze mußte (um uns an seine Worte zu erinnern) »auf eine eher verschwommene als deutlich prophetische Art« geschrieben werden. Mit dem Gesetz und der Inquisition auf seinen Fersen wegen angeblicher Hexerei und Ketzerei hing sein nacktes Überleben und das seiner Prophezeiungen selbst davon ab.

Die *Centuries* zeigen uns das Ergebnis: Sie sind obskur bis zur Unverständlichkeit. Regelmäßig sind sie so gut wie nicht mit dem üblichen französischen Satzbau in Einklang zu bringen, obwohl Nostradamus fast immer sehr sorgfältig mit den grammatikalischen Bezügen umgeht (weitaus sorgfältiger, das muß hier gesagt werden, als die meisten seiner Möchtegern-Interpreten). Die Wörter selbst sind wenig besser. Sie sind nicht nur oft archaisch oder aus dem Lateinischen oder Griechischen entlehnt. Es ist nicht nur ihre uneinheitliche und chaotische Schreibweise (das ist für die Zeit nichts besonderes). Oft genug sind sie absichtlich verzerrt und verdreht, entweder um in Nostradamus' gereimte Zehnsilber zu passen oder nur um den Leser zu foppen. Ein Lieblingstrick ist das Verschleiern der Wörter durch Homonyme, so wie wir im Deutschen »weise« als »Waise« schreiben könnten oder »Lehrer« wie »leerer«. So wird *son œil* (»sein Auge«) zuerst zu einem Wort verschliffen und dann seul (»allein« – I.1) geschrieben; très (»sehr«) wird trois (»drei« – VIII.77); und sang humain (»menschliches Blut«) erhält ein neues Leben als cent, main (»hundert, Hand« – II.62).

Aber das ist erst der Anfang. Ortsnamen werden häufig durch antiquierte und ungewöhnliche Bezeichnungen ersetzt. Die Namen von Menschen werden ebenso häufig hinter abstrusen mythologischen oder biblischen Pseudonymen versteckt und dann aus Sicherheitsgründen als Anagramm geschrieben. Von einigen Ausnahmen abgesehen, fehlen Zeitangaben entweder vollkommen oder sind durch komplizierte astrologische Angaben verschlüsselt. Das Ganze ist nicht in glatte Prosa (und auch Nostradamus' Prosa ist alles andere als glatt), sondern in einen lose konstruierten gereimten Vers gekleidet mit all den ungewöhnlichen elliptischen Konstruktionen und sonderbaren Ausdrucksweisen, die solch ein Vorhaben erfordert. Zudem sind die Weissagungen, wie wir gesehen haben, nicht in chronologischer Reihenfolge aufgeführt.

Darüber hinaus hat Nostradamus (in der damaligen humanistischen Tradition) von Anfang an offenbar eher in Latein als in Französisch gedacht und seine Gedanken auch dementsprechend angeordnet, ganz so, als sei er Vergil oder Ovid.

»Sie werden weder zu undurchsichtig noch zu klar zu erkennen sein«, schrieb der Weise ganz zuversichtlich an seinen Sohn César. Da César seinem Vater sehr nahe war, hatte er uns natürlich etwas voraus. Für die heutigen Leser, die in einem viel größeren kulturellen und zeitlichen Abstand zu Nostradamus leben, scheinen die Verse verworren zu sein. Und an diesem

Punkt wird es für die Deuter verständlicherweise legitim – wenn nicht sogar unvermeidbar –, so gut wie alles, was sie wollen, in den Versen zu lesen.

Und das haben sie auch wiederholt getan.

Nostradamus scheint sich dieser Gefahr bewußt gewesen zu sein. »Stell dich darauf ein«, schrieb er an seinen Sohn César, »daß Gelehrte großartige und größtenteils hochtrabende Behauptungen über meine Sicht der Dinge machen werden.«

So neigen französische Interpreten selbstsicher dazu, viele der angeblich vorhergesagten Ereignisse in Frankreich zu orten, Amerikaner ebenso selbstsicher in Amerika, Briten an einem unbestimmten Ort zwischen den beiden. Die religiösen Menschen bestehen auf einer vorwiegend biblischen Interpretation der Vorhersagen, wissenschaftlich Orientierte beziehen sie auf den technischen Fortschritt, Ufo-Gläubige auf phantastische Besucher aus dem Weltall. Das ist natürlich alles sehr aufregend und dramatisch. Kann es aber mit dem, was Nostradamus wirklich sagt, in Einklang gebracht werden? An dieser Stelle kommen langsam Zweifel auf.

Wozu also die ganze Selbsttäuschung? Warum der Wunsch, etwas in die Prophezeiungen zu lesen, was eindeutig nicht da ist? Wahrscheinlich, weil wir immer, wenn wir etwas Unbekanntes verstehen wollen, versuchen, es auf unsere Art zu verstehen. In anderen Worten: Wir versuchen, es mit etwas uns Bekanntem in Beziehung zu bringen. Und daher betrachten wir als aufmerksame Beobachter der jetzigen Situation auf der Erde die Geschehnisse der Zukunft als reine, wenn auch unwahrscheinliche Verlängerung der jetzigen Zustände und vergessen dabei, daß es überhaupt keine erkennbare Verbindung geben muß. Wie Arthur C. Clarke sagt: »Die einzige Tatsache über die Zukunft, der wir uns sicher sein können, ist, daß sie absolut unvorstellbar sein wird.«[5]

So sind, um nur ein Beispiel zu nennen, die in den letzten Jahren veröffentlichten Kommentare zu Nostradamus voll von

Kriegen in der Dritten Welt und atomaren Auseinandersetzungen zwischen der Sowjetunion und dem Warschauer Pakt auf der einen Seite und Westdeutschland mit seinen Alliierten auf der anderen Seite. Die Interpreten hatten überhaupt nicht vorhergesehen, daß einige dieser gerade genannten Länder oder Organisationen gar nicht mehr bestehen würden, um überhaupt an ihrem farbenprächtigen Entwurf teilhaben zu können.

Und natürlich mögen die religiösen Menschen geneigt sein, die von Nostradamus vorhergesagte Zukunft ausschließlich aus der Sicht der biblischen Apokalypse zu sehen, wie sie in der Offenbarung des Johannes beschrieben wird: Hungersnöte, Epidemien, Antichrist, Weltuntergang, Jüngstes Gericht usw. So sah ja auch Nostradamus selbst als frommer Katholik die Zukunft, wenn er bei klarem Bewußtsein war. Dennoch wird sich das Ergebnis eines solchen Ansatzes als genausowenig verläßlich erweisen wie die Endzeitvorstellungen, die sich gutmeinende christliche Fundamentalisten erträumen, die überzeugt sind, daß sich die Voraussagen auf heutige Mächte und Bündnisse beziehen, und sie dementsprechend auslegen[15]. Zwischen der seltsamerweise tröstenden Sicherheit des Kalten Kriegs und der brutalen, aber kalkulierbaren Auseinandersetzung zwischen Kommunismus und Kapitalismus mögen derartige Erwartungen schon realistisch gewesen sein. Jetzt aber liegt die Sache anders – und nicht unbedingt besser. Solche Vorstellungen werden folglich immer wieder konsequent untersucht werden müssen, so wie sich die politische Landkarte der Erde ständig ändert, auflöst und wieder zu neuen und vollkommen unerwarteten Konstellationen zusammenfindet.

Und immer werden wir die Ausrede hören: »*Damals* haben wir uns geirrt. *Jetzt* haben wir recht.«

Wenn Sie möchten, können Sie das gerne glauben.

Die Gesetze der Prophetie

Was ist also das Problem? Es liegt ganz offenbar in der Tatsache, daß sich Erwartungen und Prophezeiungen nicht miteinander vereinbaren lassen. Hellseherische Einblicke wie die von Nostradamus kommen nicht mit Datumsangaben, thematischen Überschriften oder bibliographischen Fußnoten im Schlepptau. Wenn überhaupt, erscheinen sie als plötzliche, isolierte Schnappschüsse, die vielleicht einen Anhaltspunkt auf ihr Wo, Wann und Wie enthalten. Sie können genausogut von der Vergangenheit wie von der Zukunft handeln. Und sie sind seltsamerweise eindimensional.

Das ist fast so, als würde jemand versuchen, nach einem Blick durch den Schornstein eine astrologische Landkarte zu erstellen.

Nostradamus selbst versuchte zugegebenermaßen, die Lücken mit Hilfe von astrologischen Berechnungen und Erklärungen aus alten Büchern zu schließen, wobei er die Bibel nicht außen vor ließ. Das mag geholfen haben. Andererseits kann es genausogut geschadet haben, wenn man bedenkt, daß sowohl Astrologie als auch alte Bücher wiederum ihre eigenen Erwartungen vertreten.

Mit anderen Worten: Prophezeiungen können schlechterdings nicht mit Hilfe von vergangenen oder gegenwärtigen Erwartungen interpretiert werden. Eine Erwartung sagt nur ihre eigene Zukunft voraus, eine Prophezeiung hingegen kann sich auch auf etwas Fremdes beziehen.

Wenn das aber der Fall ist, was gibt es dann noch für weitere Wegelagerer, die nur darauf warten, die prophetische Karawane zu überfallen? Leider gibt es nur zu viele davon. In meinem Buch *The Armageddon Script: Prophecy in Action* (Element, 1981)[12] habe ich die offensichtlicheren Gefahren in Form von acht Gesetzen der Prophetie umrissen. Sie lauten wie folgt:

1. **Das Gesetz der überraschenden Erfüllung**
   Das wahrscheinlichste Ergebnis ist das, was am wenigsten erwartet wird.
2. **Das Gesetz der vereitelten Erwartung**
   Die offensichtlichste Deutung ist am ehesten falsch.
3. **Das Gesetz des beeinträchtigenden Vorurteils**
   Vorurteile und Prophezeiungen passen nicht zusammen.
4. **Das Gesetz der Selbstbewahrheitung**
   Prophezeiungen neigen dazu, sich selbst zu bewahrheiten (hier würde ich meinem ursprünglichen Text nur noch hinzufügen: »wiederholt«)
5. **Das Gesetz der abnehmenden Genauigkeit**
   Die Genauigkeit einer Prophezeiung nimmt im Quadrat der Zeit bis zu ihrer Erfüllung ab.
6. **Das Gesetz der getrennten Funktionen**
   Prophezeiung und Interpretation sind als Tätigkeiten unvereinbar.
7. **Das Gesetz der prophetischen Perspektivierung**
   Hellseherei zoomt die Zukunft heran.
8. **Das Gesetz der nicht existenten Unmöglichkeit**
   Was passieren kann, passiert auch. Was nicht passieren kann, passiert vielleicht.

Der Leser wird nicht erwarten, daß ich auf diese acht Gesetze der Prophetie hier näher eingehe. Die meisten verstehen sich eigentlich von selbst, und die anderen werden deutlicher werden, sobald sie im Experiment auf einige besondere Fälle angewendet werden.

Angenommen, meine Analysen sind zutreffend, so sieht man auf den ersten Blick, daß die meisten aufregenden Möchtegern-Deutungen Nostradamus' das erste, zweite, dritte und sechste Gesetz nicht erfüllen. Sie tendieren auch dazu, zumindest die zweite Hälfte des achten Gesetzes zu ignorieren, wie Arthur C. Clarke in seinem beflügelnden Buch *Profiles of the Future* eben-

falls herausgefunden hat. Unter dem Titel »Clarkes Gesetze«
steht dort: »Wenn ein ausgewiesener älterer Wissenschaftler feststellt, daß etwas möglich ist, hat er fast immer vollkommen recht.
Wenn er feststellt, daß etwas unmöglich ist, hat er wahrscheinlich
unrecht.«[5] Für »Wissenschaftler« können wir ohne weiteres im
vorliegenden Fall »nostradamischer Interpret« einsetzen.

Nicht, daß sich Kommentatoren in erster Linie mit Unmög-
lichem befaßten. Nur bewirkt die natürliche Neigung, sich auf
ein besonderes Szenario festzulegen, daß alle anderen Möglichkeiten ausgeschlossen werden. Und doch bestärkt mein Zitat
von Arthur C. Clarke nur die Tatsache, daß das einzig Sichere
über die Zukunft ist, daß sie ganz anders sein wird, als wir erwartet
haben.

So könnte es zumindest sein, gäbe es da nicht das bös dazwi-
schenfunkende, jedoch inzwischen anerkannte vierte Gesetz.
Denn ein Ergebnis der interpretatorischen Bemühungen ist,
daß die Auslegungen längst ein Eigenleben als Prophezeiungen
entwickelt haben. Die Menschen nehmen an, daß das, was man
als Nostradamus' Meinung auslegt, das ist, was er tatsächlich
gesagt hat. Daher besteht zusätzlich zur Gültigkeit des vierten
Gesetzes noch die Gefahr, daß der reine Glaube daran Menschen, wenn auch unbewußt, veranlassen wird, das Angenom-
mene herbeizuführen.

Nostradamus im Zusammenhang

Jede neue Nostradamus-Auslegung muß daher diese offensichtlichen Fallstricke vermeiden. Indem sie die vorgefaßten Meinungen beiseite läßt und allen vergangenen oder gegenwärtigen
Deutungen aus dem Weg geht, darf eine Neuinterpretation die
Vierzeiler nur mit Hilfe dessen entschlüsseln, was über Nostradamus bekannt ist: seine Arbeitsmethoden, seine seltsamen literarischen Neigungen, seine Absicht zu verdichten und zu ver-

schleiern, was er selbst als »etwas undurchsichtig« beschrieb, um seine Prophezeiungen vor den Unwissenden und sich selbst vor den Fängen der Inquisition zu schützen.

Darüber hinaus muß eine Interpretation einbeziehen, daß Nostradamus nicht nur ein Mann seiner Zeit, sondern auch seiner Umgebung und seines Glaubens war. Der Seher war schließlich nicht einfach ein Renaissance-Gelehrter, der durch und durch von klassischer Mythologie erfüllt war. Er war auch eine Art mittelalterlicher Magier, ein Zeitgenosse von John Dee und Paracelsus. Wie im 16. Jahrhundert üblich, war sein Kopf unermüdlich mit einer außergewöhnlichen Mischung aus Gelehrtem, Alltäglichem und Phantastischem beschäftigt. Obwohl er zweifelsohne in medizinischer Hinsicht aufgeklärt war, war er doch genauso anfällig wie seine Zeitgenossen, die Zukunft ausschließlich aus biblischer Sicht zu betrachten, und das war eine ausgesprochen düstere und bedrohliche Sichtweise. Schließlich lebte er in einer Zeit der Pestkrankheiten und Epidemien, die Europas Bevölkerung vor nur wenigen hundert Jahren dezimiert hatten und ständig mit einem neuen Aufflammen drohten. Als Jude war er in viele der überlieferten Geheimnisse des jüdischen Okkultismus eingeweiht, nicht zuletzt in die Kabbala. Als Katholik war er natürlich nicht davor gefeit, die Ausblicke auf die Zukunft mit der katholischen Lehre von der Apokalypse und mit dem Schicksal der Kirche und ihrer Führer in Verbindung zu bringen. Auch war er damals leichte Beute für jede Art religiösen Aberglaubens, zu einer Zeit, als Aberglauben weit verbreitet war und so überhandnahm, daß er den revolutionären protestantischen Umsturz eines Martin Luther hervorbringen konnte. Darüber hinaus war er als Franzose natürlich geneigt, alle Ereignisse auf der Erde in erster Linie auf sein Vaterland und dessen Nachbarländer zu beziehen und daneben noch einen mißtrauischen Blick auf und um das Gelobte Land seiner Vorfahren zu werfen.

Deshalb sollten wir sogar von ihm erwarten, daß er alchemistische Kenntnisse, hermetische Symbole, kabbalistische Kodierungen, biblische Lehren einbringt und von mythischen Geschöpfen, Plagen, Epidemien, Hungersnöten, Überschwemmungen, Feuersbrünsten, Weltuntergang, Wiederkunft des Herrn und dem Jüngsten Gericht schreibt. Täte er das nicht, wäre es sehr verwunderlich.

Natürlich sollten wir auch erwarten, daß er zukünftige nationale Führer als »Könige« oder »Prinzen« bezeichnet, um ihren Namen nicht preiszugeben, auch wenn er diese schon kennt, daß er für Länder und Städte klassische Bezeichnungen oder Namen seiner Zeit benutzt und keine modernen, und daß er seine ultimativen Vorhersagen in den Rahmen einer Art Endzeitszenario stellte. Auch sollten wir erwarten, daß er Wörter wie *iendra* (wird kommen) und *terre* (Land, Welt) auf Frankreich bezieht und nicht auf die ganze Welt.

So gesehen war Nostradamus selbst nur zu anfällig für die bösartige Wirkungsweise des ersten, zweiten, dritten und sechsten Gesetzes. Wie genau auch immer seine intuitiven Einblicke gewesen sein mögen, der vom Bewußtsein geleitete Mann, der sie dann niederschrieb, mußte zulassen, daß sie von all den erwähnten Faktoren verwässert wurden – gar nicht zu reden von seiner astrologischen Arbeit und anderen Studien. Da er zusätzlich seine Vorhersagen in gereimte Verse kleidete, anstatt in klare, einfache Prosa (wofür man Nostradamus auch in seinen besten Momenten nicht die Schuld geben kann), zog er noch einen weiteren verdunkelnden Schleier über die Einblicke, die er zu gewähren versuchte, selbst wenn wir seine späteren, absichtlichen Bemühungen in dieser Richtung außer acht lassen.

Interpretatorische Grundsätze

Aus all dem ergeben sich die drei folgenden interpretatorischen Grundsätze:

1. Da jede erfolgreiche Übersetzung auf der Erkenntnis des Gesamtzusammenhangs beruht, ist es nicht möglich, abgetrennte Strophen nur für sich zu deuten, so wie man die einzelnen Teilchen eines Puzzles für sich erkennen kann. Fehlt uns die »Abbildung auf der Schachtel«, haben wir keine andere Wahl, als sie langsam, Schritt für Schritt, nach vorher festgelegten Grundsätzen zu rekonstruieren. Vermutungen über das vermeintliche Resultat stehen wohl nur im Weg. Möglichkeiten können natürlich in Erwägung gezogen werden, aber nur als wenige unter vielen, und dann nur so weit, wie durch Nostradamus' Aussagen auch belegt werden kann.

2. Demnach muß es unser Hauptziel sein, jeden Vers, sobald er entschlüsselt ist, mit den anderen entschlüsselten Versen in Verbindung zu bringen, indem gemeinsame Inhalte, Ausdrücke, Ortsnamen und Zeitangaben gesucht werden, so daß man eine grobe Abfolge der Verse feststellen kann. Auf diese Weise sollte es dann langsam möglich sein, den wahren Gesamtzusammenhang zu erschließen und dadurch letztendlich in einer Position zu sein, aus der man Nostradamus auf der Grundlage der Erkenntnisse über ihn interpretieren kann.

3. Drittens und letztens ist die übliche Wort-für-Wort-Übersetzung hier alles andere als hilfreich, da sie nur oberflächlich das Vokabular des Originals wiedergibt, ohne einen Eindruck von seinem Sinn, seiner Gestalt, seiner Kraft und Flüssigkeit zu vermitteln, ganz zu schweigen von den früher üblichen komplexen Bedeutungszusammenhängen, die wir schon lange nicht mehr beherrschen. Kurz, das wäre überhaupt keine Übersetzung, sondern vorschriftsgläubiger Quatsch – und jeder, der jemals einen Gerichtssaal von innen gesehen hat, wird wissen, welchen Hohn auf die Gerechtigkeit solch unsensible Sprachbehandlung hervorbringen kann.

Dieses im Blick, schlage ich in den folgenden Kapiteln vor, Nostradamus' Verse in eben der eingängigen, rhythmisierten Form wiederzugeben, die auch er selbst benutzte: gereimte zehnsilbige Zeilen (sogenannte Pentameter) von genau der Art, wie sie im damaligen England von den direkten Vorläufern Shakespeares benutzt wurden. Nicht, daß Nostradamus ein kleiner Shakespeare war: Seine Verse sind meistens übertrieben knapp, oft im Telegrammstil, manchmal voller Klischees, sogar hin und wieder derbe. Das meiste ist so knapp und verworren wie unsere lexikalisch oftmals verstümmelten Zeitungsüberschriften. Dennoch folgen seine Verse erkennbaren, wenn auch latinisierten, grammatischen Regeln, sie haben ein Versmaß und reimen praktisch immer. Jede ernstzunehmende Übersetzung muß zwangsläufig dasselbe leisten.

Ich bin jedoch, anders als die meisten Kommentatoren, dagegen, den Originaltext aus dem 16. Jahrhundert mit abzudrucken oder sogar, wie viele es machen, dessen redigierte Version. Leser, die meine Übersetzung mit dem Französischen vergleichen wollen, sind wahrscheinlich am besten beraten, sich direkt das Original anzusehen, wie es vor kurzem von Erika Cheetham veröffentlicht wurde[3]. (Die »Zusatz«-Vierzeiler und die Briefe finden sich bei Roberts[19], einige der *Présages* und der *Sixains* sind bei de Fontbrune[7] zu finden.) Wissenschaftliche Anmerkungen, die den einen oder anderen etwas auffälligeren und ungewöhnlicheren Punkt erklären, finden sich am Ende des Haupttextes. Eine allgemeingehaltene Erklärung findet sich im Anschluß an jeden Vers. Die hochgestellten Ziffern beziehen sich auf die Bibliographie auf Seite 309.

Auf diese Art hoffe ich, es dem Leser am besten zu ermöglichen, einen eigenen Zugang zu den Prophezeiungen zu finden. Zuerst prüfe ich die angebliche Genauigkeit der Sprüche, die sich schon bewahrheitet haben sollen, dann bringe ich die noch unerfüllten mit aktuellen Ereignissen in Verbindung. Aber ob diese Ereignisse tatsächlich vorauszusagen sind, hängt vollkommen davon ab, inwiefern es möglich sein wird, das prophetische Puzzle in der ursprünglichen Abfolge zusammenzufügen, die Nostradamus' visionäre Kraft vor vielen Jahren entschieden durcheinandergebracht hat.

3
Ein Intensivkurs
in Prophetie

*Zu vielfältigen Anlässen und über einen langen Zeitraum
habe ich spezielle Ereignisse im voraus gedeutet, die, wie
unerwartet sie auch gewesen sein mögen, in den verschieden-
sten Teilen der Welt inzwischen eingetreten sind.*

Brief an César Nostradamus

Wenn Nostradamus noch für etwas anderes bekannt ist
außer für seine fürchterlichen Prognosen der Zukunft, so
ist das die unheimliche und unbeirrbare Genauigkeit, mit der er
Ereignisse vorhersagte, die inzwischen längst der Vergangenheit
angehören. Schenkt man der allgemeinen Auffassung Glauben,
so ist so gut wie jedes wichtige Ereignis, das seit seinem Tod
stattgefunden hat, in seinen rätselhaften Versen erwähnt worden. Das muß denn auch seine beste Empfehlung sein, um sich
uns als Führer in die Zukunft anzubieten.

Um die *Centuries* selbst zum Beispiel zu nehmen: Bei einer
Zahl von ungefähr 940 Vierzeilern (die genaue Zahl hängt von
der Ausgabe ab), sind ungefähr 420 von dem einen oder anderen
Ausleger als schon eingetreten identifiziert worden, was andererseits bedeutet, daß noch mehr als die Hälfte auf ihre Erfüllung wartet. Jedoch ist diese Zahl und die dazugehörige Erfolgs-
rate alles andere als zutreffend. Tatsache ist nämlich, daß von
ungefähr 420 vermeintlichen »Treffern« nur ca. 50 von den meisten Interpreten auf mehr oder weniger gleiche Weise gedeutet

werden. Bei den restlichen 370 streiten sich die Ausleger beharr-
lich darüber, welches Ereignis zu welchen Versen gehört. Schon
zwei Kommentatoren ordnen denselben Vers ganz unterschiedlichen Ländern und Jahrhunderten zu. Es ist sogar möglich, daß
der eine einen Vers auf die Zukunft bezieht, während der andere
ihn überzeugt in der Vergangenheit plaziert.

Aber das ist noch nicht die größte Überraschung. Nur von
rund zwölf der angeblich erfüllten Vorhersagen kann behauptet
werden, daß die bedeutenden Ausleger sich bezüglich der Identifizierung einig sind.

Diese Tatsache ist ziemlich explosiv. Sie bedeutet, daß Nostradamus' angebliche Genauigkeit eher etwas mit einem Volks-
glauben zu tun hat als mit einem Faktum, vielleicht auch mit
einem *Bedürfnis* des Volkes zu glauben. Man könnte natürlich
behaupten, daß zumindest einige der Interpreten sich einfach
irren. Andererseits könnte man auch schlußfolgern, wahrscheinlich mit einem erlösenden Seufzer, daß es schließlich doch
Nostradamus war, der sich geirrt hat.

Was die Zahlen tatsächlich aussagen, ist jedoch viel weniger
beruhigend für die, die Endgültiges hören möchten. Es ist die
ernüchternde Einsicht (ernüchternd für Möchtegern-Ausleger),
daß die seherischen Prognosen, wenn sie für sich interpretiert
werden, in den meisten Fällen in einer zu unbestimmten Form
gehalten sind, als daß sie eine erfolgreiche und zweifelsfreie
Identifizierung mit Vergangenem ermöglichen würden, ganz zu
schweigen von Zukünftigem.

Auch wäre das von Nostradamus' Standpunkt aus nicht weiter
schlimm gewesen. Man muß immer die Vorstellung im Hinterkopf behalten, daß Geschichte zu einem gewissen Teil zyklisch
ist und daß das gleiche oder ein ähnliches Ereignis immer wiederkehrt. Daran glaubte Nostradamus selbst, und auch der
Autor des Buches Kohelet (angeblich König Salomon persönlich) meint:

Alles hat seine Stunde. Für jedes Geschehen unter dem Himmel
gibt es eine bestimmte Zeit . . . Was auch immer geschehen ist,
war schon vorhanden, und was geschehen soll, ist schon gesche-
hen, und Gott wird das Verjagte wieder suchen.

In diesem Kapitel möchte ich also eine Auswahl von Vorhersagen anführen, die man gemeinhin für besonders erfolgreich hält
(die römischen Ziffern beziehen sich auf die *Centurie* oder das
Buch, die arabischen auf den zitierten Vers). Sie werden feststellen, daß viele von ihnen gemein haben, bestimmte Daten und
Orte anzugeben – letzteres besonders war etwas, das Nostradamus selbst seinem Sohn César als wichtigen Schlüssel zum Verständnis nahelegte. Ich füge auch ein oder zwei andere Vorhersagen ein, die die Interpreten zu voreilig der apokalyptischen
Zukunft zugeordnet haben, die mir aber schon längst mindestens so deutlich eingelöst zu sein scheinen wie die anderen
angeblichen »Treffer«.

Auf dieser Grundlage wird man hoffentlich eine klarere Vorstellung von den Vorhersagemustern gewinnen, auf die man in
den noch nicht erfüllten Prophezeiungen achten muß. So können sie eher verstanden werden; wenn man auch keine zukünftigen Ereignisse im voraus sieht, so kann man sie doch wenigstens
erkennen, wenn sie sich abzeichnen.

Was nun folgt, kann man auch als Intensivkurs in Prophetie
bezeichnen, oder wenigstens als Kurs in prophetischer Entschlüsselung – der sich an nostradamischen Beispielen orien-
tiert.

I.35   *Der jüng're Löwe wird den alten schlagen,*
In einem Duell steht Mann gegen Mann.
Zwei Schläge durchs Visier ins Auge jagen,
Der Tod kommt dann so schnell er kommen kann.

Es war der Erfolg dieses Vierzeilers, der Nostradamus einen Namen als Hellseher verschaffte. Sobald er der Königin Katharina de Medici zu Ohren kam, spürte sie, daß er von ihrem Mann, dem König, handelte. Das war der Hauptgrund, aus dem Nostradamus innerhalb eines Jahres nach Veröffentlichung der ersten Ausgabe an den Hof zitiert wurde. Der König jedoch war weniger beeindruckt, und während der Vorbereitungen zur Hochzeit seiner beiden Töchter 1559 wollte er sein Schicksal unbedingt herausfordern, indem er sich mehrmals duellierte. Sein Gegner im letzten Duell war der Hauptmann der schottischen Garde, Graf de Montgomery. Der König in voller Rüstung und mit goldenem Helm trug einen Schild mit einem stehenden Löwen als Emblem. Montgomerys Schild zeigte ebenfalls einen stehenden Löwen. Das erste Treffen endete unentschieden, aber der König verlangte ein zweites. Dabei brach Montgomerys Lanze in Splitter, einer davon durchdrang den Hals des Königs, ein anderer durchschlug das Visier und gelangte durch das Auge ins Gehirn. Der König erlag seinen Verwundungen nach zehn Tagen Todeskampf.

III.30   *Der auf dem Schlachtfeld mit grober Gewalt*
              Dem Mächt'geren entreißt die Ehr,
              Den überfallen sechs im Hinterhalt,
              Schlitzen ihn auf im Schlaf, nackt, ohne Wehr.

Ich kann der Versuchung nicht widerstehen, diesen Vierzeiler mit aufzunehmen, da er zweifelsohne detailliert das historische Ereignis beschreibt, das auf das obengenannte folgt (ausführliche Voraussagen sind immer ein wichtiger Schlüssel für die Interpretation).

Montgomery war nach der unglückseligen Ermordung des Königs nach England geflohen und dort zum Protestantismus übergetreten. Schließlich kehrte er aber nach Frankreich zurück, um die Hugenotten aus der Normandie in einem Aufstand anzuführen. Er wurde besiegt und gefangengenommen, sein Leben jedoch wurde ihm geschenkt. Doch die Königin hatte ein gutes Gedächtnis und einen langen Arm. Im Mai 1574 drangen sechs ihrer Männer in sein Schlafzimmer ein und schleppten ihn nackt davon. Schließlich wurde er auf ihren Befehl hingerichtet. Ob dies nun eine bewußte Reaktion auf die Prophezeiung war, werden wir wohl nie erfahren.

Sixain 52   *Ein neuer Schlag, die Stadt verhungert fast,*
Des heiligen Bartholomäus' Fest
Wird sein ein Tag, den niemals ihr vergeßt.
In Nimes, Rochelle, Montpellier und Castres,
Lyon und Genf setzt Mars im Widdermond
Auf eine Edelfrau und wird belohnt.

Diese Vorhersage wurde angeblich nach Nostradamus' Tod 1566 unter seinen Papieren gefunden, sie bewahrheitete sich auf grausame Weise nur sechs Jahre später durch die inzwischen berüchtigte Bartholomäusnacht. Offensichtlich auf Geheiß der Königin ausgeführt, war sie der Versuch, alle Führer der Hugenotten in Frankreich auf einen Schlag zu beseitigen. Während dieser Verfolgungen starben ungefähr achttausend Menschen, und zwar nicht nur in Paris, sondern auch in anderen Gemeinden und Städten, jedoch wohl nicht in Genf. Man beachte, daß die besonders detaillierte Ort- und Zeitangabe letztendlich die Vorhersage bestätigt. Aber auch hier kann nicht ausgeschlossen werden, daß die Weissagung der Königin bekannt war.

III.51   *Paris wird planen einen großen Mord,*
              Blois macht das ganze Unternehmen wahr,
              Orléans jagt den Mörder wieder fort,
              Angers, Troyes, Langres müssen zahlen bar!

Auch hier sind es wieder die Ortsnamen, die eine Identifizierung der Voraussage möglich machen, und zwar mit dem
berühmten Mord am Herzog von Guise im Königsschloß zu
Blois am 23. Dezember 1588 auf Befehl des Königs. (Schloß-
führer dort erzählen auch heute noch liebevoll die grausigen
Details jener Nacht.) Diese blutige Tat sollte den Wendepunkt
in den französischen Religionskriegen des 16. Jahrhunderts darstellen. Die unmittelbare Wirkung war eine allgemeine Unruhe
im ganzen Land; die Bürger von Orléans ersetzten ihren Gouverneur durch einen Anhänger von de Guise. Nur die vorausgesagte Reaktion der drei Städte in der letzten Zeile ist ein Fehler:
Nostradamus sah nicht voraus, daß Angers und Langres auf der
Seite von Guise standen, während Troyes neutral blieb. Offenbar war auch der Seher nicht unfehlbar, genausowenig wie jeder
andere Mensch. Das sollten wir auf jeden Fall nicht vergessen.

IV.18   *Die von den Himmelsdingen viel verstehen*
             Werden von unbeles'nen Prinzen angeklagt,
             Geächtet, wie Verbrecher dann gejagt,
             Und umgebracht, kaum hat man sie gesehen.

Obwohl hier eigentlich keine spezifische Orts- oder Zeitangabe
geliefert wird, sieht dieser Vierzeiler zutreffend die Verfolgung
der postkopernikanischen Astronomen durch die herrschenden
Schichten der folgenden Jahre voraus – nicht zuletzt traf es auch

Galileo. Aber es war auch nicht zu schwierig für Nostradamus als Postkopernikaner, diese Entwicklung als wahrscheinlich anzunehmen.

IX.49   *Wenn Gent marschiert mit Brüssel auf Anvers,*
Die Londoner Regierung den Regent
Erschlägt; es gibt Verwirrung und Gezerr
Und größte Unruhe im Parlament.

Man ist sich im allgemeinen einig, daß dieser Vierzeiler klar den Tod von König Karl I. von England 1649 vorhersagt, obwohl auch hier wieder die fehlende Spezifizierung der Umstände verhindert, daß Karl in diesem Spruch eine Warnung hätte lesen können, selbst wenn er es gewollt hätte. Dennoch waren Brüssel, Gent und Anvers (Antwerpen) tatsächlich zwischen den drei Großmächten Frankreich, Holland und England 1648/9 zerstritten, so daß man sagen könnte, daß Warnzeichen existierten, wenn auch undeutliche. Und auf den zweiten Blick sehen wir, daß auf das Jahr 1649 vielleicht doch schon hingewiesen wird, nämlich in der Nummer des Vierzeilers!

VIII.76   *Kein König Englands, ein gemeiner Wicht!*
Die Macht greift sich der Schurke mit Gewalt.
Gesetz- und glaublos er das Land zerbricht,
Mir graut zu sagen: er kommt schon so bald.

Nostradamus' Beschreibung eines nichtkatholischen Bürgerlichen, der die Macht in England an sich reißt, scheint mehr oder weniger vollkommen auf Oliver Cromwell zuzutreffen, der nur dreiunddreißig Jahre nach dem Tod des französischen Prophe-

ten geboren wurde. Langsam muß jetzt deutlich werden, daß der
Seher ein besonderes Interesse an zukünftigen Fällen von Maje-
stätsverbrechen hatte, ebenso wie an jeder Art von Religions-
feindlichkeit oder Ketzerei.

II.51   *In London fließt der Unschuldigen Blut,*
              Denn '66 schlägt ein Blitz dort ein,
              Die alte Dame fällt um in der Glut,
              Tötet der Ketzer viele in großer Pein.

Zahllose Kommentatoren haben diese Vorhersage mit dem großen Brand in London im Jahre 1666 identifiziert. Auch wenn
die »Blitzeinschläge« im Licht der offiziellen Erklärung gesehen
etwas danebenliegen, so scheint die »alte Dame« mit der großen
Statue von »Unserer lieben Frau« in Verbindung zu stehen, die
früher in der Vorhalle der damaligen St. Paul's Cathedral stand.
Während des Feuers fiel die Statue auf eine Anzahl Menschen,
die unter ihr Zuflucht gesucht hatten. Danach wurde das gesamte Gebäude Opfer der Flammen, was bis heute für viele das
denkwürdigste Merkmal der ganzen Katastrophe darstellt.

IV.89   *Dreißig aus London einen Plan ersannen,*
              Ihren gesalbten König zu verbannen.
              Dem Kreis um ihn scheint nicht nach Tod zu sein,
              Aus Friesland trifft ein blonder König ein.

Hier weisen die Ortsangaben auf des Rätsels Lösung. 1688 ver-
ließ eine Gruppe von führenden Adligen England per Schiff
(ob es dreißig waren, ist nicht überliefert), um beim holländi-
schen Wilhelm von Oranien Unterstützung gegen ihren König,

Jakob II., zu erbitten. Letzterer gab sich bemerkenswert bereitwillig geschlagen, floh erst, wurde dann zufällig von Wilhelms Männern gefangengenommen und nahm schließlich dankbar die ihm gebotene Gelegenheit wahr, wieder nach Frankreich zu fliehen. Und zur Krönung von Nostradamus' Prophezeiung der sogenannten Glorreichen Revolution von England wurde Wilhelm tatsächlich in einer Gegend geboren, die dem heutigen Holland entspricht, wenn auch nicht genau in Friesland.

❧◦❧◦❧◦❧◦❧◦❧◦❧◦❧◦❧◦❧◦❧◦❧◦❧◦

... und in jenem Jahr wird es seinen Anfang nehmen, daß die christliche Kirche unter noch größeren Verfolgungen zu leiden hat, als je in Afrika stattfanden, und diese werden bis in das Jahr 1792 andauern, das man für den Beginn einer neuen Weltordnung halten wird.

Auf was sich der Anfang dieses Auszugs von Nostradamus' *Brief an Heinrich den Zweiten, König von Frankreich* bezieht, weiß eigentlich niemand so genau, aber die Festlegung auf 1792 als Beginn eines neuen Systems scheint eine zutreffende Vorhersage des Beginns der antiklerikalen französischen Revolutionsregierung zu sein. Aber immerhin hatten schon über hundert Jahre vor Nostradamus führende Astrologen eine große soziale Wende zu jenem Termin vorausgesagt. Vielleicht ist es daher von Bedeutung, daß diese Prognose nicht in einem der Vierzeiler erschien, sondern in Nostradamus' Prosaschriften, die er in vollem Bewußtsein verfaßte.

IX.20   *Des Nachts auf Umwegen durch finstren Tann*
            Von Reims kommt Herne, der weiße Falter, an.
            Varennes' Erwählter, schwarzer Mönch in Grau,
            Sät Feuer, Blut, Abtrennung, Leichenschau.

Von all den zahlreichen Prophezeiungen, die sich auf die bevorstehende Französische Revolution ab 1789 zu beziehen scheinen, ist keine berühmter als dieser Treffer ins Schwarze. Die
überraschende Erwähnung der unbedeutenden Stadt Varennes
(in der Nähe von Frankreichs östlicher Landesgrenze) weist
unmittelbar auf das einzige historische Ereignis von größerer
Bedeutung hin, das dort wohl jemals stattgefunden hat: die
berühmte nächtliche Ankunft von Ludwig XVI. und Königin
Marie Antoinette am 20. Juni 1792 im Verlauf ihrer versuchten
heimlichen Landesflucht, die sich als letzter Sargnagel für die
französische Monarchie und ihre Glaubwürdigkeit erweisen
sollte. Nur diese Identifizierung macht es überhaupt möglich,
im Rückblick den Rest der Strophe zu entschlüsseln. »Herne«
entpuppt sich über die Form »Ierne« als Anagramm von Reine
(Königin). Der Weg nach Varennes war in der Tat höchst umständlich gewesen (»zwei Teile gewunden«, wie sich der Franzose ausdrückt) und hatte das königliche Paar durch den Wald in
der Nähe von Reims geführt (das im Original vermutlich Reines
geschrieben wurde). Der König, der ungewöhnlicherweise
gewählt worden war und obendrein ein Capet war (im Französischen steht »cap.«, das genausogut eine Kurzform von Lateinisch caput (»Kopf«) sein könnte), soll angeblich graue Kleidung
getragen haben, während die Königin, die bestimmt in ihren
besten Tagen ein frivoler Schmetterling gewesen ist, wie vorhergesagt in Weiß gekleidet war; eben diese Farbe soll auch ihr
Haar nach dem Zwischenfall angenommen haben. Obwohl sich
so mancher Kommentator verzweifelt bemühte, den könig-

lichen »schwarzen Mönch« als einen »impotenten Aristokraten« zu erklären, scheint dieser Ausdruck wohl doch eher ein erneutes Beispiel für Nostradamus' liebenswerte Fehlbarkeit zu sein. Die letzte Zeile ist genauso schwer zu entschlüsseln, aber nicht, weil die Bedeutung in diesem Fall nicht zugänglich wäre, sondern weil sie einfach so schleierhaft ist; eher eine Liste unzusammenhängender Wörter als ein Satz. Folglich mußte ein wenig nachträgliches Wissen bei der Übersetzung der letzte Zeile auf die Sprünge helfen. »Abtrennung« (meine zugegebenermaßen recht freie Wiedergabe des französischen *tranche*) erwartete sicherlich den königlichen Kopf und die seiner Anhänger. In Form der Guillotine ist das auch eine angemessene Umschreibung von dem, was Unzählige von seinen Untergebenen in den folgenden Jahren erwarten sollte.

I.60   *Nahe Italien kommt auf die Welt*
            Ein Kaiser, der das Reich wird kosten Geld.
            Auch wer Hilfe begehrt von seinem Thron,
            Sagt, er sei Mörder und kein Königssohn.

Wie der Französischen Revolution widmet Nostradamus auch eine besonders große Anzahl von Vierzeilern dem auf Korsika geborenen Napoleon Bonaparte, zumindest. wenn man den Kommentatoren Glauben schenkt (Erika Cheetham zählt nicht weniger als fünfundfünfzig Verweise auf den Kaiser, und zusätzlich neunzehn, die sich auf die Napoleonischen Kriege beziehen[3]). In einem davon (VIII.1) versucht der Seher offenbar sogar, den Namen des zukünftigen Kaisers in Großbuchstaben niederzuschreiben, was er normalerweise nur in Fällen von »buchstäblicher« Hellseherei tut: PAU, NAY, LORON – das löst sich anagrammatisch zu »Napaulon Roy« auf. Wenn man die Hauptanliegen Nostradamus' bei seinen Vorhersagen bedenkt (König, Vaterland, Religion), ist dieser nachdrückliche Verweis auf Napoleon, den er als eine Art Antichrist zu betrachten scheint, obwohl er ihn niemals so betitelt, nicht allzu verwunderlich. Trotzdem muß man sagen, daß nur wenige der angeblichen Identifizierungen so genau und daher überzeugend sind, wie sie sein könnten. Der oben angeführte Vers könnte als Beispiel dafür genommen werden: er trifft zu, aber er könnte genausogut auf jeden anderen größeren Anführer zutreffen, der im Mittelmeerraum geboren wurde. Und wirklich wenden eine große Zahl von Kommentatoren nur zu leichtfertig höchst fragwürdige Methoden an, wenn sie unter dem großen Druck stehen, so wichtige Ereignisse wie Trafalgar, Waterloo oder den Rückzug aus Moskau in den Vierzeilern wiederzufinden. Sie drängen den Versen eine Bedeutung auf, die sie offenkundig nicht enthalten – meistens ignorieren sie den Satzbau Nostradamus' oder geben ihn sogar grob verfälscht wieder (er drückte sich zwar umständlich aus, war aber sicherlich kein Analphabet!). Diese naive Neigung, seine Sprüche bevorzugten, vorher festgelegten Themen zuzuordnen, insbesondere aktuellen Inhalten, die natürlich unser Bewußtsein stärker beherrschen als die Themen der Vergangenheit, ist eine allgemeine Tendenz, gegen die wir beständig auf der Hut sein müssen, wenn wir versuchen zu entschlüsseln, welche von Nostradamus' Vorhersagen die Zukunft zu betreffen scheinen.

I.25   *Weil er was längst Verlorenes wiederfindet,*
                Wird man Pasteur als einen Halbgott preisen.
                Doch wenn der Mond den großen Kreis beendet,
                Wird ihn die Gegenströmung niederreißen.

Oberflächlich betrachtet, stellt diese Prophezeiung einen außergewöhnlichen Treffer dar. Nach Erika Cheetham erstreckte sich

der letzte große astrologische Zyklus des Mondes von 1535 bis
1889.[3] Angesichts von Spruch VI.100 (zu Beginn des zweiten
Kapitels zitiert) möchte ich das weder bestreiten noch dazu in
irgendeiner Weise Stellung nehmen. Sicherlich ist es wahr, daß
in den Jahren 1888/89 das berühmte Pariser Institut von Louis
Pasteur auf die Entdeckung hin gegründet wurde, daß viele
Krankheiten teilweise durch Mikroorganismen verursacht werden. Diese Vorhersage (wenn es denn eine ist) suggeriert ebenfalls, daß man das auch schon in der Antike wußte. Seither hat
sich die moderne Medizin in dieser Richtung sehr weit aus dem
Fenster gelehnt, so als hätte Pasteur behauptet, daß Infektions-
krankheiten durch nichts anderes hervorgerufen würden, wo er
doch ebenso Umweltfaktoren, emotionale und psychologische
Ursachen anführte. Wie im Fall von Nostradamus wurde der
Guru auch hier mehr oder weniger zu einem Gott erklärt und
von seinen Anhängern auf lächerliche Art beim Wort genommen. Das taten seine Zeitgenossen allerdings nicht. Wie so oft,
war die herrschende Meinung gegen seine neuen Theorien.
Daher wahrscheinlich die letzte Zeile. Aber dann muß auch vorausgesetzt werden, daß Nostradamus wirklich von Pasteur
sprach. Ich glaube eher folgendes: Hätte man ihn gefragt, dann
hätte er die Ansicht vertreten, daß sich das Wort *Pasteur* eigentlich auf einen zukünftigen Hirten der Kirche bezieht, vielleicht
sogar auf einen einfachen Schafhirten, der ein antikes Kunst-
werk oder eine heilige Reliquie wiederfindet (an anderer Stelle
scheint er z. B. die erwartete Wiederentdeckung des Grabs des
heiligen Petrus anzudeuten). In diesem Fall hätten wir ein inter-
essantes Beispiel von prophetischer Intuition oder gar von reinem Zufall, der die bewußten Erwartungen des Propheten tri-
umphierend übersteigt. Noch wichtiger ist allerdings, daß wir
hier einen Vierzeiler vorliegen haben, der sowohl einen Namen
als auch eine Zeitangabe zur genauen Bestimmung enthält. Für
unsere Zwecke sind solche Angaben viel mehr wert als Unmengen von Vermutungen.

VII.25   *Kriegsführung schwächt das Heer über Gebühr,*
So daß man die Soldaten zahlt nicht mehr.
Anstatt mit Münzen zahlt man mit Papier.
Bronze aus Frankreich trifft das Halbmondheer.

Unter den vielen Versen, die die Kommentatoren im allgemeinen dem Ersten Weltkrieg zuschreiben, ist dieser hier kein bißchen genauer oder überzeugender als die meisten anderen (ein oder zwei der übrigen Sprüche werden sogar als Vorhersagen *auf unsere Zukunft* im nächsten Kapitel erscheinen). Dennoch scheint hier eine unheimliche Kriegsbelastung geschildert zu werden, die ebenso Menschen wie Material beansprucht. Nostradamus scheint zu glauben, daß die Menschen deswegen anfangen, Papiergeld zu drucken, und nicht mehr mit Münzen bezahlen (»Gold«, wie er es nennt), ein Detail, das die Weissagung sicherlich eher in der unmittelbaren Vergangenheit ansiedelt als in der Zukunft. Wenn der Ausdruck »Papier« *(cuir* im Original) ein wenig seltsam klingt, muß man sich nur einmal vorstellen, wie Papiergeld aussieht, wenn es schon eine Schicht Schmutz angenommen hat. Zeile vier scheint zutreffend den Gebrauch von französischen Kanonen im Krieg gegen die Türken im Mittleren Osten vorherzusagen.

...Im Monat Oktober wird eine große Revolution stattfinden, die so grundlegend ist, daß die Menschen glauben werden, die Erde habe aufgehört sich zu drehen und sei in ewige Dunkelheit gefallen. Im vorausgehenden Frühling gibt es Warnzeichen, auf die außerordentliche Änderungen folgen werden, Königreiche werden auf den Kopf gestellt. Auch wird es große Erdbeben geben. Und all dies wird von der Entstehung eines

neuen Babylons begleitet werden: eine verachtenswerte Hure geht schwanger mit der Abscheulichkeit der ersten Massenvernichtung. Dies wird nicht länger als dreiundsiebzig Jahre und sieben Monate dauern. Zu jener Zeit wird aus einem Stamm, der lange Zeit unfruchtbar war und im 50. Grad entsteht, jemand hervorgehen, der die ganze christliche Kirche erneuern wird. Daraufhin wird ein großer Friede eintreten ... Die Länder, Orte, Städte und Provinzen, die sich selbst befreien wollten und daher ihren alten Stand aufgegeben haben, wobei sie sich allerdings nur noch endgültiger auslieferten, werden eine große innere Wut empfinden, weil sie ihre Freiheit und ihre Religion verloren haben, und sie werden versuchen, von der linken Seite nach rechts loszuschlagen.

Diese ganz besondere Vorhersage aus dem *Brief an Heinrich den Zweiten, König von Frankreich,* die ich zur besseren Lesbarkeit ziemlich frei wiedergeben mußte, legt eine Identifizierung mit der russischen Oktoberrevolution der Bolschewiken 1917 nahe, der tatsächlich kleine Aufstände im Frühjahr vorausgegangen waren. Dreiundsiebzig Jahre und sieben Monate weiter befinden wir uns im Frühling 1991, als sich in der Sowjetunion gerade eine neue Ordnung etablierte, und darauf folgt der Sommer, als der große Rechtsruck stattfand, den Nostradamus vor über vierhundert Jahren vorausgesagt hatte (wie auch immer er das gemeint hat). Da der 50. Breitengrad fast genau durchs polnische Krakau geht, ist der große Retter der christlichen Kirche (besonders der Ostkirche) kein anderer als Papst Johannes Paul I., der früher Erzbischof von Krakau war – auch wenn in jenen Tagen die Religion im Ostblock wie vorhergesehen nichts anderes als ein »fruchtloser Pflanzenstock« sein konnte. Was die große Erste Hure ist, überlasse ich dem Leser.

Auch wenn man dem Propheten seine übliche Übertreibung in Rechnung stellt, muß man trotzdem sagen, daß die ganze Voraussage von erstaunlicher Genauigkeit ist, besonders, da sie bei vollem Bewußtsein geschrieben wurde – natürlich immer vorausgesetzt, daß wir ihm die richtigen Geschehnisse zugeordnet haben. (Die Weissagung ist immerhin von vielen anderen umgeben, die sich auf überhaupt nichts Erkennbares zu beziehen scheinen. Die Gruppe von Prophezeiungen, die in diesem Brief aufgenommen sind, scheinen sogar durcheinandergebracht und in umgekehrter Reihenfolge zu sein, als ob Nostradamus seine Gabe nicht zu deutlich zeigen wollte, nicht einmal in seinem Brief an den König. Er schreibt ja selbst: »In diesem Brief ordne ich alles Vorausgesagte verworren an, was die zeitliche Abfolge betrifft...«)

Die richtige Zuordnung ist immer die größte Gefahrenquelle. Der ursprüngliche Wortlaut der Prophezeiung sagt schließlich nichts von Rußland, geschweige denn vom Kommunismus. Niemand hätte diese Ereignisse vor dem Jahr 1917 vorhersagen können, als sie sich langsam abzeichneten, selbst wenn ihm dieser Text vorgelegen hätte. Das liegt daran, daß die Bestimmung jeder Prophezeiung davon abhängt, ob Details gefunden werden können, die zutreffen – auf der anderen Seite aber sind aktuelle Geschehnisse so komplex, daß sich fast immer passende Details finden lassen, wie unergründlich sie auch scheinen mögen. Der große Vorteil dieser Identifizierung war, daß die Hinweise überhaupt nicht unergründlich waren, sondern groß und deutlich für jedermann zu erkennen. Wir sollten die Verse daher nach den großen und deutlichen Tatsachen durchforsten, wenn wir versuchen, Nostradamus' nichtigste Vorhersagen über die Zukunft zu verstehen. Zwischenzeitlich erhalten wir durch diese Übung wenigstens einen besseren Eindruck von dem Maßstab, den wir seinen üblichen apokalyptischen Ausdrücken wie der großen Hure von Babel beispielsweise zugrundelegen müssen; vermutlich ein viel weniger großartiges und umfassendes Bild, als uns die religiöse Tradition nahelegt.

IX.16   *Auf Rat Kastiliens zieht Franco los:*
Der Botschafter ist mürrisch, folgt nicht nach.
Rivieras Mannen kämpfen furios,
Sperren den Weg zum großen Golf aus Rach'.

Auch wenn dieser Vierzeiler mit Hilfe einer guten Portion nachträglichen Wissens übersetzt worden ist, deutet er nicht nur großartig auf Francos abenteuerlichen Staatsstreich in Spanien 1936 hin, sondern scheint sogar verschiedene Namen genau anzugeben: nicht nur den von Franco selbst, sondern auch den des früheren Diktators Primo de Rivera; er erwähnt sogar Kastilien, in dessen alter Hauptstadt Burgos die ursprüngliche Revolutionsjunta Franco zum Regierungsoberhaupt ernannte. Die letzte Zeile scheint sich entweder auf sein Exil auf den Kanarischen Inseln oder auf seine Schwierigkeiten zu beziehen, die Truppen zum Zeitpunkt des Staatsstreichs von Marokko über das Mittelmeer zu bekommen. Wie dem auch sei, die Prophezeiung ist dennoch äußerst zutreffend, auch wenn die Zeitangaben fehlen: Wenn genügend Namen klar erwähnt werden, so scheint es, kann eine Vorhersage ein nützlicher Hinweis auf Ereignisse sein, auch wenn andere Informationen fehlen.

X.22   *Weil ihm zur Scheidung fehlt der Wille,*
Was man unwürdig findet hinterdrein,
Der Insel König weichen muß in Stille,
Ein Unscheinbarer seinen Platz nimmt ein.

Von den meisten als Vorhersage der Abdankung von König Edward VIII. im Jahre 1936 eingestuft, liegt dieser Vierzeiler wieder ein kleines bißchen daneben. Es waren die Regierung und die Kirche, die gegen eine Hochzeit des Königs mit der geschiedenen Amerikanerin Wallis Simpson waren, und nicht der junge Monarch selbst. Die letzte Zeile beschreibt treffend den Unwillen des Bruders, der durch die Abdankung zu König Georg VI. wurde. Hier zeigt sich wieder einmal die außerordentliche Sensibilität Nostradamus' gegenüber der Bedrohung des, wie er es wohl sehen würde, »göttlichen Rechts« der Monarchie, selbst in fremden Ländern.

III.35   *In Europas tiefstem Herz ein Kind*
             Von niedrem Stand erblickt das Licht der Welt.
             Durch Redekunst die Massen er gewinnt,
             Daß selbst im Osten viel man auf ihn hält.

Man scheint sich weitgehend einig zu sein, daß dieser Vierzeiler die Geburt und das Leben Adolf Hitlers vorhersagt. Andererseits ist er so allgemein gehalten, daß er auf fast jeden großen europäischen Redner zutreffen würde, es bräuchte nicht einmal ein Diktator zu sein. In diesem Fall ist es die offenbar ruchlose Natur des Mannes, die hier die Sache besiegelt. Als Hinweis für die Zukunft wäre diese Vorhersage allerdings wertlos gewesen (ich habe ihn ja nur mit meinem heutigen Wissen so übersetzen können), da er weder Namen noch Daten und nur höchst vage Ortsangaben enthält.

V.26   *Durch schweren Krieg das slawische Geschlecht*
           Kommt unerwartet zu ganz großer Ehr.
           Zu ihrem Führer wird ein Bauernknecht,
           Der führt seine Soldaten übers Meer.

Da sich dieser Spruch offensichtlich auf Rußland bezieht (man beachte aber die wissenschaftlichen Bemerkungen am Ende des Buches), scheint er den Aufstieg unter Stalin zur Weltmacht größtenteils als Ergebnis des Zweiten Weltkrieges darzustellen. In diesem Falle wäre allerdings die letzte Zeile ein wenig unverständlich. Auch wo Nostradamus recht hat, können wir wohl anscheinend nicht erwarten, daß er bis ins kleinste Detail Bescheid weiß.

X.100   *Aufs mächt'ge England wartet imposant*
Empire-Herrschaft für dreihundert Jahr'.
Sein Heer rückt vor zu Wasser und zu Land,
Und Portugal verwünscht den Tag furchtbar.

Der allerletzte Spruch in der Originalsammlung der zehn *Centuries* ist eine überdeutliche und unzweifelhafte Voraussage des zukünftigen britischen Empires. Die Tatsache, daß das Empire schließlich um die Mitte des 20. Jahrhunderts zusammenbrach, würde bedeuten, daß Nostradamus dessen Anfänge um oder kurz vor dem Jahr 1650 liegen sah, also ungefähr ein halbes Jahrhundert oder mehr nach seinem eigenen Tod. Dieses Datum paßt gut zur Gründung der ersten erfolgreichen englischen Kolonien in Nordamerika im frühen 17. Jahrhundert. Die etwas unklarere letzte Zeile würde sich dann auf die koloniale Rivalität zwischen England und Portugal beziehen. Zur Zeit des Nostradamus war diese Vorstellung natürlich ziemlich widersinnig: England war damals wenig mehr als eine mittelgroße Macht am Rande von Europa. Man beachte aber, daß die Datierung der Vorhersage, wie immer, erst nach dem Eintreten der Ereignisse festgelegt werden kann.

Sixain 54   *Sechshundert, fünfzehn, zwanzig dann hingegen,*
Die große Dame tot; ein Todesregen
Von Stahl und Feuer macht die Länder leiden.
Flandern und England auch sind mit dabei:
Zu lange in des Nachbarn Sklaverei
Das Kampfgefecht sich nicht mehr läßt vermeiden.

Dieser Vers wurde von manchen Kommentatoren als Vorhersage
des Zweiten Weltkriegs und des sogenannten Blitzkrieges, der
von der deutschen Luftwaffe in der Anfangsphase gegen England geführt wurde, identifiziert. Die Informationen im Vers
legen diese Interpretation nahe. In diesem Fall würde sich der
Tod der »Großen Dame« auf die Kapitulation der französischen
Republik im Juni 1940 beziehen. Da sich aber die Bemerkung
über Flandern auf einen früheren Angriff der Deutschen auf die
Niederlande beziehen müßte, scheint Nostradamus die Ereignisse etwas durcheinandergebracht zu haben. Aber allmächlich
gewöhnen wir uns schon an die Fehlbarkeit des Sehers, wenn es
um Kleinigkeiten geht, auch in seinen eigentlich zutreffenden
Prognosen: Die genaue Zeitabfolge ist nicht die stärkste Seite
der Hellseherei.

Das führt uns schon zu der verworrenen ersten Zeile. Sie
scheint offenbar eine Art von Zeitangabe zu enthalten, jedoch
können sich die Zahlen, wenn unsere Vermutung richtig ist,
nicht auf Jahre beziehen. Wenn man vom Blitzkrieg aus sechshundert Jahre rückwärts rechnet, sind wir schon vor der Zeit
des Nostradamus. Wenn wir uns aber daran erinnern, daß er
in seinem *Brief an Heinrich den Zweiten, König von Frankreich,*
schrieb, »alles ist bis auf den Tag und die Stunde, die ihm zugeschrieben worden ist, ausgearbeitet und ausgerechnet worden«,
sollten wir die Möglichkeit in Betracht ziehen, daß diese Zeile
sich auf kleinere Einheiten bezieht.

Wenn wir, anders gesagt, »sechshundert, fünfzehn« als Monate auffassen und die übrigen »zwanzig« (die vermutlich auf eine andere Zähleinheit hinweisen sollen) als *Tage,* dann bringt uns das Rückwärtszählen vom Anfang des Blitzkrieges gegen England zu einem vielversprechenden Datum, nämlich zum April 1889. So unglaublich es scheint: Das fällt mit der Geburt Adolf Hitlers zusammen. Könnte es also sein, daß der Seher bei der Berechnung von einigen seiner Vorhersagen in den *Sixains* von diesem unheilschwangeren Datum ausging? Das mag unwahrscheinlich aussehen, doch hat er in den *Sixains* 14, 21, 25 und 53 genau dasselbe System angewandt, um die Daten des deutschen Angriffes auf Polen (der laut Pitt Francis[17] von Hitler tatsächlich auf der Grundlage einer damaligen falschen Lesart von *Centurie* III.57 geplant worden war), den Beginn des Zweiten Weltkrieges, die deutsche Besetzung von Paris und den Tod von Hitler festzusetzen.[7] Alle Ereignisse sind aus dem Text nur im Rückblick herauszufiltern, und alle in ihm erwähnten Zahlen führen uns wieder von jenen Ereignissen zurück zum unheilverkündenden Frühjahr 1889.

Offensichtlich hatte Nostradamus großes Interesse an dem zukünftigen Führer der Deutschen, nicht zuletzt weil, wie wir später sehen werden, er ihn wie Napoleon als eine Art Antichrist gesehen zu haben scheint. Man muß das natürlich nicht alles glauben. Das einzige jedoch, was wir vielleicht aus dieser Kalkulation lernen sollten, ist folgendes: Nostradamus' Zahlen sind nicht notwendigerweise leeres Gerede, wenn er so großzügig ist, uns welche zu nennen. Sie können schon einen Bezug zu Tatsachen haben, wenn auch in einer unerwarteten Reihenfolge.

IV.15   *Von dort, wo man nur annimmt Hungersnot,*
Kommt statt dessen langersehnte Hilfe:
Ins Land hinein liefert man Öl und Brot,
Doch sieht man nicht das Auge der Seewölfe.

Dieser Vierzeiler wird nun schon seit einiger Zeit von den meisten als Beschreibung der atlantischen Verbände im Zweiten Weltkrieg erkannt, die das belagerte England von Amerika aus versorgen. Das »Auge der Seewölfe« (Nostradamus schreibt eigentlich »Hund« oder »Hündin« und nicht »Wolf«, aber im Deutschen hat »Seehund« eine etwas andere Bedeutung) hält man für eine inspirierte Weissagung des U-Boot-Periskops, und da die Deutschen selbst Ihre U-Boot-Flotte als Horde von Seewölfen bezeichneten, kann diese Zeile natürlich gut so interpretiert werden. Auf der anderen Seite ist es vom Französischen her nicht ersichtlich, daß Nostradamus nicht vorhersah, daß die U-Boote selbst die Lieferungen ausführten anstatt sie verzweifelt zu unterdrücken versuchten. Anders ausgedrückt, scheint er hier einmal wieder das Bild als Ganzes erkannt zu haben, aber die wahre Beziehung der Einzelheiten untereinander nicht vollständig verstanden zu haben. Bemerkenswert ist auch die erstaunliche Fähigkeit, mit der Nostradamus heute geläufige Ausdrücke und Redewendungen Jahrhunderte im voraus wie durch Hellseherei zu verstehen scheint und sie dann in aktuelle Bilder verwandelt. Wir sollten vor dieser Neigung auf der Hut sein, wenn wir die noch unerfüllten Vierzeiler untersuchen: das Gesehene und Gehörte (möglicherweise sogar das Gelesene) werden gerne miteinander verwechselt.

I.29 *Wenn Fische dann zu Wasser und zu Land*
Den Strand auf hohem Wellenkamm erreichen,
In Formen fürchterlich und ohnegleichen,
Der seegebor'ne Feind fast berührt die Wand.

Es liegt nahe anzunehmen, daß Nostradamus von all den Bildern des Zweiten Weltkriegs die furchtbare nukleare Zerstörung von Hiroshima und Nagasaki aufnimmt, die den Krieg schließlich beendete. Solche Geschehen wirken stark apokalyptisch. II.6 wird tatsächlich auch oft auf diese Art gedeutet (siehe Index der zitierten Prophezeiungen), obwohl es sich eigentlich auf »Tore« *(portes)* und nicht auf »Häfen« *(ports)* bezieht, und die zwei Geißeln, die die zwei namenlosen Städte heimsuchen sollen, scheinen deutlich als *Pest* und *Hungersnot* ausgewiesen zu sein, nicht als »Feuer vom Himmel«. Nostradamus hätte sich leichterdings auf die biblische Geschichte von Sodom und Gomorrha berufen können, hätte er Himmelsfeuer und Schwefel beschwören wollen, aber er tat es nicht. Worauf er sich allerdings berufen zu haben scheint, war etwas (nicht untypisch!), das ihm geographisch viel näher lag, nämlich die unzähligen Landungen von Amphibienfahrzeugen während des Krieges und besonders vielleicht die gewaltige Invasion der Alliierten in der Normandie 1944, wobei teilweise Gummiboote benutzt wurden – Nostradamus war schließlich Franzose. Daher wahrscheinlich dieser Spruch. Dennoch scheint Nostradamus auch hier einmal wieder eine Kleinigkeit in umgekehrter Reihenfolge gesehen zu haben, wenn er die befreienden Invasoren als »Feinde« bezeichnet, obwohl sie doch Freunde hätten sein müssen. Das könnte aber auch darauf hinweisen, daß sich der Vierzeiler eigentlich auf etwas in der Zukunft bezieht, wo das tatsächlich der Fall sein wird (siehe 4. Kapitel). Die Bezeichnung »Wand« mag seltsam erscheinen, bis man sich klarmacht, daß der Name

der Deutschen für ihre gewaltige Küstenverteidigung an der
französischen Küste genau das war: der »Atlantische Wall«.
Auch hier scheint der Seher also wieder einen Ausdruck
»gehört« oder »gelesen« zu haben, den er dann in ein geläufiges
Bild übersetzt hat.

III.97   *Neuem Gesetz in neuem Land sind Syrer,*
            Judäa, Palästina untertan.
            Es schmilzt die Macht der arabischen Führer,
            Eh' Phoebus endet seine lange Bahn.

Wenn die letzte Zeile, wie Erika Cheetham behauptet,[3] einen
Bezug auf das zwanzigste Jahrhundert als »Jahrhundert der Sonne« darstellt (eine astrologische Auffassung, die ich nicht kommentieren möchte), dann beschreibt diese Prophezeiung möglicherweise die Gründung des Staates Israel 1948. Ob hier der
erwartete Zusammenbruch der arabischen Macht im allgemeinen oder nur in Palästina angesprochen wird, ist nicht ganz klar.
Wieder einmal kann die Möglichkeit nicht ausgeschlossen werden, daß der Spruch sich auf viel spätere Ereignisse bezieht,
besonders auf die, die gegen Ende des fünften Kapitels in diesem
Buch beschrieben werden.

II.89   *Zwei große Führer werden Freunde sein,*
            Doch hat die hohe Stirn wohl größ're Macht.
            Die Herrn der neuen Welt im Lichterschein:
            Der Blutige zieht's langsam in Betracht.

Früher verband man diesen Spruch zielsicher mit Mussolini und
Hitler (»der Blutige«). Heute ist es einträglicher, ihn auf die

revolutionäre Serie von Gipfeltreffen zwischen Ronald Reagan und Michael Gorbatschow zu beziehen, die im November 1985 begannen und die sicherlich letzten Endes zu der Neuordnung der Weltmächte und zur Vergrößerung des amerikanischen Einflusses auf Kosten der Sowjetunion und ihrer Verbündeten führte. Der auffällige rote Blutschwamm auf Gorbatschows Stirn wird somit zu einem großen Geschenk für die Interpreten. Wer weiß, vielleicht haben sie ja recht.

I.70   *Persien kennt Hunger, Regen, Krieg endlos:*
             Durch Treue übergroß wird der Monarch umgarnt.
             Was hier so endet, ging in Frankreich los.
             Es wird ihn treffen, so das Schicksal warnt.

Heute wird dieser Spruch allgemein der Iranischen Revolution und der Vertreibung des früheren Schahs von Persien durch die islamischen Fundamentalisten (»übergroße Treue«) zugesprochen. In diesem Fall kam die treibende Kraft tatsächlich aus Frankreich, wo der Ayatollah Khomeini, der Anführer und Vordenker der Revolution, zur damaligen Zeit Asyl gesucht hatte.

VIII.70   *Ein schlechter Mann, so böse und gemein,*
             Kommt der irakische Tyrann herbei.
             Und Babels große Hure setzt sich ein:
             Mit schwarzer Fratz' das Land wird Wüstenei.

Bis vor kurzem hatte niemand diese Vorhersage zufriedenstellend entschlüsseln können. Der vor gar nicht langer Zeit angefangene und schnell beendete sogenannte Golfkrieg in Kuwait scheint sie jedoch nur zu gut zu erfüllen. Trotz der störenden ausdrücklichen Bibelsprache scheint alles gut beschrieben zu sein: sogar das fast apokalyptische Bild vom verdunkelten Himmel und ölbedeckter Wüste, das tagelang ohne Unterbrechung über die Fernsehschirme flimmerte. Wie immer ist aber auch hier eine Zweideutigkeit in den Zeilen: Diesmal bezieht sie sich auf das Land, in das der »Tyrann« Einzug hält: Ist es Mesopotamien (der Irak selbst) oder ein anderes Land? Gleichzeitig scheint sich Nostradamus große Mühe gegeben zu haben, das Wort für »Land« in der letzten Zeile zu verschleiern (siehe die »Wissenschaftlichen Anmerkungen«), fast als nähme er an, letzteres würde sich eher auf den »Tyrann« und nicht auf das Land beziehen, obwohl der sprachliche Zusammenhang klar eine andere Lesart andeutet. Das könnte wiederum bedeuten, daß ihm nicht nur seine Visionen, sondern auch ein großer Teil der tatsächlichen Wortfolge seiner Prophezeiungen im Trancezustand erschienen, und daß er es daher vorzog, sie eher durch eine andere Schreibweise zu verhüllen als durch andere Wörter. Es scheint fast, als betrachtete er die Worte selbst – oder wenigstens ihren Klang – als irgendwie heilig oder geweiht und unveränderbar (vergleiche beispielsweise die Einstellung, die in der letzten Zeile des Spruchs zu Beginn des zweiten Kapitels angesprochen wird). Diese Tatsache könnte uns helfen, den oftmals so groben und unüberarbeiteten Zustand von Nostradamus' Werk zu erklären.

❦❦❦❦❦❦❦❦❦❦❦❦

VIII.15 *Die Mühen eines Mannweibs aus dem Norden*
Europa und den Rest zermartern, jagen
Gefallne Führer, bis sie müd geworden.
Die Slawen Tod und Überleben plagen.

Der größte Teil dieser Zeilen scheint auf unheimliche, vielleicht ironische Weise die sogenannte »Eiserne Lady« von Großbritannien vorherzusagen, die ehemalige Premierministerin Margaret Thatcher, so nahm man allgemein an. Doch nur in letzter Zeit konnte der Spruch zufriedenstellend gelöst werden. Das liegt größtenteils daran, daß Nostradamus das Wort *ducs* in der dritten Zeile auf der Basis des lateinischen *dux* (»Führer« oder »General«) als *deux* verschlüsselt hat (und das nicht zum letzten Mal), wodurch es ihm gelang, Generationen von astrologisch interessierten Interpreten hinters Licht zu führen. Die glaubten nämlich, er spreche von »zwei Sonnenfinsternissen« anstatt von »gefallenen Führern«. (Wir sollten uns an seine warnenden Worte erinnern, die zu Beginn des zweiten Kapitels zitiert wurden!) Rätsel dieser Art sind fast immer ein Hinweis darauf, daß Nostradamus verschlüsselt schreibt.

VI.74   *Einmal vertrieben, kehrt sie zurück zur Macht,*
Es zeigt, daß Feinde nur Verräter waren:
Nun herrscht sie wieder in noch größ'rer Pracht,
Und sie lebt bis zu dreiundsiebzig Jahren.

Zu guter Letzt ein Beispiel für eifrige Spekulationen. Früher wurde dieser Vierzeiler (mit einigen Schwierigkeiten) auf Königin Elizabeth I. bezogen, jedoch haben die englischen Medien ihn kürzlich wiederentdeckt und voreilig beschlossen, daß auch er von Margaret Thatcher handelt. Vielleicht haben sie recht. Obwohl sich dieser Spruch also eventuell gerade erst erfüllt, können wir dennoch nicht ganz sicher sein, bevor sich die vierte Zeile bewahrheitet hat. Wenn das hier der Fall ist (ganz zu schweigen von der Zuordnung), wird sich diese Vorhersage, wie so viele andere auch, erst *nach* dem Ereignis als wahr oder unwahr erweisen ...

Die Lektion verstehen

Schon sind wir am Ende unseres kurzen Überblicks über die etwas auffälligeren der schon erfüllten Vorhersagen des Nostradamus. Es gibt sicherlich noch viele andere, aber nur wenige von ihnen reichen an die besten von denen heran, die ich hier wegen ihrer Klarheit und Genauigkeit aufgeführt habe. Daß auch die anderen oft angegeben werden, liegt viel eher an der fast krankhaften Besessenheit und Verzerrung der Interpreten als an der echten hellseherischen Eigenschaft der Sprüche. Auch ist das nicht der einzige Einfluß, dem sie unterworfen waren.

Keines der letzten drei *Centuries* beispielsweise (und überhaupt keins der *Sixains)* wurde vor dem Tod des Propheten veröffentlicht. Diese Tatsache bot anderen Händen die Möglichkeit, das Werk des Nostradamus herauszugeben oder sogar eigene »Vorhersagen« einzuflechten. Die meisten der Voraussagen, bei denen man dieses Schicksal vermutet, enthalten sachliche Fehler, jedoch nicht solche, wie man sie von nachträglichen Besserwissern vermuten würde (wenn die Übeltäter nicht schlau genug waren, absichtlich Fehler einzubauen, um den Eindruck von Echtheit zu erwecken!). Daher ist die Möglichkeit solcher Störungen für unsere Untersuchungen hier nicht allzu wichtig, besonders, da der größte Teil der Prophezeiungen seit Jahrhunderten natürlich davon unberührt geblieben ist.

Wir haben schon darauf hingewiesen, daß Königin Katharina de Medici in vollem Bewußtsein der Voraussagen gehandelt haben mag; auch andere könnten das getan haben. Die Bourbonenkönige, Napoleon Bonaparte und Adolf Hitler in den dreißiger Jahren (durch Vermittlung von Frau Goebbels) sollen die Prophezeiungen angeblich alle als eine Art »Omen« verstanden und sie deshalb als Wegweiser für ihre Taten benutzt haben (vgl. Pitt Francis)[17]. Auch selbst herbeigeführte Bewahrheitung scheint das Wasser noch weiter zu trüben.

Aber all das ist nichts, verglichen mit den ausführlichen falschen Interpretationen, die die Weisheitssprüche seit ihrem Erscheinen verfolgen. Generationen von Auslegern haben die Aussagen der Verse absichtlich falsch gelesen, sie wiederholten die Fehler der anderen endlos, weil sie verzweifelt versuchten, ihnen die Bedeutung zu geben, die sie in ihnen zu finden glaubten. Ein fast untrügliches Zeichen dieser Art von Bearbeitung ist die Neigung, durch die Vorhersagen gerade vergangene oder im Verlauf begriffene Ereignisse ohne jegliches Verhältnis zur Realität aufzubauschen, ungeachtet der Tatsache, daß sie sich überhaupt nicht mit Nostradamus' vorrangigen Sorgen vereinbaren lassen.

Diese Tendenz gibt es noch heute. Ihr zuliebe werden Wörter ausgelassen, die Zeitenfolge durcheinandergebracht, ganze Sätze behandelt, als wären sie nicht mehr als magische Runen, und jegliche interpretatorische Unvoreingenommenheit wird in den Wind geschlagen.

Aber gerade weil das ein so großes Ausmaß angenommen hat, haben wir um so mehr die Pflicht, selbst nicht in die gleiche Falle zu geraten. Nostradamus sein Maß an interpretatorischer Freiheit zuzugestehen (wie ich es oben manchmal getan habe) ist eine Sache; seine klaren Aussagen völlig zu verzerren, damit sie unseren vorgefaßten Meinungen entsprechen, etwas vollkommen anderes. Wie wir schon früher erklärt haben, sind Vorurteile jeglicher Art ein Luxus, den wir uns hier überhaupt nicht leisten können. Zumindest in der Anfangsphase müssen die Worte des Sehers für bare Münze genommen werden, wenn auch immer mit Bezug zum Gesamtzusammenhang. Erst wenn wir offensichtlichen Unsinn vor uns liegen haben, der uns vermuten läßt, daß Nostradamus seine Schreibweise, sei es aus Verhüllungstaktik oder sogar aus reiner Widerspenstigkeit, verändert hat, sind wir berechtigt, den Text aufs neue durchzusehen und auszuprobieren, welches andere Wort oder welcher Ausdruck eventuell hinter der betreffenden kniffligen Stelle stecken könnte. Und selbst dann ist es Ehrensache, für alle sichtbar zuzugeben, welche Änderungen oder Einsetzungen man vorgenommen hat (siehe die »Wissenschaftlichen Anmerkungen« zum Ende dieses Buches).

Die ganze Zeit über müssen wir natürlich die anderen Lehren im Hinterkopf behalten, die wir aus den in diesem Kapitel aufgeführten Vorhersagen gezogen haben. Nostradamus ist nicht unfehlbar, wie wir gesehen haben. Nicht immer gelingt es ihm zu erkennen, wie die Einzelheiten eines Bildes zusammengehören; manchmal verwechselt er sogar Anfang und Ende. Gelegentlich sind seine Vorhersagen so allgemein gehalten, daß sie sich auf fast jeden beziehen könnten und daß sie überall in der Welt zu jeder möglichen Zeit erfüllt werden könnten. Er ist besonders hellhörig, wenn es um die Bedrohung der etablierten Ordnung geht und was die christliche Religion und jeden Verrat an ihr anbelangt. Manchmal sind seine Gedanken so schleierhaft, daß eine ordentliche Portion von Mutmaßung hier und dort zur Hilfe genommen werden muß – aber natürlich immer nur im Textzusammenhang und nie im allgemeinen. Er tendiert dazu, Unglücke und Katastrophen mit den Worten der biblischen Endzeitlehre zu beschreiben, dabei schreibt er ihnen überdimensionale Ausmaße zu, die ihnen sicher nicht gerecht werden. Hin und wieder erwähnt er Namen, doch flüchtet er sich auch gerne in Anagramme. Gelegentlich spezifiziert er einen einzelnen Zeitpunkt, jedoch muß man vorsichtig sein, wenn man die genaue Bezeichnung und die benutzte Einheit (Jahre, Monate, Tage) festlegt. Man kann ihn fast nie endgültig interpretieren, bevor das Ereignis wirklich eingetreten ist, oder zumindest, bevor es nicht wenigstens in Sicht ist. Er scheint nicht nur hellsehen, sondern auch hellhören zu können, benutzt er doch ständig aktuelle Ausdrücke und Redewendungen, die uns nicht nur im voraus in interpretatorischer Hinsicht überhaupt nichts nützen, sondern die sogar zu konkreten Bildern umgeformt werden, die uns im nachhinein verblüffen – so wie sie wahrscheinlich auch Nostradamus verblüfften. Zu guter

Letzt ist er in erster Linie ein Franzose, so daß Ereignisse in und um Frankreich einen entsprechend großen Raum in seinen Visionen einnehmen.

Mit diesem Wissen gewappnet, können wir uns nun an die Arbeit machen und einige seiner deutlich auf unsere Zukunft gerichteten Vorhersagen untersuchen. Dabei legen wir mehr Wert darauf, die Ereignisse überhaupt zu erkennen, wenn sie sich nähern, als jedes ihrer Details bis ins kleinste zu untersuchen (auch wenn es möglich sein sollte, eine ungefähre Abfolge zu erkennen und so zu einer Art allgemeingültiger Interpretation zu gelangen). Das wird keine leichte Übung sein. Aber vielleicht tröstet uns die Tatsache, daß Nostradamus, anders als viele seiner Möchtegern-Ausleger, wohl immer seiner Vision treu geblieben ist und sich hartnäckig weigerte, die Wörter, die sie ihm diktierte, zu ändern oder zu verfälschen. Es scheint fast, als sei er sich der unsterblichen Worte des *Rubaijat on Omar Chajjam* bewußt gewesen, wie sie später von Fitzgerald wiedergegeben wurden:

Der Finger schreibt und schreibt, und nach dem Schreiben
Geht fort er; all dein Glaube, dein Verstand
Wird ihn nicht eine Zeile rückwärts treiben,
Und keine Träne nur ein Wort verwaschen.

4
Die kommenden Jahre

Zu jener Zeit werden große Schiffe aus der Türkei mit der Unterstützung von Mächten aus dem Norden auf Italien zusegeln ... Boote, die von früheren Truppen gebaut wurden, begleiten sie unter Neptuns Wellen. Im Adriatischen Meer wird es einen so großen Kampf geben, daß die Zusammengefügten auseinandergerissen werden und Städte, darunter das früher allmächtige europäische Babel, auf dem 45., 41., 42., und auf dem 47. Breitengrad zerstört werden.* Durch eine Seeschlacht wird sich das Meer rot färben ... Und zu jener Zeit wird sich in jenen Ländern die Macht der Hölle erheben und sich gegen die Kirche von Jesus Christus stellen. Das wird der zweite Antichrist sein, der die Kirche und ihren rechtmäßigen Diener mit der Hilfe von weltlichen Führern verfolgen wird, die in ihrer Unwissenheit von Zungen verführt worden sind, schärfer als das Schwert eines Wahnsinnigen ... Dann wird eine nie dagewesene Verfolgung der Kirche hereinbrechen ... Und diese Verfolgung wird elf Jahre oder etwas weniger dauern ... Dann wird ein Führer der vereinten Mächte des Südens die Macht ergreifen, der den kirchlichen Klerus weitere drei Jahre noch härter verfolgen wird ... Dieser Führer wird unglaubliche Verbrechen gegen die Kirche begehen ... Zur selben Zeit wird es eine so große Pest geben, daß zwei Drittel der Bevölkerung ausgelöscht werden, so daß niemand mehr die Besitzer von Häusern oder Feldern finden wird, und kniehoch wird das Gras in den Straßen der Städte wachsen. Der Klerus wird vollkommen

---

* Wahrscheinlich Turin, Neapel, Rom (das »europäische Babylon«) und Budapest, Bern oder Luzern.

am Boden sein, und das Militär wird die Einkünfte der Stadt der Sonne* von Malta und der küstennahen Insel Hyères nehmen, und die große Mauer des Hafens wird durchbrochen werden, der seinen Namen vom Seebullen erhielt** ...
(Aus dem Brief an Heinrich den Zweiten, König von Frankreich)

Durch unser heutiges Wissen sind wir nun in der Lage, die über Nostradamus und seine Arbeitsmethoden angesammelten Kenntnisse auf die Mehrzahl seiner noch nicht erfüllten Weissagungen anzuwenden.

Ich benutze den Ausdruck »noch nicht« mit Überlegung. Es ist eine alte und gern benutzte Formel bei denen, die sich nicht so richtig davon überzeugen können, daß ihr Lieblingsprophet sich vielleicht auch mal geirrt hat. Wer sagt uns denn überhaupt, daß Nostradamus sich nicht genauso geirrt hat wie alle anderen?

Merkwürdigerweise hätte uns Nostradamus wohl zugestimmt. »Wenn ich die Zeiten falsch ausgerechnet habe oder sonst in irgendeiner Weise nicht zufriedenstellend sein sollte, würde es dann Ihrer höchst erhabenen Majestät gefallen, mir zu verzeihen?«, schrieb er in seinem *Brief an Heinrich den Zweiten* und gestand damit, daß auch er sich peinlich irren konnte. »Ich bezeuge vor Gott und seinen Heiligen«, so fuhr er fort, »daß es nicht im entferntesten meine Absicht gewesen ist, etwas zu schreiben, was dem einzig wahren katholischen Glauben zuwiderläuft, obgleich ich astronomische Berechnungen solcherart angewendet habe, die meine Ausbildung mir zugesteht.«

---

* *Lyon* (der Löwe, vielleicht astrologisch, ist schon immer mit der Sonne in Verbindung gebracht worden)
** Lateinisch *phoca* = Seelöwe; *Phocaea* = Marseille ...

Er schrieb dies aus gutem Grund, denn wir haben schon gesehen, wie viele von Nostradamus' eher apokalyptisch gefärbten Prophezeiungen unvermeidlich durch seine eigenen religiösen Überzeugungen und das dringende Bedürfnis, sie öffentlich zu verteidigen, verwischt wurden.

Das Ergebnis liegt auf der Hand: Wir dürfen nicht annehmen, daß sich alle fünfhundert oder mehr der unerfüllten Weissagungen auf die Zukunft beziehen. Viele von ihnen werden sich als das verwirrte Gerede und die Halluzinationen eines halb enttäuschten Besessenen entpuppen. Einige mögen sich auf Dinge beziehen, die schon lange der Vergangenheit angehören, auch schon, als sie verfaßt wurden. Bei anderen jedoch wird sich erweisen, daß sie ebenso zutreffend Ereignisse in unserer Zukunft vorhersagen.

Wie aber sollen wir sie erkennen?

Für dieses Vorhaben scheinen sich verschiedene grundlegende Prinzipien zu empfehlen.

1. Man halte Ausschau nach Vorhersagen, die irgendwie ungewöhnlich oder auffällig sind. Das heißt zumindest, daß sie sich eher nicht auf solche Ereignisse beziehen, die überall in der Welt mindestens hundertmal im Jahr passieren.

2. Man greife solche Vorhersagen heraus, die sich auf bestimmte Zeitpunkte oder Orte beziehen (wenn auch nur astrologisch), oder die die Namen von Personen angeben (auch wenn nur symbolisch oder anagrammatisch). Man achte ebenfalls auf solche, die sich thematisch oder zeitlich auf andere Vierzeiler beziehen.

3. Man genieße all die mit größter Vorsicht (so komisch es klingt), die sich zu glatt in die biblische Zukunftserwartung einfügen; man meide jede Versuchung wie die Pest, den Rest ebenso zu behandeln.

4. Man mache sich das Vorhaben nicht zu einem Glaubensbekenntnis. Nostradamus' Unfehlbarkeit ist keines der Zehn Gebote.

5. Schließlich halte man sich ständig vor Augen, daß die Untersuchung nicht die Vorhersage von Ereignissen zum Ziel hat, sondern nur eine Vorstellung davon bekommen will, auf was man achten soll und wie man es erkennt, wenn es sich nähert. Wenn es sich dann als möglich herausstellen sollte, eine ungefähre Reihenfolge aufzustellen, und damit eine Art von Gesamtzusammenhang, mag sich ein Maß an Deutung als nützlich erweisen.

So viel zu der von mir vorgeschlagenen Arbeitsweise. Sie verlangt natürlich Zeit und Geduld. Nachdem Übersetzungen der betroffenen Weissagungen erstellt worden sind, müssen sie unter Überschriften gesammelt und zu kleinen Gruppen angeordnet werden, wenn sich das Ergebnis nicht als ungeordnetes und wirres Kapitel erweisen soll. Diese kleinen Gruppen führen fast von selbst zu größeren Gruppierungen, und diese wieder zu noch größeren Sammlungen, und so weiter, bis man plötzlich erkennt, daß man etwas aufgebaut hat, was verdächtig nach der Original-Anordnung von Nostradamus aussieht. Dadurch erhält man so etwas wie einen Gesamtzusammenhang, in dem man dann eine Art Deutung versuchen kann, und zwar eine, die auf Nostradamus basiert und nicht auf irgendwelchen vorgefaßten Meinungen.

Sind die Puzzleteilchen schließlich zusammengefügt, wird die Abbildung auf der Schachtel endlich deutlich, und damit auch die Beziehung der einzelnen Teilchen zu ihr.

So kam es, daß ich jetzt die wichtigen Vierzeiler in der, wie mir scheint, mehr oder weniger korrekten Reihenfolge und in ihrer (noch wichtiger) korrekten Bedeutung präsentieren kann. Wir können nun bald unseren Überblick der nostradamischen

Zukunft fast an ihrem Anfang beginnen, denn wir blicken zuerst auf die Ursprünge in der frühen Hälfte dieses Jahrhunderts.

III.44 *Wenn die dumpfe Kreatur wird zum Begleiter,*
Nach großen Mühen findet ihre Sprache,
Hängt man den so verhaßten Blitzableiter,
Der sie verletzt hat, oben hoch aufs Dache.

Wir stoßen zu einer Stelle auf die Folge von Prophezeiungen, wo Nostradamus offenbar in Science-fiction-Manier den Spracherwerb von Tieren zu einem Zeitpunkt in ferner Zukunft vorherzusagen scheint. Doch bedeutet dieser Spruch, wie so viele seiner scheinbar futuristischen Vierzeiler, etwas ganz anderes. Er wirkt nur so sonderbar, weil der visionäre Gegenstand, über den er spricht, für Nostradamus selbst vollkommen unbekannt und verwirrend ist und er daher auch keine Worte besitzt, die Erscheinung zu beschreiben. Tatsächlich ist diese Vorhersage schon längst erfüllt worden. Sie hat aber weder das bizarre Ergebnis eines gentechnischen Versuchs noch (wie Dolores Cannon meint[2]) die neuesten Erfolge aus dem Bereich der Primatenforschung zum Gegenstand, wo den Affen Zeichensprache beigebracht wird, sondern bezieht sich auf etwas, mit dem wir alle sehr vertraut sind, wie eine gründliche Untersuchung der Einzelheiten offenlegt. Vielleicht ist die erste bemerkenswerte Kleinigkeit, daß er den Blitzableiter fast zweihundert Jahre vor seiner Erfindung »sieht« und auch benennt, obwohl er selbst seinen eigenen Worten nicht trauen will, die ihm »zugeflogen sind«. Daher ersetzt er *verge de foudre* (»Blitzableiter«) durch den ihm geläufigeren religiösen Ausdruck *vierge de foudre* (»Jungfrau des Blitzes«), was nicht weniger seltsam klingt. Offenbar verwechselt er ihn, was verständlich ist, mit der Radioantenne, die er als große Bedrohung für die »sprechende Kreatur« empfindet, an die sie geklebt ist, so daß die Antenne hoch oben zwischen den Schornsteinen aufgehängt werden muß, damit sie niemanden verletzen kann. In diesem Fall ist diese arme Kreatur, der viehische Sklave der Menschheit, der endlich sprechen lernt, wie Nostradamus es beschreibt, nichts anderes als unser simples Rundfunkgerät.

I.64   *Die Sonne werden sie des Nachts erspähn,*
Wenn es, halb Schwein, halb Mensch, letztendlich
spricht.
Alarm und Lieder, Luftgefecht sie sähn,
Das dumpfe Biest aufs Reden ist erpicht.

Schon wieder scheinen wir ein verwirrendes Bild von den Auswüchsen der Gentechnik in der fernen Zukunft vor uns zu haben: halbmenschliche Schweine und sprechende Tiere. Aber auch hier liegt die Sache wieder ganz anders, als es den Anschein hat. Wenn es nicht die reinste futuristische Phantasterei sein soll, muß es eine einfache Erklärung für diese verwirrende Vorhersage geben. Erika Cheetham glaubt,[3] daß es sich um eine Vorschau auf moderne Luftwaffentechnik handelt, wenn Piloten mit Sauerstoffmasken (daher mit einem Schweinerüssel verglichen) des Nachts Suchscheinwerfern ausweichen und sich dabei über ein Funksprechgerät unterhalten. Diese Deutung ist raffiniert, vielleicht ein bißchen zu raffiniert. (Hierhin mag auch ein bekannter alter volkstümlicher Ausspruch passen: »Ich glaub', mein Schwein pfeift.«) Natürlich könnte sie trotzdem recht haben, obwohl mir mein Gefühl sagt, daß diese Vorhersage eher die Menschen beschreibt, die im Licht von Leuchtraketen Gasmasken tragen, vermutlich während des Blitzangriffs auf London 1940. Das würde auch die »Lieder« erklären, da die Menschen in den Luftschutzbunkern der Gemeinden gerne

zusammen sangen, um den Lärm zu übertönen und den Mut
nicht zu verlieren.

❧❧❧❧❧❧❧❧❧❧❧❧❧❧❧❧❧❧❧

VIII.77   *Der Antichrist wird sehr bald instabil.*
            Siebenundzwanzig Jahre wird er streiten.
            Staatsfeinde tot, Gefangne im Exil.
            Blut, Leichen, rotes Wasser sich verbreiten.

Diese Prophezeiung löst im allgemeinen eine große apokalyptische Furcht aus, nicht zuletzt wegen des Wortes »Antichrist« in
der ersten Zeile. Sicherlich, so argumentiert man, handle dieser
Weisheitsspruch entweder von der Endzeit oder zumindest von
den in der Bibel angekündigten gefürchteten Ereignissen, die in
der Vorbereitung auf die Endzeit stattfinden. Glücklicherweise
dürfen wir aufatmen. Es gibt tatsächlich keinen Grund, solche
abenteuerlichen Schlüsse zu ziehen. Zuerst einmal sollte man
sich in Erinnerung rufen, daß für Nostradamus jeder wichtigere
atheistische oder anti-christliche Führer den Titel »Antichrist«
verdient hat, sogar ein Führer, der nur der herrschenden Weltordnung feindlich gegenübersteht, wie sie vom traditionellen
Christentum vertreten wird. Dieser Umstand gibt uns zusammen mit der Tatsache, daß die letzte Zeile merkwürdigerweise
an ein europäisches Schlachtfeld aus dem frühen zwanzigsten
Jahrhundert denken läßt, den entscheidenden Hinweis und liefert uns die wie so oft beruhigende Lösung: Die Vorhersage hat
sich nämlich schon längst erfüllt – und das sogar zweimal.
Joseph Stalin, der abtrünnige Priesteramtskandidat, der sich als
einer der mächtigsten und gewalttätigsten atheistischen Diktatoren, die die Welt je gekannt hat, einen Namen machte, war von
1927 bis 1953, als er unter zweifelhaften Umständen starb, die
dominierende Figur in der sowjetischen Politik. Sein Kampf
(das französische Wort *guerre* bedeutet nicht nur »Krieg«, son-

dern jede Art von Streit oder Fehde) dauerte also siebenundzwanzig Jahre, trifft sich demnach mit den Angaben des Original... ...ndzwanzig als eine Art Höchstzahl aufzu-
...antwortlicher für die zwar erfolgreiche,
...schlagung der deutschen Invasi-
...kriegs vernichtete er aber auch
...ndsleute, während er unzählige
...ad der sogenannten Gulags oder

...m von einem übertroffen, der ihm
...on Adolf Hitler, der die deutsche
...it seinem Eintritt 1919 bis zu sei-
...d 1945 dazu benutzte, seine ruch-
...herrschaft in die Tat umzusetzen.
...er ungefähr sechsundzwanzig Jah-
...Worten beschrieb, die Nostrada-
...ternder Genauigkeit bestätigen, er
...n politisches Testament, mit *Mein*
...wie Stalin für den Tod von Millio-
...d des Zweiten Weltkriegs verant-
wortlich; er brachte fast ohne fremde Unterstützung so gut wie
den Rest der zivilisierten Welt in seine Gewalt. Gleichzeitig
schickte er Juden aus all seinen unrechtmäßig erworbenen
Gebieten in die Konzentrationslager in Osteuropa, wo die meisten von ihnen in den berüchtigten Gaskammern vernichtet
wurden. So wenig es diejenigen zu trösten vermag, die unter ihm
gelitten haben, scheint Hitler auf der Grundlage der Angaben
wohl eine geringfügig größere Chance zu haben, als Gegenstand
dieses Vierzeilers identifiziert zu werden. Da beide verabscheu-
ungswürdigen Monster sowieso schon lange tot sind, heißt das,
wir können alle ruhig in unseren Betten schlafen. Im Moment
wenigstens …

Warum fahren die Briten auf der linken
Straßenseite? In Großbritannien herrscht
auf den Straßen Linksverkehr. Warum das
so ist, weiß man eigentlich nicht so genau.
Eine Erklärung lautet, dass bereits die Ritter
im Mittelalter lieber links aneinander vor-
beiritten, wenn sie sich begegneten, denn
dann konnten sie sich mit der bewaffneten
rechten Hand vor einem Angriff schützen –
vorausgesetzt, sie waren Rechtshänder.
Großbritannien jedenfalls hat dieses System
beibehalten und für alle Briten verbindlich
festgelegt. Da das auch die britischen Kolonien anpassen mussten, gibt es heute noch
in etlichen Ländern Linksverkehr.

März

28.3.2020
88 - 278   Johanna v. M., Guntram   13. Woche
MA 7.38   MU 22.32
SA 6.06   SU 18.50
96

I.50   *Er geht hervor aus wäßriger Triade,*
            Wo man den Donnerstag zum Festtag kürt:
            Genießt Ruhm, Preis und Ehr in hohem Grade,
            Zu Land und Wasser er den Osten stürmt.

Abermals nehmen viele an, daß sich dieser Vierzeiler auf den
zukünftigen Antichristen bezieht, der scheinbar alle größeren
westlichen Feiertage (Freitag, Samstag, Sonntag) entweihen
will, um einen eigenen antireligiösen Festtag einzusetzen (Donnerstag). Man behauptet, daß die erste Zeile astrologisch auf
seine Herkunft verweist – ich glaube eher, das würde all denen
nützen, die ihn, wie Herodes, schon bei der Geburt ertränken
wollen –: die *aquatique triplicité*, nimmt man an, beziehe sich auf
die drei Wasserzeichen unter den Tierkreiszeichen. Aber
Nostradamus ist der Astrologie gar nicht so zugeneigt, wie uns
viele seiner Kommentatoren glauben machen wollen. Der Anteil
der deutlich astrologisch geprägten Strophen ist schon am
Anfang gering und nimmt im Laufe der *Centuries* beständig ab,
er beläuft sich auf weniger als zehn Prozent. Es scheint also viel
wahrscheinlicher zu sein, daß sich diese Prophezeiung auf eine
Allianz von drei großen Seemächten bezieht, von denen eine
ihren Nationalfeiertag an einem Donnerstag begeht. Dieses
Detail führt uns auf die Spur. Es könnte schwerlich klarer auf die
Vereinigten Staaten von Amerika weisen, deren nationales Fest
Thanksgiving immer auf einen Donnerstag fällt. Wir erhalten
also das Bild einer wichtigen amerikanischen Führerpersönlich-
keit, die einen zu Land und Wasser gleichermaßen erfolgreichen
Feldzug im Fernen Osten führte und die sich beachtlichen
Ruhm und Anerkennung dadurch erwarb. Diese Beschreibung
paßt perfekt auf jemanden *in der Vergangenheit*, nicht in der
Zukunft (wie schon so oft). Es handelt sich um General Douglas
MacArthur (1880–1964), ehemaliger Oberbefehlshaber der

Alliierten im Fernen Osten, der als Anführer einer gewaltigen Amphibiensondereinheit der amerikanischen, britischen und australischen Streitkräfte im Zweiten Weltkrieg schließlich Japan eroberte und dort viele Jahre als besonders prächtiger und charismatischer Herrscher regierte. Wieder einmal stellt sich also eine angeblich »apokalyptische« Weissagung durch Zufall oder aus anderen Gründen als etwas ganz anderes heraus, es sei denn, natürlich, wir möchten, daß sich die Geschichte wiederholt.

⁂

VIII.59   *Zweimal in Schwindelhöhe und gefallen,*
Erwacht der Osten, wird sich der Westen färben.
Der Feind wird straucheln nach den Kämpfen allen,
Notfalls zur See verfolgt, und schließlich sterben.

So groß die Versuchung auch ist, diese Vorhersage lediglich als eine Beschreibung der zwei Weltkriege mit der Niederlage Hitlers und der Verfolgung und dem Untergang seiner größten Schiffe zu sehen, scheint sie jetzt doch eher nach einer allgemeinen, langfristigen Voraussage für das gesamte zwanzigste Jahrhundert auszusehen. Weder der Osten noch der Westen, so scheint es, müssen wegen irgend etwas aus dem Häuschen geraten, und es gibt schon gar keine Veranlassung für den amerikanischen Präsidenten, vom Anbruch eines neuen Zeitalters zu sprechen, so wie die Ereignisse während dieser Niederschrift bereits deutlich machen. Vielleicht ist es von Bedeutung, daß sich für Engländer die amerikanische Aussprache von »*New Era*« verdächtig nach »*New Error*« (Neuer Irrtum) anhört...

II.28   *Der Vorletzte mit Namen des Propheten*
                Wird an Dianas Tag ein wenig rasten.
                Er reist umher, wird jedes Land betreten,
                Massen von ihren Leiden wird entlasten.

Wieder einmal eine ziemlich unverbindliche Strophe, die von den Kommentatoren als Hinweis auf den erwarteten Antichristen gedeutet wird, und zwar, weil sie die Verse so verstehen, daß die hier beschriebene Person, wie die im vorangehenden Beispiel, den Ruhetag der drei großen westlichen Religionen durch einen eigenen Feiertag ersetzen will: diesmal durch den Tag der Diana, den Montag. Tatsächlich aber wird nichts derart Drastisches behauptet. Von der Person wird nur gesagt, sie nähme sich montags frei, und daran kann ich persönlich nichts Satanisches finden. Auch die Tatsache, daß sie ausgiebig durch die ganze Welt reist, um ein »großes Volk« von seinen finanziellen Verpflichtungen zu erlösen, erscheint mir nicht besonders sündhaft. Für mich scheint es sich nur um eine stark beanspruchte Führungspersönlichkeit zu handeln, um einen Politiker oder einen Geldgeber mit entschieden guten Absichten. Die erste Zeile jedoch stellt ein echtes Rätsel dar, und das ist wohl beabsichtigt. Wir erhalten keinen Hinweis, welcher Prophet hier wohl gemeint ist: Es könnte einer aus dem Alten Testament sein (der vorletzte dort wäre Zacharias) oder der messianische Vorläufer von Jesus, Johannes der Täufer (also jemand mit Namen Johannes oder Baptist) oder auch Mohammed oder Nostradamus selbst. Uns wird schon gar keine Erklärung angeboten, wie irgend jemand den *Vorletzten* mit einem bestimmten Namen in Verbindung bringen sollte. Dennoch stellt sich gerade dieser Ausdruck als entscheidender Hinweis heraus. Unter denen, die sich normalerweise einen besonderen Namen geben, sind die Päpste am auffälligsten, und Nostradamus hatte ein verstärktes Interesse daran, die Zukunft des Papsttums vorherzusagen, wie wir noch sehen werden. Wenn sich also herausstellen sollte, daß es nur noch einen Papst geben wird, der den Namen Johannes annimmt (die meisten hellseherischen Voraussagen meinen, davon würde es sowieso nur noch einen oder zwei geben), wäre der vorletzte automatisch der jetzige Amtsinhaber, der ausgiebig reisende Johannes Paul II. Dieser bemühte sich früher stark, sein geliebtes Polen zu befreien und den Rest des Ostblocks vor dem Joch des sowjetischen Kommunismus zu bewahren. In diesem Falle hat sich die Prophezeiung, wie viele der schon aufgeführten, längst glorreich bewahrheitet. (Gerne würde man nun Genaueres über seinen Wochenablauf erfahren: Sicherlich wäre es nur zu verständlich, wenn er montags seine Füße hochlegen würde, wie es viele andere Gottesmänner tun, die sonntags hart arbeiten!) Wie immer ist daher die Vorhersage nutzlos, solange das Ereignis nicht eingetreten ist – aber hinterher ist es meistens zu spät. Offensichtlich will Nostradamus auf jeden Fall verhindern, daß jemand seine Prophezeiungen zur Manipulation der Zukunft benutzt, sie sollen nur als Wegweiser für ein besseres Verständnis und eine angemessene Reaktion auf die Ereignisse gelten, wenn diese eintreffen – oder auch im nachhinein, wie es hier offenbar der Fall ist. Jedenfalls scheint an dieser Weissagung nichts besonders Bedrohliches zu sein, auch wenn wir alle gemeinsam im Unterbewußtsein versuchen sollten, sie in der Zukunft erneut wahr werden zu lassen.

II.29   *Der Orientale sagt dem Heim Ade,*
Über den Appennin nach Frankreich hin.
Durchstößt den Himmel, geht durch Meer und Schnee,
Trifft alle mit dem Stab, wo sie auch sind.

Da diese Strophe direkt auf den gerade erwähnten Vierzeiler folgt, sind sich fast alle Deuter auf der ganzen Welt einig, daß sich

diese Vorhersage auf dieselbe Person bezieht, obwohl Nostradamus seine Weissagungen fast nie auf diese Weise anordnete. Da
man immer schon annimmt, daß der Antichrist (wie der Messias
auch) aus dem Osten kommt und sich (ebenfalls wie der Messias)
wie eine Art universelle Geißel gebärdet, benutzen die Kommentatoren diese Angaben dankbar als Bestätigung ihrer vorgefaßten
Meinung, daß hier nämlich tatsächlich vom Antichrist die Rede
sei. Andererseits jedoch scheint er überhaupt nichts mit dem
Menschen im vorhergehenden Vers gemein zu haben. Da hier
keine spezielle Zeitangabe und kein Identifikationsmerkmal
geboten werden, könnte sich diese Vorhersage fast auf jeden
besonders aggressiven oder rachsüchtigen Menschen aus dem
Osten beziehen. Da fällt einem als erstes der Ayatollah Khomeini
ein, der tatsächlich aus dem Mittleren Osten kam und im französischen Exil war, von wo aus er alle möglichen Drohungen aus-
stieß und Terrorakte anregte. Ob er nun der Antichrist ist oder
nicht (und sicherlich war der Imam kein Christ, er war sogar ausgesprochen schlecht auf die »christlichen« Vereinigten Staaten zu
sprechen, die er beständig als den »Großen Satan« titulierte),
jedenfalls hat er diese Vorhersage schon einigermaßen entschärft,
und daher gibt es auch keinen Grund anzunehmen, sie würde sich
in Zukunft erneut wiederholen, es sei denn, wir entscheiden uns in
unserer tollkühnen Phantasie dazu. Leider gibt es jedoch zu viele
Hinweise in späteren Sprüchen, daß wir genau das tun werden.

VI.33　　　*Der blut'ge Alus macht im Endgefecht*
　　　　　　　In Übersee dann seinen Leumund schlecht.
　　　　　　　Zwischen zwei Strömen Waffenhysterie,
　　　　　　　Zwingt ihn der wilde Schwarze in die Knie.

Dieser Vierzeiler wurde hier hauptsächlich aufgenommen, weil
der angesprochene rätselhafte »Er« wieder einmal der zukünfti-

ge Antichrist sein soll. Dabei sagt der Text selbst aber nichts in dieser Richtung. Einige nehmen sogar an, daß »Alus« sein tatsächlicher Name ist. Es scheint allerdings viel wahrscheinlicher zu sein, daß »Alus« – dessen Name auch genausogut »Ali« sein könnte, wenn man die lateinische Endung fallenläßt – lediglich ein militärischer Verbündeter von dem hier Angesprochenen ist, und zwar wird er von ihm entweder in Übersee oder an der Seefront im Stich gelassen. Die geläufige Wendung »zwischen zwei Strömen« läßt sofort an die Gegend des heutigen Iran denken (»zwischen Euphrat und Tigris«). Ob sich hier also, wie schon in VIII.70 oben, irgend etwas auf den Golfkrieg von 1991 bezieht, hängt daher größtenteils davon ab, ob Saddam Hussein einen höheren militärischen Verbündeten namens Ali hatte. *Und den hatte er tatsächlich.* Alaa Hussein Ali Khafaaji, ein ehemals hoher Offizier im besonders blutigen Iran-Irak-Krieg, und anschließend verantwortlich für das irakische Raketenabwehrprogramm, wurde als Oberhaupt der Marionettenregierung von Kuwait nach der irakischen Invasion eingesetzt, war aber, wie vorhergesagt, nicht in der Lage, in Saddams Namen an dem Land festzuhalten. Nostradamus könnte sich also entweder auf seinen ersten oder seinen letzten Namen bezogen haben.

Was den »wilden Schwarzen« betrifft *(le noir l'ireux)*, so scheint diese seltsame Konstruktion fast anzudeuten, daß man die ersten beiden Wörter wie einen Namen lesen soll, so wie »Lenoir«, falls der zweimalige Artikel nicht auf zwei Subjekte verweist (also »der Schwarze und der Wilde«). Zufälligerweise war der »Racheengel«, dessen furioser Sturmangriff Saddam im Verlauf der »Operation Wüstensturm« in die Knie zwang, ein General Schwarzkopf, der alliierte Kommandeur mit dem sprechenden Namen, der aus gutem Grund »Stormin' Norman« genannt wurde. Und als würde das noch nicht reichen, stand hinter dem »wilden« Schwarzkopf sein Oberbefehlshaber General Colin Powell, der seinerseits ein Farbiger ist.

Es scheint also sehr wahrscheinlich, daß dieser Vierzeiler nur

eine Fortsetzung eines früheren ist (s. Seite 63). Bei dem schwarzen Himmel, dem schwarzen Wasser, der schwarzen Wüste,
einem schwarzen Oberbefehlshaber und einem Kommandeur
vor Ort, der sogar das Wort »schwarz« im Namen trägt, ist es
kein Wunder, daß Nostradamus in beiden Sprüchen besonders
nachdrücklich die Schwärze betonte. Daher scheint es, daß auch
die vorliegende Weissagung schon längst zum größten Teil,
wenn nicht sogar vollständig, erfüllt worden ist und sicherlich
keinen für uns bedeutsamen Hinweis auf eine apokalyptische
Zukunft enthält.

V.92   *Nach siebzehn Jahren auf dem Stuhl in Rom,*
               Da wird die Papstzeit auf fünf Jahr' verkürzt,
               Man wählt 'nen andren in den Petersdom,
               Der mit den Römern nicht so harmoniert.

Nun wenden wir uns den Ereignissen zu, die sich im Vatikan
zutragen und an denen Nostradamus stets ein besonderes Interesse zeigte, fast als wären sie eine Art Nachschlagewerk für
zukünftige Geschehnisse auf der Welt. Doch auch zu seiner Zeit
übte der Vatikan eine strenge Kontrolle über die Gedanken und
Meinungen in Europa aus. Vielleicht war das der Grund für die
Annahme des Sehers, seine eigentliche zweite Zeile – und teilweise auch seine dritte Zeile – seien umstritten genug, um an
ihnen ziemlich starke Verschlüsselungen nach Art von Vergil
vorzunehmen. Das tat er dann auch so gründlich, daß Generationen seiner Interpreten dazu verführt wurden, die daraus
entstandene Komplexität einfach nicht zu beachten (siehe
»Wissenschaftliche Anmerkungen«). Ist die Zeile aber erst wiederhergestellt, ergibt sich sofort ihre Bedeutung: Nach ungefähr
siebzehn Jahren bittet der Papst um seine Enthebung aus dem
Amt. Diese wird ihm verweigert, aber man bietet ihm eine neue

Regelung an, nach der Päpste, wie auch viele weltliche Potentaten, in Zukunft nur noch jeweils fünf Jahre regieren werden, wobei er selbst automatisch der erste in der Ämterfolge wäre. Wenn es sich also bei dem betreffenden Papst um den jetzigen Amtsinhaber, Johannes Paul II, handeln sollte, würde er seine Abdankung (da er 1978 gewählt worden ist) 1995 anbieten, aber gebeten werden, noch weitere fünf Jahre zu regieren. Das würde das Ende seines Pontifikats in das Jahr 2000 setzen, wenn er schon achtzig Jahre alt sein würde. Diese Tatsache würde auch helfen, verschiedene andere zeitgenössische Entwicklungen zeitlich genauer zu bestimmen, wie wir sehen werden. Dennoch können nur tatsächliche Ereignisse beweisen, daß Nostradamus' Vorhersagen und unsere oben erläuterte Deutung zutreffen.

❦

V.25　　*Im Löwen Venus, Sonne, Mars: Die Christen*
Vom Araber dann werden nicht verschont.
Millionen solln sich im Iran einnisten:
Bei Nil und Istanbul die Schlange wohnt.

Hier steht allerdings etwas viel Beunruhigenderes vor uns. Irgendeine gewaltige Macht scheint sich aus Asien über den Mittleren Osten auf den Weg nach Europa zu machen, ihre Armee ist Millionen Mann stark. Natürlich ist auch das schon einmal geschehen. Schon im vierzehnten Jahrhundert fing das erblühende Osmanische Reich an, von der Türkei aus gen Westen zu expandieren; die Plünderung von Konstantinopel 1453 und die darauffolgende Flucht der griechischen Intellektuellen half der europäischen Renaissance auf die Sprünge. Von dort aus bewegten sich die Osmanen westwärts auf Europa und das Mittelmeer zu und besetzten Nordafrika. Auch eine große Niederlage in der berühmten Schlacht von Lepanto 1571, die ihnen von einem europäischen Seestaatenbund unter Mitwirkung von Spanien, verschiedenen italienischen Staaten und dem Vatikanstaat beigefügt wurde, konnte sie nicht aufhalten. Erst 1683 gelang es einem anderen Bund, diesmal aus Polen, Deutschen, Spaniern, Portugiesen und Italienern, die muslimische Bedrohung vor den Toren Wiens zurückzuschlagen.

Nostradamus war sich der türkischen Bedrohung wohl bewußt: Schließlich lebte er sein ganzes Leben lang damit. Spricht er also von Ereignissen aus seiner Zeit und nicht von Geschehnissen der Zukunft, so wie er es sonst immer tut? Möglich ist es. Aber wenn dem so ist, dann ist er (nicht zum ersten Mal) im Unrecht, und zwar (das ist weniger geläufig) gleich in drei Fällen. Erstens waren die Türken keine Araber, zweitens unterwarf sich die Christenheit damals nicht (nicht einmal das Papsttum), und drittens schafften es die sunnitischen Osmanen bemerkenswerterweise nicht, in das schiitische Persien einzudringen.

Könnte es also möglich sein, daß Nostradamus eine vollständig neue Invasion aus dem Osten erwartet, die wiederum nicht nur Istanbul und Ägypten überläuft, sondern diesmal auch den Iran, und die diesmal irgendwie durch ein Bild gekennzeichnet ist, das er als »gerollte Schlange« bezeichnet?

~~~~~~~~~~~~~~~~~~~~~~~~~~~~~~~~~~~~~~

V.27   *Er kommt vom Schwarzen Meer mit Feuerglut*
             Nach Persien, nach Trebizond wird streben.
             Die Adria rot von Araberblut,
             Pharos und Lesbos, voller Sonne, beben.

Auch hier wird wieder deutlich, daß dieser Feldzug ganz anders verläuft als der der Osmanen, daher wird uns nun auch klar, was Persien mit der Sache zu tun hat: Offenbar hat die Invasion dort oder noch weiter östlich, irgendwo im früheren Mongolenreich, ihren Anfang genommen. Von dort aus zieht sich ein Pfad der Zerstörung durch den Iran und die nördliche Türkei. Dann wird sie sich der See nähern, die griechischen Inseln und die Meerenge zwischen Griechenland und Italien bedrohen, wo sie sich festsetzen wird. Wiederum benutzt Nostradamus die Bezeichnung »Araber«. Auf den ersten Blick mag das ziemlich verwirrend aussehen. Wie jedoch die folgenden Vierzeiler zeigen, ist das nur einer von vielen Namen, den Nostradamus für die herannahenden Invasoren verwendet, teilweise weil er allen Grund hat, sie als Moslems zu identifizieren (wie wir sehen werden), teilweise weil (wie wir auch bald sehen werden) sich ein Flügel der Invasionsarmee auf Nordafrika zubewegt.

III.60   *Die Massen überall in der Türkei,*
In jedem Teil, bezahlen mit dem Leben.
Ein junger Schwarzer wegen Gaunerei
Der muß zur Abschreckung sein Leben geben.

Inzwischen ist in der Türkei eine ausgedehnte und brutale Unterwerfung in vollem Gange. Das Original erwähnt ausdrücklich die ehemaligen südwestlichen Landstriche Mysien, Lycien und Pamphilien. Offenbar hat der orientalische Herrscher vor, an einem unglücklichen jungen Mann ein Exempel zu statuieren.

III.59   *Hat er ein Drittel Moslemland erobert,*
Bringt er den Tod zu ihren Besten nun,
Er tötet jeden vierten ihrer Alten
Aus Angst, sie könnten seinem Volk was tun.

Die Unterdrückung geht weiter. Der offenbar paranoide asiatische Führer, wahrscheinlich Mitglied einer Troika oder einer

Drei-Männer-Junta, führt eine Art Pogrom durch, um die Sicherheit seiner eigenen Besatzungstruppen zu gewährleisten. Zweifelsohne droht er noch weitere Strafaktionen an, falls sich irgend jemand als Gefahrenquelle erweisen sollte.

❦

V.96   *Die mächt'ge Rose herrscht im Mittelpunkt,*
             Für neue Pläne wird Staatsblut verschwendet.
             Wer denn die Wahrheit kennt, hält seinen Mund,
             Auch wenn das Kommende nicht Trost mehr spendet.

Die Rose scheint das Symbol eines langlebigen Regimes zu sein, das Nostradamus stark mißfällt. Einige Kommentatoren haben es als Symbol der französischen Sozialisten unter Präsident François Mitterand verstanden. Die erste Zeile legt aber nahe, daß das Reich auch Palästina mit einschließen wird, besonders Jerusalem, das man traditionell als Mittelpunkt der Welt betrachtet. Wenn sich die Verse also nicht auf das Osmanische Reich beziehen, können sie zwangsläufig nur auf das Besatzungsregime des zukünftigen orientalischen Eindringlings zutreffen, von dem schon die Rede war. Nostradamus hält es für die beste Reaktion, so wenig wie möglich zu sagen. Zumindest in den besetzten Gebieten steht eine Widerstandsbewegung genausowenig zur Debatte wie öffentliche Unruhen. Wer sich nach einer Änderung der Lage sehnt, wird einfach auf seine Erlösung warten müssen, die irgendwie »von außen« kommen muß. Hier fragt man sich natürlich, ob François Mitterand diese Vorhersage kannte und die zweite Zeile als Aufforderung zu großen Projekten der Öffentlichkeitsarbeit verstand...

V.54   *Vom Schwarzen Meer, von den großen Tartaren*
Kommt ein Monarch, um Frankreich zu erblicken.
Alani und Armenen meuchelt er in Scharen,
In Istanbul wird seine Rute knicken.

Wiederum könnte man hier der Meinung sein, der Vierzeiler beziehe sich überhaupt nicht auf unsere Zeit, sondern auf die längst vergangene Invasion der Osmanen in Europa. Andererseits spricht er davon, daß die Eindringlinge Frankreich erreichen, was die Türken niemals taten. Außerdem ähnelt er mit der Erwähnung von Luftverkehr zu stark II.29 (Seite 81), so daß eher ein moderner Zusammenhang vorliegen muß. Diesmal jedoch scheint hier von etwas Bedeutenderem die Rede zu sein als nur von einem verwirrten Ayatollah. Es riecht verdächtig nach einer Art Militärfeldzug, so wie er schon oben angekündigt wurde. Jetzt allerdings wird Nostradamus etwas genauer. Daher sind wir in der Lage, den Spruch versuchsweise zu deuten. Womit wir hier konfrontiert werden, scheint nichts Geringeres als eine gewaltige asiatische Invasion des Westens zu sein, die in gewisser Weise dem ähnelt, was man gemeinhin mit der Bezeichnung »Gelbe Gefahr« andeuten will und was sich – in Einklang mit den verworrenen Weissagungen über die Ankunft von »Königen aus dem Osten« (Offb 16,12) in der Bibel – ebenso in einem Großteil unabhängiger Berichte von Menschen mit übersinnlichen Fähigkeiten abzeichnet. Immerhin ist das Wort »Tartaren« ziemlich genau; es bezieht sich auf das ehemalige Mongolenreich, das früher einmal einen großen Teil Zentralasiens und Nordchinas bedeckte und dessen Herrschaftsgebiet ungefähr dem Siedlungsgebiet der türkischsprechenden Moslems entspricht, das heute unter dem Namen Turkistan bekannt ist. Ein großer Teil davon ist erst vor kurzem dem Joch der ehemaligen Sowjetunion entronnen. Um wen auch immer es sich hier handelt, er ist jedenfalls äußerst kriegslüstern, denn er fällt in Armenien und in das Gebiet der früheren Alani ein, das ein bißchen weiter nordwestlich liegt, nicht weit entfernt vom nordöstlichen Ufer des Schwarzen Meeres.

Die einzige Hoffnung liegt in den letzten beiden Zeilen. Wenn die Eindringlinge die Grenzen Südosteuropas erreichen, wird ihre Kampfeslust anscheinend aus irgendwelchen Gründen langsam abkühlen. Vielleicht geschieht das nur, weil ihnen die Mittel oder die Ausrüstung ausgegangen sind: Ebenso könnte es möglich sein, daß ihr eigentlicher Anführer stirbt, wie die erste Zeile vielleicht gedeutet werden kann. Auch ist denkbar, daß der kämpferischen Phase der orientalischen Invasion letztendlich die Luft ausgegangen ist und sie jetzt in eine eher friedliche Wanderphase übergeht – beides ist möglich. Andere Hellseher meinen, daß sich die gesamte Phase der Völkerwanderung als größtenteils friedlich, wenn nicht sogar positiv, herausstellen wird und nicht weit entfernt von der deutsch-französischen Grenze zum Erliegen kommt. Sogar ziemlich seriöse Beobachter sind übereingekommen, daß die Migrationen aus der Dritten Welt als direktes Ergebnis von Überbevölkerung und Versorgungsengpässen in der Zukunft immer wahrscheinlicher werden. Aber diese Vorhersagen stellen nur eine Bedrohung für jene dar, die sich auf Landesgrenzen verlassen und die Reichtümer der Erde für sich behalten wollen. In diesem Fall wird das Eintreten der Ereignisse unser Richter sein (wenn sie denn eintreten sollten). Daß sie aber in irgendeiner Beziehung mit dem Jüngsten Gericht stehen, kann man offen bezweifeln, wie die nachfolgenden Sprüche klarmachen werden.

II.62   *Wenn Mabus stirbt, wird wild danach*
              Vernichtungsschlacht von allem Leben toben.
              Dann plötzlich kommt in Sicht die böse Rach':
              Durst, Hunger, Blut; Komet steht droben.

Unser dritter möglicher Grund für ein Innehalten des orientalischen Feldzugs scheint sich nun langsam zur Gewißheit zu ver-
härten: Der eigentliche orientalische Herrscher ist wohl tatsächlich gestorben. Noch dazu teilt uns Nostradamus seinen Namen
mit: Ignoriert man die lateinische Endung, klingt es verdächtig
nach jemandem wie Mab oder sogar Mao. Die zweite Zeile
beschreibt ziemlich zutreffend die Folgen von Maos chinesi-
scher Kulturrevolution. Andererseits treffen die Zeitangaben
nicht zu. Die Kulturrevolution fand 1966 statt, und Mao starb
erst zehn Jahre später. Auch erschien vor 1985/86 kein bedeutsa-
mer Komet (der Halleysche). Deshalb muß Mabus jemand in
der Zukunft sein. Das ermutigt die berufsmäßigen Schwarzse-
her natürlich zu neuen Spekulationen, hier erscheine der Antichrist unter wieder neuem Namen. Warum er sich einfach nicht
an einen Namen halten will, wird nicht ganz deutlich, sofern die
Vielzahl von Namen nicht auf eine Vielzahl von Menschen hin-
weist, von denen keiner notwendigerweise der im biblischen
Sinne wahre Antichrist ist. Die Bezeichnung wird unglückli-
cherweise von den Auslegern gerne auf jeden von Bedeutung
angewandt, von dem es heißt, er würde etwas Ungewöhnliches
verrichten: So ist sie nur ein Ausdruck für das Unbekannte. Da
ist es nicht verwunderlich, daß alle bisher noch nicht erfüllten
Voraussagen, besonders die kaum verständlichen, direkt einen
alarmierenden apokalyptischen Anstrich erhalten. Im vorliegenden Fall jedoch ist nur von einem Führer die Rede, dessen
Tod einem katastrophalen Krieg vorausgeht, auf den dann ein
ebenso gewalttätiger Gegenschlag folgen wird. Dieses Phäno-

men ist so bekannt, daß es fast schon ein Gemeinplatz ist. Nur im Zusammenhang können die verschiedenen Möglichkeiten auf eine bestimmte Situation beschränkt werden, und das wäre in diesem Fall die vorhergesagte Invasion der Asiaten. Durch den Tod des eigentlichen Führers wird die Situation offenbar nicht friedlicher, sondern um einiges gefährlicher. Das Ergebnis ist ein Krieg nie dagewesenen Ausmaßes, der die fast unvermeidbare »himmlische Rache«, die Hungersnot, herbeiführt sowie all die anderen bekannten Nebenerscheinungen von militärischen Auseinandersetzungen. Als Zeichen der Rache, glaubt Nostradamus, werde plötzlich ein Komet am Himmel erscheinen. Wie wir später sehen werden, wird er auch das Zeichen für andere unheilverkündende Geschehen sein...

X.72   *Kommt 1999 siebter Monat herbei,*
Da stellt sich plötzlich vor ein reicher Mann,
Macht den Mongolenherrscher wieder frei,
Krieg gab's zuvor, er fängt nun wieder an.

Dies ist wohl die berühmteste – und auch gefürchtetste – von Nostradamus' Vorhersagen. Das liegt zweifelsfrei zum einen Teil an dem genauen Datum, zum anderen Teil daran, daß die meisten Übersetzungen den Ausdruck in Zeile 2: *Roy deffraieur* (»Kosten übernehmender König«) – der selbst möglicherweise schon ein Druckfehler von *Roy de fraieur* ist (siehe »Wissenschaftliche Anmerkungen«) – ziemlich zweifelhaft mit »König des Schreckens« wiedergeben, so als ob dort *Roy d'effrayeur* stünde. Wahrscheinlich beabsichtigte Nostradamus tatsächlich diese Zweideutigkeit. Hinter dunklen Wolken erscheint oft ein Silberstreif am Horizont, genauso wie umgekehrt, und das ist bei apokalyptischen Wolken nicht anders. Doch dann stellt sich die Voraussage wie schon so oft als überhaupt nicht endzeitbezogen heraus. Hier würde so gut wie jeder rettende (oder bedrohende) Führer passen, besonders einer mit Geld in den Taschen. Hier beschließt eine mächtige Person der Weltpolitik, als Zahlmeister einzuspringen und die Wiederaufnahme des gewaltigen Vorwärtsmarsches zu finanzieren, nachdem die orientalischen Invasionskräfte irgendwo im Mittleren Osten aufgrund des Todes ihres Anführers haltgemacht haben – wahrscheinlich infolge von Geldmittel- oder Ausrüstungsknappheit. Gleichzeitig bekräftigt der Nothelfer seinen Führungsanspruch. (Wenn dem so ist, wäre es wahrscheinlich, daß der Invasionsfeldzug einige Zeit vor 1999 beginnt.) Die Tatsache, daß sich Nostradamus hier verpflichtet fühlt, sein Schweigen zu brechen und das Datum des Ereignisses zu verraten, weist einerseits darauf hin, daß er glaubt, er gebe damit eine Art Ausgangspunkt für die gesamten folgenden Vorhersagen. Andererseits zeigt er dadurch, daß sich die Vorhersage als historisch ausschlaggebend für die Zukunft von Europa im allgemeinen und für die Zukunft seiner Heimat im besonderen herausstellen wird. In den folgenden Sprüchen werden wir ohne Zweifel den Grund dafür entdecken. Erika Cheetham tut gut daran, uns zu warnen, jedoch werden die »sieben Monate« eigentlich nicht von Januar ab gezählt, sondern von Nostradamus' Neujahrstag an, und das war die Tagundnachtgleiche am 20./21. März.

V.55　　　*Ein mächt'ger Moslemherrscher kommt zur Welt,*
Dem glücklichen Arabien zu Ehr.
Verwüstet erst Granada, span'sches Feld,
Erobert dann Italien vom Meer.

An diesem kritischen Punkt kommt ein neuer wichtiger Teilnehmer ins Spiel, der die Gewalt über die asiatischen Streitkräfte übernimmt, die Mabus verlassen hat. Daher ist er zweifelsohne für die schrecklichen Dinge verantwortlich, die von Nostradamus für die Zeit nach Mabus' Tod vorausgesagt werden. Mit »Arabien« könnte Nostradamus das Land selbst meinen oder sich damit auf das gesamte Gebiet der Moslems beziehen, das sich von Nordafrika bis tief nach Zentralasien erstreckt. Außerdem sehen die ins Visier genommenen Kriegsziele des neuen Führers sehr besorgniserregend aus.

V.84   *Der unbekanntem Volksstamm angehört,*
             Aus großer Stadt am Golf im Orient,
             Bis nach Rouen, Evreux hinauf zerstört
             Die Macht des Prinzen alles, das bekennt.

In dieser Strophe enthüllt Nostradamus vollständig den zerstörenden Ehrgeiz des neuen Moslemführers. Geboren in einer Stadt, die stark nach Kairo aussieht (der »Golf« kann gut das Mittelmeer sein wie auch schon bei Franco im 3. Kapitel), die aber genausogut Alexandria oder Istanbul sein könnte, will er unbedingt das Herrschaftsgebiet des Papstes zerstören, also die europäische Christenheit, und zwar nicht nur im Süden, sondern hoch bis in die Normandie in Nordfrankreich.

X.75   *So langersehnt, hat er einst ausgespielt,*
             Hat Asien, Europa in der Macht,
             Ein Hermes, der sich alles einfach stiehlt,
             Über die Mächtigen des Ostens lacht.

Der neue Führer ist nicht nur bereit, Europa mit all den beunruhigenden Eigenschaften des Gottes Hermes zu bedrohen (die ich, anders als Nostradamus, schon in Zeile drei aufgeführt habe): Er kontrolliert auch, was Nostradamus »Asien« nennt. Das bezeichnete in den Tagen des Sehers normalerweise das heutige Kleinasien oder die Türkei, aber kann sich natürlich auch viel weiter in den Osten erstrecken. Vielleicht enthält die erste Zeile dieses Vierzeilers die beunruhigendste Nachricht, in der angedeutet wird, daß es sich um eine einzelne Person handelt, die seit Jahrhunderten bekannt ist. Wenn Nostradamus recht hat, stellt sich hier schließlich heraus – zumindest müssen wir die Möglichkeit in Erwägung ziehen –, daß es sich um keinen anderen als den biblischen Antichristen selbst handelt, mit roten Zähnen und Klauen. Dennoch sollten wir hier (wie immer) vorsichtig sein und dieser Vorstellung keine zu große oder kosmische Bedeutung beimessen. Sowohl in der Bibel als auch bei Nostradamus sehen die eigentlich räumlich begrenzten Geschehnisse immer viel größer aus, als sie eigentlich sind. Weiß Gott wirkt der Mann hier trotzdem ziemlich schrecklich, aber er bleibt, wie Burns uns nüchtern erinnert, doch nur ein Mensch, jemand, der nicht mehr Macht besitzen wird, als wir ihm zugestehen werden. Außerdem wird er, wie uns Nostradamus beruhigt, zu denen, die ihn einmal glücklich überlebt haben, niemals zurückkehren.

⟨⟨⟨⟨⟨⟨⟨⟨⟨⟨⟨⟨⟨⟨⟨⟨⟨⟨⟨⟨⟩⟩⟩⟩⟩⟩⟩⟩⟩⟩⟩⟩⟩⟩⟩⟩⟩⟩⟩⟩

X.10   *Mit Mord beschmutzt, befleckt mit Missetat*
            Wird Feind er allen Lebens beispiellos,
            Schlächter von nie gewesenem Format,
            Mit Schwert, Flut, Feuer: blutig, gnadenlos.

Nostradamus vergleicht ihn nun mit all seinen furchtbaren Vorgängern, zu denen wir wahrscheinlich auch Hitler oder Stalin, vielleicht sogar beide, zählen können. Dennoch ist es hier interessant zu sehen, daß der Seher zugibt, daß er tatsächlich Vorgänger gehabt haben wird. Damit bestärkt Nostradamus unsere frühere Vermutung, daß das Wort »Antichrist« von ihm nicht in

einem ausschließlichen Sinn benutzt wird. Im vorliegenden Fall
kann er sich aber offensichtlich nicht dazu durchringen, diese
Bezeichnung zu verwenden – das legt paradoxerweise nahe, daß er
der biblischen Ausgeburt nun von Angesicht zu Angesicht gegenübersteht. Dennoch sollte man sich vor Augen führen, daß es
Millionen gelungen ist, sowohl Hitler als auch Stalin zu überleben. Es gibt also keinen Zweifel mehr, daß dasselbe noch einmal
geschieht, wie unwahrscheinlich es uns jetzt auch vorkommt.

Présage 40 *Die sieben Könige der Tod heimsucht.*
       Hagelsturm, Pest und wutentbrannte Schänder.
       Der Osten schlägt den Westen in die Flucht,
       Herrscht über die einstigen Herrenländer.

Es geht weiter. Sieben Regierungen in Folge (wahrscheinlich in
Frankreich, vgl. IV.50, S. 261) werden von den Invasoren aus dem
Teil des Orients heimgesucht, der früher vom Westen kolonisiert
oder wenigstens dem Westen unterworfen war. Da es praktisch
keine Gegend im Orient gibt, die das nicht war, hilft uns diese
Information nicht besonders weiter, außer, daß sie unsere Vermu-
tung weiter verstärkt, daß es sich hier nicht um das Osmanische
Reich handelt, das lange vor den Kolonien bestand.

I.15   *Mars uns mit böser Kriegsgewalt empört,*
     Vergießt er siebzigmal viel Blut und Tränen.
     Die Kirche wächst, wird dann wieder zerstört,
     Ebenso die, die das niemals erwähnen.

Inzwischen bietet uns Nostradamus in einem allgemein gehalte-
nen Spruch einen Ausblick auf die mit dem Krieg verbundenen

Ereignisse, der sowohl seine als auch unsere Zeit zu umfassen scheint. Im Verlauf der Ereignisse scheint die Christenheit nach einer Zeit relativen Wohlstands buchstäblich ausgelöscht zu werden, zumindest in Europa. Atheisten, so Nostradamus, wird es nicht besser ergehen. Um jedoch Genaueres über die Art und Weise und den Ort zu erfahren, müssen wir die nun folgende Entwicklung abwarten.

III.27   *Im Westen steigt hinauf des Libyers Stern.*
              In Frankreich macht Araber unliebsam,
              Herablassend zu den gelehrten Herrn,
              Vermittelt den Franzosen den Islam.

Um die zunehmend bedrohliche Lage im Mittleren Osten zu entschärfen, wird sich offenbar jemand, der Muammar al-Gaddhaffi frappierend ähnelt, bemühen, die offiziellen Vermittler zu umgehen und die Verantwortung für die Darstellung der arabischen Absichten in der westlichen Welt übernehmen. Scheinbar heizt er die ganze Sache nur noch weiter an.

I.51   *Im Widder Jupiter, Saturn zugleich:*
              Was sich noch tun wird, nur der Herrgott weiß!
              Aufruhr in Italien und in Frankreich,
              Wenn wieder Übel bringt der kleine Kreis.

Hier haben wir möglicherweise das erste Anzeichen dafür, daß die orientalische Invasion nun langsam die Mittelmeerküsten Europas erreicht. Der Vierzeiler scheint sogar eine Art von astrologischer Zeitangabe zu enthalten. Wenn man vom Erscheinungsdatum von Nostradamus' Prophezeiungen an rechnet, ereignete sich die nächste astronomische Konjunktion des hier beschriebenen Typs am 13. Dezember 1702, als Frankreich unter Ludwig XIV. in die Spanischen Erbfolgekriege verwickelt war. Nach Erika Cheetham wird diese Konjunktion als nächstes am 2. Dezember 1995 auftreten (andere meinen am 2. September). Wir dürfen nicht vergessen, daß hier lediglich »Aufruhr« *(emotions)* und »böse Zeiten« vorhergesagt werden und daß Nostradamus oft dazu neigt, schlechte Botschaften zu dramatisieren. Dennoch ist es nicht unmöglich, daß er hier von den Anfängen einer mühseligen Zeit spricht, in der Frankreich und Italien langsam beginnen, die Folgen des orientalischen Vormarsches zu spüren. Tatsächlich werden die nachfolgenden Strophen, wie wir sehen werden, dies bestätigen und es in immer schrecklicheren Bildern ausführen.

~~~~~~

XII.36   *Auf Zypern macht man zum Angriff bereit.*
            (Beklagt schon Euer Ende vorm Altar!)
            Araber, Türken Böses tun zu zweit:
            Mit zwei Flotten, Zerstörung durch Gibraltar.

In diesem zusätzlichen Vierzeiler wird nun den folgenden Taten der entsprechende Rahmen gegeben. Die östliche Macht will offenbar unbedingt Zypern zum Hauptstützpunkt für eine Masseninvasion von Europa machen, die sich in einen nördlichen und einen südlichen Flügel aufspaltet. Letzterer zieht sich über Nordafrika hin und scheint besonders brutal und gewalttätig zu sein.

X.58   *Der Chef der Araber im Trauerkleid*
Dem jungen Griechenland den Krieg erklärt.
Erschüttert Frankreich, droht der Christenheit:
Marseille im Westen er vielleicht bekehrt.

Obwohl die Asiaten noch immer den Tod von Mabus betrauern
(das kann eine Zeitspanne von ungefähr vierzig Tagen ausma-
chen), setzt sich ihr militärischer Großangriff wieder in Bewegung und schlägt gewalttätig zu. Die erste Attacke gilt offenbar
Griechenland. Da der »junge Mazedonier«, von dem Nostradamus hier spricht, auch wieder in einer späteren Phase der Auseinandersetzungen auftaucht, *dann aber als mächtiger Führer auf ara-
bischer Seite,* ist er möglicherweise ein Befehlshaber aus Griechenland oder aus dem Balkangebiet, der irgendwann überzeugt wird,
zu den Invasoren überzulaufen. Der Rest der Strophe sieht wie
eine Zusammenfassung dessen aus, was noch bevorsteht. Frankreich wird in seinen Grundfesten erschüttert, das Schiff des
Papsttums (also der Vatikan und die gesamte katholische Kirche)
gefährdet und Marseille auf irgendeine Weise gestürzt.

II.39   *Ein Jahr, eh' in Italien Krieg in Sicht,*
Sich Frankreich, Deutschland, Spanien fühln
im Recht:
Erst wenn die Puppenrepublik zerbricht,
Sie sehen: Recht zerstört wird durch Gefecht.

Da jetzt ein flächendeckender Krieg in Sicht ist, scheint die ausländische Macht entschlossen, die Verwaltungsgemeinschaft zu
überwältigen. Sie wurde vor nicht langer Zeit von den drei
erwähnten optimistischen Nationen gebildet und wird von

Nostradamus »die Klassenzimmerrepublik« genannt. Das legt natürlich eine Identifizierung mit der gegenwärtigen Europäischen Gemeinschaft nahe. Die Auseinandersetzung wird aber sicherlich ein paar Länder mehr mit einbeziehen als nur Frankreich und Italien.

❧❧❧❧❧❧❧❧❧❧❧❧

II.84   *Zwischen Neapel und Florenz kein Regen*
Sechs Monate, neun Tage überall.
Und durch Dalmatien klingt fremder
Worte Schall,
Wie Sturmwinde sie über's Land wegfegen.

Nostradamus beginnt nun, uns die wohl ersten genauen Angaben über die Route der hier behandelten Invasion zu machen. Die erste Zeile, die im Original ausdrücklich Kampanien, Siena, Florenz und die Toskana benennt, soll hier wahrscheinlich als eine Art meteorologische Androhung des Kommenden dienen. Nach einer vorübergehenden Zeit der Dürre werden sich die fremden Wehrverbände offenbar nach Dalmatien an der Westküste des früheren Jugoslawiens begeben, danach überfallen sie den Rest des Landes. Ob Nostradamus damit Jugoslawien oder Italien meint, wird an dieser Stelle nicht ganz deutlich.

❧❧❧❧❧❧❧❧❧❧❧❧

IX.60   *Mit schwarzem Kopftuch Moslems im Kriegswahn:*
Dalmatien unter Blutvergießen zittert.
Die mächt'gen Araber greifen erfolgreich an.
Wenn Lissabon hilft, die Zunge bebt verbittert.

Auch hier wieder: Falls sich dieser Vers nicht einfach auf die ehemalige Invasion der Osmanen bezieht, scheint es eine Art westeuropäische Unterstützung für die Streitkräfte im früheren Jugoslawien zu geben, die sich verzweifelt in einem Nachhutgefecht winden. Dies reicht wohl schon aus, um eine lebhafte Diskussion unter den Eindringlingen zu entfachen. Das Wort »ranes« (von Lat. *rana*, »Frosch«) in der letzten Zeile hat den Auslegern alle möglichen Schwierigkeiten gemacht. Denn warum sollten die *Frösche* beben, wenn nicht aus dem einfachen Grund, Nostradamus zu einem seiner Lieblingstricks zu verhelfen, nämlich eine Aussage aus der ersten Hälfte des Spruches (in diesem Fall das Zittern) in der zweiten Hälfte wieder aufzunehmen? Die Antwort erschließt sich aus Nostradamus' Lebenslauf: Schließlich war er ein Arzt mit langjähriger Erfahrung. Daher war er sich völlig klar darüber, daß die Verkleinerungsform *ranula* (»Fröschlein«) eine »ranine« Zyste bezeichnet, also eine auf der Unterseite der Zunge. Daher bedeutet das Wort *rane* hier unmißverständlich »seltsame Zunge« im wahrsten Sinne des Wortes. Es handelt sich wohl um die gleichen »seltsamen Zungen«, von denen er auch in II.84 (S. 100) spricht. Wenn das typisch für ihn ist, dann hatte Nostradamus einen gesunden, wenn auch trockenen Humor.

II.32   *Milch, Zungen, Blut über Dalmatien.*
Balennes verseucht; erst einmal im Konflikt.
Groß ist der Schrei in ganz Slawonien,
Wenn dann Ravennas Monster Licht erblickt.

Nostradamus führt seinen grausamen Scherz jetzt noch eine Stufe weiter. In der ersten Zeile dieser Strophe spricht er über die fremden Zungen tatsächlich als *grenoilles* (»Frösche«) und führte somit Generationen von Deutern hinters Licht, die annahmen, er würde so etwas wie die biblischen Heimsuchungen Ägyptens vorhersagen. Der Rest ist allerdings nicht zum

Lachen. Zwar scheinen sich seltsame (aber keinesfalls unbekannte) meteorologische Zeichen an der jugoslawischen Küste zu zeigen, falls sie nicht etwas viel Unheimlicheres andeuten – aber die Hauptaussage hier ist, daß sich der Krieg nun auch in den Norden der früheren Föderation ausbreitet. Offenbar steht das in Verbindung mit einem »Monster«, das sich zuerst in Ravenna, Norditalien, zeigt. Es wird hier nicht klar gesagt, ob das Monster ein menschliches Wesen ist, eine Maschine, eine neue Waffenart oder lediglich, wie das lateinische Wort *monstrum* sagt, eine Art Zeichen. »Balennes« scheint sich auf das antike Trebula Balliensis zu beziehen, das in der Nähe von Capua in Mittelitalien liegt.

IX.30   *In Nicholas und Pula sterben genug*
Nordische Kämpfer in der Kvarner Bucht.
Der Chef beweint den Moslem-Beutezug.
In Cadiz, bei Philippern man nach Hilfe sucht.

Während sich die Kämpfe weiter nach Norden ausbreiten, werden die Verteidiger auf dem Rückzug in der Nähe der ehemals jugoslawischen Hafenstadt Pula nicht weit von der italienischen Grenze entfernt ins Meer getrieben, wahrscheinlich, weil sie auf der Halbinsel Istrien in die Falle geraten sind. Spanien und Griechenland bieten ihre Hilfe an.

II.33   *Wie an Veronas wildem Strom, der nah*
Vom großen Po-Delta ins Meere wallt,
So gibt's an der Garonne einen Eklat,
Wenn das Genueser Heer dort kommt zu Halt.

Die Horden rücken immer näher. Einen großen Verlust an Menschenleben wird es an der Etsch geben, die etwas nördlich vom Po in die Adria fließt. Offensichtlich stürmen die Eindringlinge von Nordosten aus herein und verteilen sich über die gesamte lombardische Ebene. Daher kann sich der Text nun schlechterdings nicht mehr auf die alte Invasion der Osmanen beziehen. Das ist die Realität, und sie betrifft unsere eigene Zukunft. Die Erwähnung des Wortes *naufrage* (»Schiffbruch«) im Original legt nahe, daß es einen großen Verlust von Menschenleben und Material in den Wassern der Etsch geben wird. Außerdem wird langsam das beachtliche Ausmaß des erwarteten Konflikts klar: Nostradamus sieht tatsächlich voraus, daß sich das gleiche Szenario später an der Garonne im Südwesten Frankreichs wiederholt, wenn die Streitkräfte aus der Gegend um Genua wiederum den Fluß überqueren. Das bedeutet aber nicht notwendigerweise, daß es sich um Italiener handelt: Wie wir noch sehen werden, benennt Nostradamus die eindringenden Armeen gerne nach dem Gebiet, das sie zur Zeit besetzen. Daher kann es wenig Zweifel geben, daß es sich hier um eben die asiatische Invasionsarmee handelt, die schon Nordwestitalien in ihrer Gewalt hat und schließlich auch für die Katastrophe in Frankreich verantwortlich sein wird.

II.94   *Der Po erträgt für Frankreich großes Weh!*
Den Britenlöwen auf dem Meer nichts bindet.
Unmengen Menschen überqueren die See.
Eine Viertelmillion keinen Ausweg findet.

Nun folgt eine gewaltige Auseinandersetzung an den Ufern des Pos, der offensichtlich die letzte große Verteidigungslinie der Lombardei darstellt. Die Fremden erhalten ständig Unterstützung und Nachschub vom Meer. Nur Großbritannien bleibt relativ sicher, da es sich nur auf Operationen zur See beschränkt.

I.9   *Vom Osten aus Afrika vorwärts schreitet*
             Zur Adria, Italien im Visier,
             Es wird von Libyens Flotte begleitet:
             Jede Malteser Kirche leer, die Inseln hier.

Wenn es sich hier nicht wieder um eine Schilderung des ehemaligen Osmanischen Reichs handelt, deutet Nostradamus nun an, daß die bevorstehende asiatische Armee auch einen Marinestützpunkt besitzt, der sich irgendwo in Nordafrika befindet. Natürlich sind die Inseln im Mittelmeer mit unter den ersten Gebieten, die betroffen sein werden, da sie ja geographisch einen bequemen Ausgangspunkt für weitere Operationen gegen Südeuropa darstellen. Inzwischen werden die Marinemanöver des Feindes in der Adria ebenfalls bestätigt. Man kann an dieser Stelle sicherlich einwenden, daß es heutzutage kein muslimisches Land im Mittelmeerraum gibt, das die notwendige Seemacht aufbringt, um die hier und später beschriebenen Aktionen vor den Augen der großen westeuropäischen Flottenverbände durchzuführen. Ebensowenig existiert eine solche Macht in Zentralasien: Die zu Anfang dieses Kapitels zitierte Stelle erweckt allerdings den Eindruck, daß die Asiaten eine große Zahl Schiffe von ihrem nördlichen Nachbarn Rußland gekauft haben, der den Großteil des Waffenarsenals der ehemaligen Sowjetunion geerbt hat.

IV.48   *Auf fruchtbaren latinischen Weiten*
             Sind so viele Fliegen und Heuschrecken,
             Daß sie das Licht der Sonne fast verdecken.
             Alles fressend, die große Pest verbreiten.

Im allgemeinen können Nostradamus' Vierzeiler immer überraschend wörtlich genommen werden. In diesem Falle aber scheint er von etwas viel Schlimmerem als Heuschrecken zu sprechen: Schließlich greifen sie in V.85 (S. 201) auch die Schweiz an, die überhaupt kein Heuschreckenland ist, auch wenn man in Erwägung zieht, daß er die Insekten in dem Fall nur als *sauterelles* (»Grashüpfer«) bezeichnet. Vor diesem Hintergrund haben sich verschiedene Kommentatoren berufen gefühlt, sie auf die seltsamsten und abwegigsten Arten zu deuten, meistens als Luftverbände des Feindes. Das würde sogar zu der Beschreibung in der dritten Zeile passen (hier fallen einem sofort Hubschrauber ein, wie auch sonst hätte Nostradamus diese sonderbaren futuristischen Apparate beschreiben sollen?). Meine Vermutung ist aber, daß der »hellhörige« Nostradamus eine sinnliche Erfahrung machte und die orientalischen Eindringlinge »wie Heuschrecken« in die lombardische Ebene einfallen hörte. Dann übersetzte er, wie schon zuvor, den Ausdruck in ein konkretes Bild. Auf ähnliche Weise könnte auch die letzte Zeile entstanden sein, nämlich weil er den Ausdruck »Heuschreckenplage« hörte. Mit Blick auf die übrigen Sprüche ist es andererseits durchaus möglich, daß er diesmal sagt, was er meint: nämlich daß durch die Verbreitung der Eindringlinge, die beim Vorrücken die Lebensmittelvorräte des Landes plündern, eine Art von Epidemie ausbricht. Wir werden in Kürze erfahren, was das für entsetzliche Folgen haben wird.

III.33   *Wenn dann der Wolf das Herz der Stadt heimsucht,*
Dann ist der Feind auch nicht mehr weit.
Der Freund, Reserve in der Alpenschlucht,
Zerstört als Feind das Land mit Grausamkeit.

Hier scheint Nostradamus von einer der größeren Städte in
Norditalien wie Verona, Mailand oder Turin zu sprechen. Die
Strophe vermittelt den Eindruck, die Alliierten der Italiener
würden eine Intervention ablehnen, obwohl sie sich nahe der
Grenze befinden. Wenn man den Bezug auf Wölfe wörtlich
nimmt, könnte die Tatsache von Bedeutung sein, daß Wölfe auf
der Suche nach Eßbarem im Winter bis in die Städte vordringen
– hierin könnte eine Zeitangabe versteckt sein.

III.75   *Vicenza, Saragossa, Verona, Po:*
         Dort fällt das Schwert aus fernen Ländern ein.
         Schwellungen wachsen groß durch
         Krankheit roh.
         Hilfe ist nah, doch greift niemand jetzt ein.

Die Lombardei wird weiterhin attackiert, und wiederum eilen
die nahen Verbündeten nicht zu Hilfe. Die überraschende
Erwähnung von *Sarragousse* am Ende der Ortsliste des Originals
könnte bedeuten, daß Nostradamus seine Aufzeichnungen
falsch abgelesen hat, oder aber, daß es sich um eine spätere
Ersetzung handelt, vielleicht für »Saronno«, damit er einen
Reim für *gousse* in der dritten Zeile erhält. Dieses Wort ist ein
großes Rätsel. Eigentlich bezeichnet es etwas Hülsen- oder
Schalenartiges. Man könnte meinen, daß es sich auf die Beulen
der Beulenpest bezieht, aber in diesem Fall hätte Nostradamus
das richtige Wort zur Verfügung gestanden, der ja ein Spezialist
für diese Krankheit war. Das Wort *ampoule* hätte er ebenso verwenden können, wenn er von Blasen hätte sprechen wollen, so
wie *croûte* für die Krätze. Wahrscheinlich müssen wir uns hier
allergische Schwellungen vorstellen, als Auswirkungen einer Art
chemisch-biologischer Waffen auf die Haut. Es ist wirklich
schade, daß die Krankheit hier nicht deutlicher beschrieben

wird, denn es ist fast das einzige Mal, daß Nostradamus die Symptome der »Pest« genauer beschreibt, auf die er sich im Zusammenhang mit den Kämpfen so oft bezieht. Siehe aber auch IV.58 (S. 123).

VIII.11   *Ein zahlenloses Volk befällt Vicenza,*
Ohne Gewalt jedoch der Dom in Brand.
Nahe Lugano kommt er von Valenza,
Venedig hält dem Feind zur See noch stand.

Nostradamus deckt auf, daß die Invasion kurioserweise nicht immer nur aus Kämpfen bestehen wird. Manchmal wird man die einfallenden Horden widerstandslos die Städte und Ortschaften einnehmen lassen. An anderen Stellen wird jedoch heftige Gegenwehr geleistet. Ein Befehlshaber wird gezwungen, sich von Valenza (in der Mitte des Dreiecks Turin, Mailand, Genua) in die Berge zurückzuziehen, wo er dann auf dem Weg vom Lago Maggiore und vom Comer See in Richtung Norden geschlagen wird. Venedig an der Adriaküste leistet weiterhin Widerstand.

IV.66   *In Tarnkleidung zwielichtige Gesellen*
Werden von sieben Glatzköpfen gesandt.
Sie tröpfeln Gift in Brunnen und in Quellen.
Es werden Menschenfresser in Genua erkannt.

Die Männer mit den geschorenen Köpfen gehören wahrscheinlich dem orientalischen Invasionsheer an. Offenbar ist es ihnen ziemlich egal, mit welchen Mitteln sie an ihr ruchloses Ziel gelangen, solange sie effektiv sind: Genua wird erst vergiftet und (schließlich) ausgehungert.

Présage 31   *Muslim'sche Schiffe auf der Donau gar.*
Sizilien verlassen Soldaten zu Boot.
Florenz zerbombt, Siena auch, das Paar,
Das Freundschaft einte, ist so gut wie tot.

Die Ruhestörer erscheinen in immer größerer Zahl am Horizont, und zwar nicht nur zu Land (in Italien und weiter östlich), sondern auch zur See. Nostradamus bezeichnet sie hier und an anderer Stelle ausdrücklich als *Barbares*, was nicht nur »unzivilisiert« bedeutet, sondern auch »Araber« (durch falsche Assoziation mit dem Wort »Berber«), und daher zumindest für den Juden/ Christen Nostradamus auch »Moslem«, »Ungläubiger« oder schlicht »Heide«. Wie wir schon gesehen haben, gibt es gute Gründe für die Annahme, daß »Moslems« hier die richtige Übersetzung ist, obgleich man Nostradamus' für die damalige Zeit verständliche religiöse Vorurteile mit einbeziehen muß. Dennoch soll das weder hier noch an anderer Stelle irgendeinen Angriff auf die Rechtmäßigkeit des islamischen Glaubens darstellen. Religiöse Gefühle mögen tatsächlich (wie so oft) bei der Entflammung des Konflikts eine Rolle spielen, aber hinterher wird der Name »Moslem« nur noch als eine Herkunftsbezeichnung verwendet, die anzeigt, daß die Eindringlinge aus dem muslimischen Teil der Welt stammen. Ihre späteren Taten werden sich sogar als ebenso konträr zu den islamischen Lehren wie zu den christlichen erweisen. Das Paar, für das sich die Ankunft der Fremden schließlich als tödlich herausstellt, scheint Frankreich und Italien zu sein (siehe I.51, S. 97 und VIII.9 und II.72, 125 bzw. 129).

V.47   *Der mächt'ge Araber schreitet voran,*
Doch wolln ihm jetzt die Türken an den Kragen.
Das alte Rhodos unterliegt nicht seinem Bann.
Die Ungarn müssen noch mehr Leid ertragen.

Die Invasoren werden jedoch nicht vollständig ihren Willen bekommen. Noch während der europäische Feldzug in vollem Gange ist, gibt es Ärger in ihrer Heimat. Die Insel Rhodos will sich einfach nicht ergeben, und die Ungarn scheinen die asiatischen Streitkräfte wohl so erfolgreich zurückdrängen zu können wie zu osmanischen Zeiten. Zumindest können sie sie vielleicht in den Gebieten südlich und westlich der Donau festhalten.

V.48   *Nach einem Rückschlag von zu großer Wucht*
Ihre Armeen zwei Feinde glatt zerfetzen.
Die Ungarn südlich Schiff auf Schiff heimsucht.
Zu Land und Wasser alles voll Entsetzen.

Dennoch sind die Asiaten nicht gewillt aufzugeben, wie dieser direkt folgende Vierzeiler offenbart. Der ungarische Feldzug wird verdoppelt, aber die »zwei Feinde« werden nicht genauer beschrieben. Wahrscheinlich sind es wieder Italien und Frankreich. Inzwischen steht fest, daß die Asiaten mühelos siegen werden.

II.96   *Ein Flammenstern leuchtet im Abendlicht*
Nahe dem Quellgebiet der großen Rhône.
Hunger und Krieg: Rettung ist nicht in Sicht.
Der Perser zieht auf Mazedonien schon.

Von Norditalien aus dringen die Invasoren jetzt auch in die Zentralschweiz ein, wo die Rhône entspringt. Wahrscheinlich bezieht sich Nostradamus auf Genf. Offenbar wollen die Nachbarländer die Gefahr nicht recht erkennen, geschweige denn darauf reagieren. Eine weitere Angriffsspitze dringt vom früheren Jugoslawien südlich in Nordgriechenland ein. Vielleicht macht Nostradamus die David-und-Goliath-Situation in den antiken griechisch-persischen Kriegen zu seinem symbolischen Vorbild, wenn er die Eindringlinge als *la Perse* beschreibt. Gleichzeitig nimmt er damit wieder seine alte Gewohnheit auf, die Feinde nach den Ländern zu benennen, die sie gerade besetzen.

❧❧❧❧❧❧❧❧❧❧❧❧❧❧❧❧❧❧❧❧

IX.44   *Fliehen! Ein jeder flieh aus Genf heraus!*
             Saturns Gold wird nun eher Eisen gleichen.
             Das Land der Rose löscht Sohn und Vater aus.
             Vor der Attacke sieht man am Himmel Zeichen.

Wie immer gibt es Warnzeichen, und deshalb sind wir auch zu einem gewissen Grad selbst für das verantwortlich, was uns zustößt. Wie wir sehen werden, macht Nostradamus sein Anliegen immer ganz deutlich. Hier spricht er wieder von der symbolischen »Rose«, die schon in V.96 erwähnt worden war (S. 88). Diesmal macht er sich einen Spaß daraus, die rosa oder sogar rote Farbe der Invasoren in einem Anagramm aus Großbuchstaben anzusprechen: RAYPOZ *(»pays rose«)*. Wie wir später sehen werden, wird die Farbe Rot zu einem Standardbegriff bei der Beschreibung der Fremden. Die Annahme vieler Interpretatoren jedoch, daß es sich hier unweigerlich um Kommunisten handeln muß, ist vielleicht eine zu voreilige Schlußfolgerung.

II.100　　　*Zwischen den Inseln herrscht ein Krieg total,*
　　　　　　 Man hört nur noch das wilde Kampfgeschrei:
　　　　　　 So ungeahnt ist dort der Opfer Zahl,
　　　　　　 Man ruft sofort den Staatenbund herbei.

Wenn es sich hier nicht wieder einmal nur um eine Beschreibung der versuchten osmanischen Invasion im fünfzehnten und
sechzehnten Jahrhundert handelt (der es allerdings nie gelang,
die Inseln im westlichen Mittelmeer einzunehmen), wird hier
das Bild einer sich in dieser Gegend langsam zusammenbrauen-
den Offensive entworfen. Sie zwingt alle Betroffenen, Verteidi-
gungsbündnisse zu schließen, und das nicht zu früh, wie es
scheint.

II.43　　　*Wenn dann der Stern in Sicht kommt sonderlich,*
　　　　　　 Nicht Freund mehr werden die drei Großen sein.
　　　　　　 Feuer vom Himmel, Erde öffnet sich,
　　　　　　 Po, Tiber schäumen, Schlange kommt landein.

Das Näherkommen eines Kometen wird von Streit und Krieg
begleitet, besonders in Italien. Die drei großen »Prinzen« werden nicht näher beschrieben, aber spätere Strophen deuten
an, daß es die Führer der drei Hauptflügel der orientalischen Invasion sind, die sich nun zerstritten haben und alleine
weitermachen, als würden sie von nun an miteinander wettei-
fern. Die »Schlange«, die auf den Strand geworfen wird, scheint
auf die »gerollte Schlange« in V.25 (S. 85) zu verweisen und ist
wohl ein Symbol für einen orientalischen Ruhestörer. Was auch
immer damit gemeint ist – es ist sicherlich eine Anspielung
auf neue Eindringlinge in Italien, die auf ungewöhnliche Weise

herankommen, wahrscheinlich über Albanien (siehe V.46, S. 139).

❧〰❧〰❧〰❧〰❧〰❧〰❧〰❧〰❧〰❧〰❧〰❧〰❧

II.5   *Ein Fisch, bepackt mit Pappe, Waffen schwer,*
          Spuckt jemand aus, der voller Kriegsgelüste.
          Er rudert seine Flotte übers Meer,
          Erscheint letztendlich an Italiens Küste.

Wahrscheinlich beschreibt dieser Spruch den genauen Mechanismus der Landnahme, wenigstens teilweise. Offenbar ist mindestens ein U-Boot an der Landung beteiligt. Wenn es auch nicht direkt zur Invasionstruppe gehört, so steht es doch unter ihrem Oberbefehl. In der dritten Zeile weist Nostradamus darauf hin, daß er eigentlich nicht an eine Näherung unter Segeln glaubt; er kann einfach nicht verstehen, wie diese Flotte selbstangetrieben, aber nicht mit Rudern, das Meer durchqueren kann. Wie immer betrachtet er das Bild hier also mit den Augen eines Menschen aus dem sechzehnten Jahrhundert. Man vergleiche auch I.29 (S. 61), das in diesem Zusammenhang viel eher auf die hier beschriebenen Ereignisse verweist als auf den Zweiten Weltkrieg.

❧〰❧〰❧〰❧〰❧〰❧〰❧〰❧〰❧〰❧〰❧〰❧〰❧

V.62   *Das Blut wie Regen tropft auf Steine schon.*
          Die Sonne steigt, Saturn auf West erkannt.
          In Rom gibt's böse Tat, Krieg nah Orgon,
          Schiffbruch: der Dreierthron in Feindeshand.

Wie Nostradamus nun in dieser Zusammenfassung der jetzt bevorstehenden Ereignisse bekräftigt, ist die östliche Invasionsarmee entschlossen, sich zuerst in Italien und dann in Südostfrankreich auszubreiten. Die genauen Angaben sind gerafft, fast im Telegrammstil, doch sieht der Anfang verdächtig nach einem Seeangriff im Morgengrauen aus. Schließlich werden Rom und der Vatikan, Sitz des Fischers Petrus, eingenommen. In der Zwischenzeit beginnen die Invasoren in Frankreich, in die Rechte der östlichen Gebiete im Rhônedelta einzugreifen (die Stadt Orgon ist ein Verwaltungszentrum an der Durance).

VII.6　　*Sizilien, Neapel und Palermo*
　　　　　Den Heiden schaun ins grause Angesicht.
　　　　　Sardinien, Korsika und Salerno –
　　　　　Tod, Pest und Krieg, ein Ende nicht in Sicht.

Wie schon angekündigt, werden die Mittelmeerinseln zu Beginn eines Kampfes eingenommen, der kein schnelles Ende verspricht. Die südlicher gelegenen Städte folgen nicht viel später nach.

VI.10　　*Derweil der großen Christenkirche Seelen*
　　　　　Bleiben vermischt mit Farben Schwarz und Weiß.
　　　　　Rote und Gelbe ihre Schafe stehlen:
　　　　　Blut, Angst, Pest, weißes Wasser, Feuer heiß.

Nostradamus sieht nun voraus, was die europäische Christenheit selbst erwartet. Was er genau mit »Schwarz und Weiß« meint, ist unklar. Er könnte von der Hautfarbe reden, von unterschiedlichen Werten oder von etwas Politischem oder Sektiererischem. Aber er scheint sich in diesem Vers sowieso seinen Spaß mit Farben zu machen. Auf den ersten Blick will man die »Gelben« sofort mit der sprichwörtlichen »Gelben Gefahr« aus

dem Osten und die »Roten« mit den Kommunisten gleichset-
zen, doch besonders die letzte Gleichung steht, wie wir gesehen
haben, überhaupt nicht fest. Es wäre viel weiser, das Urteil noch
einmal aufzuschieben, bis wir uns ganz sicher sind. Alles, was an
dieser Stelle gesagt werden kann, ist, daß der orientalische Einfluß wahrscheinlich große Mengen von Christen aus ihren
Gemeinden vertreibt, sei es durch Krieg, Zwangsbekehrung,
Tötung oder einfach durch Flucht. Das war allerdings auch zu
erwarten.

VI.20   *Die heilige Union, sie hält nicht lang.*
        Die etwas ändern, neu intervenieren.
        Eroberung von Kirchen ist im Gang.
        In Rom ein neuer Löwe wird regieren.

Sicherlich gibt es Anzeichen für eine Art neuer ökumenischer
Initiative, die jedoch auseinanderbricht, als die Eindringlinge
weiter vorrücken und Rom einen neuen unbenannten Ober-
herrn erhält.

X.3   *Im fünften Jahr kann er die Herde nicht nähren.*
        Den Flüchtling er für Polen gehen läßt.
        Gerüchte über Hilfe sind zu hören,
        Bis dann der Pastor seinen Sitz verläßt.

Dieser Vierzeiler gibt leider nicht die Identität des *chef* preis, des
Führers, den ich hier in bezug auf die erste Zeile mit »Pastor«
übersetzt habe. Wie jedoch die folgenden Sprüche andeuten,
handelt es sich hier wahrscheinlich um eine Bezeichnung für
den regierenden Papst. In diesem Fall würde der Vers zu unserer

Zufriedenheit die Deutung von V.92 (S. 84) bestätigen. Fast zum Ende seiner nun fünfjährigen Amtszeit scheint der Pontifex Maximus aus irgendeinem Grund gezwungen zu werden, seinen Pflichten nicht mehr nachzukommen – wahrscheinlich eine Folge wachsenden östlichen Einflusses. Darauf folgen diverse internationale Schwierigkeiten, die erst beendet sind, wenn er Rom endgültig verläßt. Das Wort *Penelon* im Original scheint ein vereinfachtes Anagramm von *Polonais* zu sein (»der Pole« oder »die Polen«), und damit auch ein Hinweis auf den jetzigen Amtsinhaber. Um jedoch die volle Bedeutung dieses Spruches zu erfassen, müssen wir ihn im Zusammenhang mit den anderen »päpstlichen« Vorhersagen lesen, die im folgenden aufgeführt werden.

VI.25   *Gott Mars verletzt die heil'ge Monarchie:*
Des Petrus' Barke ist in schlimmem Zustand.
Ein roter Herrscher führt die Hierarchie.
Verräter unter schwarzer Wolkenwand.

Der Krieg wirkt sich nun in seiner ganzen Grausamkeit auf Rom und die dortige Kirche aus. Wie wir schon gesehen haben, bringt Nostradamus die Störenfriede immer mit der Farbe Rot in Verbindung. Auch spricht er im Zusammenhang mit den verschiedenen Attacken wiederholt von *bruine* (»Sprühregen«). Was er davon erzählt, läßt Unheilvolles ahnen: Die Möglichkeit eines chemischen oder biologischen Angriffs kann daher nicht mehr ausgeschlossen werden.

VI.30   *Von einem, der die Frömmigkeit nur spielt,*
          Der heil'ge Stuhl durch Trug wird ruiniert,
          Des Nachts, als jeder sich für sicher hielt.
          Nah Brabant kommt schon Lüttichs Feind mar-
          schiert.

Hier stellt sich jedoch heraus, daß der Verrat in den eigenen Reihen für die Invasoren eine viel wirksamere Waffe darstellt.
Außerdem ist die letzte Zeile interessant. Sie deutet an, daß
wenigstens die nördlichen Länder etwas wachsamer sind als die
südlichen. Offenbar sieht Belgien voraus, daß die Eindringlinge
auch den Rest von Europa besetzen werden, und beginnt mit der
Bewaffnung.

I.11   *Sizilien, Neapel und Lyon*
          Mit Sinn, Herz, Fuß und Hand gemeinsam
          streiten.
          Schwert, Feuer, Wasser sind des Römers Lohn:
          Ermordet und ertränkt durch Dummheiten.

Nostradamus glaubt, daß sich der Konflikt in seinem Ablauf
immer aufs neue wiederholt. Angesichts der asiatischen Bedrohung stellt nicht, wie anzunehmen, der Feind die größte Gefahr
dar oder gar Verrat und Aufwiegelung, sondern die Apathie und
Inkompetenz Europas. Die Botschaft scheint also zu lauten:
Dieses Ergebnis ist nicht vorherbestimmt, sondern liegt wenigstens teilweise in unseren Händen. Fatalismus kann sich nur –
wen überrascht es – als fatal erweisen.

II.41   *Für sieben Tag' ein Stern die Nacht erhellt –*
Strahlt droben wie ein Himmelsgoliath.
Die ganze Nacht der starke Wachhund bellt,
Wenn dann der Papst muß lassen seinen Staat.

Dies ist eine weitere Vorhersage, der man oft eine apokalyptische Bedeutung zuschreibt, hauptsächlich, weil man annimmt, der hier beschriebene sonderliche Stern sei der mit dem Namen »Wermut« (was auf russisch seltsamerweise *Tschernobyl* heißt) aus der Offenbarung des Johannes (8, 10–11). Nostradamus spricht hier jedoch nicht von den in der Bibel genannten furchtbaren Folgen des Sterns. Daher kann man annehmen, daß dies der helle Komet ist, von dem schon oben die Rede war, und der wahrscheinlich keine oder nur eine sehr eingeschränkte Bedeutung für das Ende des Zeitalters hat. Der letzte Komet der nördlichen Erdhalbkugel, der hell genug war, um am Tag gesehen zu werden, war der Halleysche 1910, aber weder dieser noch irgendein anderer Komet scheint mit einer Verlegung des Papstsitzes einherzugehen, soweit ich herausfinden konnte. Das mag natürlich ein Zeichen dafür sein, daß sich diese Weissagung noch erfüllen wird, wahrscheinlich im Zusammenhang mit der orientalischen Invasion in Italien, was wieder gut zu II.43 (S. 111) passen würde. Es ist also klar, wonach man Ausschau halten muß – obwohl ich gestehen muß, daß mir die genaue Bedeutung der dritten Zeile entgeht, wenn es sich bei dem »fetten Mastiff« nicht um ein Symbol für die sogenannte Englische Bulldogge handelt, wie eine Reihe von Kommentatoren gemeint haben. Der in Frage kommende Komet kann nicht so spät wie der Halleysche im Jahre 2062 erscheinen, da die meisten Hellseher ankündigen, daß es nur noch ein oder zwei Päpste geben wird.[6, 8, 12, 14] (Nach Nostradamus' Berechnungen der Apokalypse wird der Halleysche Komet zum letzten Mal 2822 erscheinen.)

VIII.99   *Durch die drei neuen Zwischenkönige*
               Der heil'ge Stuhl wird bald weit weg gewiesen,
               Wo sich der Körper und das Geistige
               Erholen, für die Stärke sind gepriesen.

Falls sich dieser Vierzeiler nicht auf die Tatsache bezieht, daß
Napoleon im Jahre 1799 Papst Pius VI. nach Valence versetzte,
so deutet er an, daß der Papst, der zur Zeit der orientalischen
Invasion an der Macht ist, auch gezwungen sein wird, den Vatikan zu verlassen, und zwar von einer Allianz aus drei weltlichen
Herrschern. Wie wir später sehen werden, sind das wohl die drei
führenden Köpfe des asiatischen Bündnisses.

V.75   *Über dem Petersplatz oben im Haus*
               Sitzt er des Mittags in seinen vier Wänden,
               Sitzt nur stumm da und sieht zum Fenster raus,
               Den Mund fest zu, den krummen Stab in
               Händen.

Hier wird unmißverständlich das Bild des Papstes gezeichnet,
der am Fenster seiner Wohnung über dem Petersplatz sitzt und
wie jeden Sonntagmittag traditionell die Pilger unter ihm segnet. Zwei Kleinigkeiten scheinen hier aber von Bedeutung zu
sein: erstens, daß er sitzt, anstatt zu stehen, wie es normalerweise
üblich ist. Das könnte heißen, daß er entweder krank oder sehr
alt ist. Zweitens, daß er einen »krummen Stab« in der Hand hält
(der stark an den Stab mit dem Kreuz des jetzigen Papstes erinnert, der oben so seltsam gebogen ist): Das könnte bedeuten,
daß sich der Pontifex Maximus auf eine seiner üblichen Reisen
macht. In unserem Zusammenhang bewegt sich das Bild aber

noch weiter: Wir können uns vorstellen, daß hier ein alter Mann zum letzten Mal am Fenster erscheint, bevor er ins Exil geht und einen letzten wortlosen Blick auf die so geliebte Stadt wirft, über die er so lange geherrscht hat.

IX.99 *Der Nordwind zwingt den Heil'gen Stuhl zu gehn,*
Wenn rote Asche in die Wände beißt.
Der Regen dann (er läßt Schlimmes geschehn)
Ihnen die letzte Hoffnung an der Grenz' verheißt.

Die meisten Ausleger behaupten, dieser Vierzeiler beziehe sich eigentlich auf den Rückzug Napoleons aus Moskau im Jahre 1812. Wenn wir das auf unsere Interpretation anwenden, bedeutet es allerdings, daß die Eindringlinge näherrücken und Teile von Rom schon in Flammen stehen, wenn sich der Papst mit seinen Leuten in Richtung der französischen Grenze absetzt. Wie auch in VI.25 (S. 115), kann der Regen ein Symbol oder eine meteorologische Erscheinung sein.

VII.23 *Das königliche Zepter muß er fassen,*
Wie es schon ach so viele vor ihm taten,
Da sie ihn mit dem Papst nicht reden lassen,
Wenn den Palast dann plündern die Soldaten.

An diesem Punkt, wenn der Vatikan nicht länger von dem regierenden Papst bewohnt wird und dieser auch nicht mehr zu erreichen ist, muß jemand die Verwaltung der katholischen Kirche übernehmen, da ja die Ankunft der Invasoren kurz bevorsteht. Es scheint so, als fiele diese Aufgabe einem der älteren Kardinäle zu.

VIII.62   *Wird dann von allen Tempeln Roms entweiht*
               Der größte, und geplündert, wie's beliebt,
               Befällt sie eine große Pestkrankheit.
               Der Flüchtende den Tätern noch vergibt.

Offensichtlich wird die Plünderung von Rom durch die Eindringlinge vom Ausbruch einer Krankheit in ihren Reihen
begleitet – wahrscheinlich ein Resultat von chemischen oder
biologischen Angriffen, wie sie bereits oben erwähnt wurden.
Sie sind ernst genug, um Mitleid und Teilnahme des fliehenden
Papstes zu erregen. Diese vielleicht überraschende Reaktion
fügt sich jedoch gut ein in das Bild, das wir von dem jetzigen
Papst haben und das sich schon einmal bestätigte, als er seinem
Attentäter vergab und ihn im Gefängnis besuchte. Ob das auch
auf seine Nachfolger zutrifft – oder ob es zutreffen muß –, wird
nur die Zeit offenbaren. Es muß aber erwähnt werden, daß
Nostradamus eigentlich *du rosne* schreibt und nicht *de Rome*:
Daher ist es auch möglich, daß der Tempel, von dessen Plünde-
rung hier so bedeutsam gesprochen wird, die Kathedrale von
Avignon ist.

VIII.72   *Perugias Felder schänden Tod und Aas!*
               In ganz Ravenna welches wilde Schlachten!
               Das Siegerpferd frißt des Verlierers Gras.
               Die Feinde sie beim Abzug nicht beachten.

Die Eindringlinge ziehen nun gen Norden. Wie es schon immer
war, verfügt die erobernde Armee über den Proviant und die
Kampfmittel der Besiegten. Hier wird mehr als deutlich darauf
hingewiesen, daß der Erfolg der Sieger eher auf Reglosigkeit

und Unzulänglichkeiten auf seiten der Verteidiger zurückzuführen ist als auf eigene militärische Verdienste. Wie wir bereits gesehen haben, wiederholt sich dieses Thema im Verlauf des Konflikts: ein deutlicher Hinweis von Nostradamus, daß es in unseren Händen liegt, vieles von dem, das er voraussagt, zu mildern, wenn nicht gar abzuwenden.

VI.36 *Der Kampf bringt weder Böses noch Gerechtes,*
Ins Umland von Perugia selbst hinein.
Pisa macht Front: Florenz' Stern verheißt Schlechtes.
Der kranke Chef reitet den Esel heim.

Die Eindringlinge bewegen sich weiter auf Pisa und Florenz zu, übergehen allerdings Perugia größtenteils. Die Angabe in der letzten Zeile kann wohl nur durch die Ereignisse selbst ein wenig erleuchtet werden.

VII.8 *So flieh, Florenz! Schnell vor dem Römer flieh!*
Bei Fiesole welch grause Szenerie!
Fließen wird Blut, der Mächtige entthront.
Kein Kloster, keine Kirche wird verschont.

Die erste Zeile des Ausgangstextes benutzt den Ausdruck »der nächste Römer« nicht, um von den eigentlichen Einwohnern der Heiligen Stadt zu sprechen, sondern um ihre neuen Besatzer zu bezeichnen. Wie wir schon gesehen haben, verfährt Nostradamus in seinen Vierzeilern immer wieder auf diese Weise. Sobald sie eine Stadt oder ein Land eingenommen haben, werden die Asiaten behandelt, als wären sie von dort. Offenbar soll Fiesole, eine Stadt in der Nähe von Florenz (das Nostradamus oft »Flora« nennt), zum Schauplatz einer größeren Schlacht werden, wenn die Invasion langsam nach Norden übergreift.

VI.62   *Beide Florenz leider zu spät verlieren.*
              Die Schlange läßt das Heilige in Ruh.
              Frankreich über den Bund wird triumphieren.
              Es kommen viele Märtyrer hinzu.

Nostradamus sagt hier den Verlust von zwei *fleurs* (»Blumen«) voraus. Da er mit dem Wort »Flora« normalerweise Florenz meint, scheint es wahrscheinlich, daß er sich hier nicht nur auf diese Stadt bezieht (»Firenze« auf italienisch), sondern auch auf Firenzuola, ein paar Kilometer weiter nördlich. Nur die genauen Umstände der Ereignisse werden vielleicht erklären können, wie eine der beiden Städte überhaupt *zu spät* verloren werden kann. Die zweite Zeile suggeriert, daß die Invasoren aufs erste den Vatikan in Ruhe lassen – hier liegt ein offener Widerspruch zwischen dieser und der letzten Zeile des vorhergehenden Spruchs vor (VII.8). Vielleicht helfen uns die nachfolgenden Strophen, dieses aufzuklären. In der Zwischenzeit beginnen die Franzosen nicht nur, den belagerten Italienern zu helfen, sondern vollführen auch ein wirkungsvolles Nachhutgefecht, obwohl es jetzt immer deutlichere Anzeichen gibt für einen Marine- oder Amphibienangriff an der Mittelmeerküste von Norditalien und – zum ersten Mal – von Südfrankreich.

I.83   *Die Fremden alle Beute gerecht verteilen.*
              Saturn den bösen Widder alarmiert.
              Latiner und Toskaner sich mit Fremden keilen;
              Auch Griechenland im Kampfgefecht verliert.

Nostradamus scheint die nächste Phase der Invasion mit einer astrologischen Zeitangabe zu verbinden, – ob das nun die Anwesenheit von Widder im Saturn ist (wie dieser extrem zweideutige Text glauben macht) oder eine tatsächliche Konjunktion mit Mars, ist unklar. Aus irgendwelchen Gründen können die neu angegriffenen Griechen die einfallenden Horden nicht in Schach halten. Man beachte, wie Nostradamus hier erneut ein Konzept im ersten Teil der Strophe einführt (in diesem Fall das Wort »fremd«) und es im zweiten Teil wieder aufnimmt, wie in der Tradition der hebräischen Psalmen.

III.19 *Steht dann ein Machtwechsel ganz kurz bevor,*
In Lucca falln vom Himmel Milch und Blut:
Hunger, Durst, Pest und Krieg wie nie zuvor,
Weit weg der richt'ge Prinz in Frieden ruht.

Während der Krieg sich weiter nach Norden ausbreitet, treten einige beunruhigende Phänomene in Erscheinung: beunruhigend, weil sie, sofern sie nicht natürlicher Herkunft sind, möglicherweise auf eine Art von chemischer Kriegsführung hinweisen, die wahrscheinlich die Abwehr schwächen soll, bevor die Invasoren tatsächlich einfallen. Der Verwaltungsobere vor Ort wird anscheinend abgeführt und stirbt schließlich im Exil oder wird dort getötet.

IV.58 *Auf Menschenkehlen brennt der Sonne Glut.*
Bei den Etruskern regnet's Menschenblut.
Wasser in Eimern, Chef führt Sohn herbei,
Die flücht'ge Dame schickt man in die Türkei.

Auch hier ist es möglich, daß die ersten zwei Zeilen vom Einsatz chemischer Waffen sprechen. Es gibt Anzeichen, daß die Auswirkungen auf den menschlichen Körper auch Erstickungsanfälle einschließen, sofern Nostradamus nicht einfach sagen will, daß diese Angriffe der Bevölkerung schließlich den Rest geben. Außerdem scheint die dritte Zeile auf übergroßen Durst hinzuweisen. Andererseits könnte »Wasser in Eimern« auch nur einen Hinweis auf den Wassermann darstellen, und damit auf die Monate Januar und Februar. Was auch immer damit gemeint ist, sagt die Strophe sicherlich die Zerstörung der Toskana und die bittersten Folgen für ihren Führer und die Bevölkerung voraus.

VI.67   *Ein anderer gelangt nun an die Macht,*
Ist weit entfernt von milder Gütigkeit.
Wer dort regiert, mit Übeln ist bedacht.
Die Reiche sind verdammt zu großem Leid.

Der neue asiatische Herrscher führt weiterhin ein vollkommen bösartiges Regime in Italien. Nach und nach weitet er seine Macht auch auf die anderen Länder aus.

V.61   *Des Herrschers unrechtmäß'ger Sohn*
Besiegt den Apennin. Ihn hält nichts auf.
Erfüllt mit Ängsten die Handelsunion,
Beschießt die Berge bis zum Cenis rauf.

Ein offensichtlich unehelich geborener Herrscher verfolgt seinen Feldzug über den Apennin bis zur französischen Grenze in den Alpen mit äußerster Härte. Das verursacht zwischen »denen

vom Gleichgewicht« große Beklommenheit, d. h. zwischen den
großen Handelsmächten Westeuropas.

∾∾∾∾∾∾∾∾∾∾∾∾∾∾∾∾∾∾∾∾∾∾

V.57   *Vom Hügel Roms aus auf die Alpen hin*
               Dann durch den Tunnel führt er seine Leute.
               Zwischen zwei Felsen fangen sie die Beute.
               Des Flüchtlings Pauls Name schwindet dahin.

Dieser Vierzeiler scheint anzudeuten, daß der Papst von bewaffneten Truppen über die Alpen bis nach Frankreich hinein verfolgt
wird, weil er seine Flucht bis zum letzten Moment hinauszögert,
kurz bevor ihm der Fluchtweg von den Invasionskräften im Norden abgeschnitten wird. Nostradamus erzählt, daß sie durch ein,
wie er es nennt, *trou* (»Loch«) gehen, wahrscheinlich einer der
modernen Straßen- oder Eisenbahntunnel, für die Nostradamus
im sechzehnten Jahrhundert überhaupt keine Erklärung haben
konnte. Die dritte Zeile bezieht sich wohl auf den Tarasconpaß an
der Rhône, wo der Papst den Weissagungen in VIII.46 (S. 132)
zufolge schließlich gefangengenommen wird. In jener Vorhersage
wird er *Pol mensolee* genannt, ein Titel, den auch dieser Vierzeiler
in Zeile vier benutzt. Man beachte nur, wie wichtig der Gesamtzusammenhang für die Interpretation dieses Spruchs und der
anderen Strophen ist: Für sich genommen spricht er weder unbedingt von Päpsten, noch von Eindringlingen aus dem Orient,
nicht einmal unbedingt von der Zukunft.

∾∾∾∾∾∾∾∾∾∾∾∾∾∾∾∾∾∾∾∾∾∾

VIII.9   *Wenn Hahn und Adler kämpfen in Savona,*
               Segelt des Ostens Schiff nach Ungarn hin.
               Heer in Palermo, Neapel und Ancona.
               In Rom, Venedig ruft der Muezzin.

Die Symbole »Hahn« und »Adler« beziehen sich wahrscheinlich auf die französischen bzw. italienischen Streitkräfte. Noch während sie sich bemühen, den Invasoren in der Gegend von Savona standzuhalten, findet weiter im Norden an der Donau ein weiterer Einfall statt. In Sizilien und Süditalien haben sich die Störenfriede inzwischen häuslich niedergelassen, und in Rom und Venedig sind wohl auch islamische Regimes an der Macht. Nostradamus schreckt offenbar die Vorstellung, daß der muslimische Gebetsruf über die Dächer westeuropäischer Städte hallt, obwohl heutzutage eine Moschee in der Nachbarschaft vollkommen normal ist (und keinesfalls bedrohlich).

IX.67   *Entlang den Bergen hoch an der Isère*
              Sie sich an Valences Steintor sammeln werden
              Von Châteauneuf, Pierrelatte und von Donzère:
              Dort warten Moslems auf die Römerherden.

Dieser Vierzeiler hilft uns, den vermeintlichen Verlauf der Invasion räumlich besser abzustecken. »Das steinerne Tor von Valence« ist das Tal der Isère. Das bedeutet, daß die Fremden die Alpen zwischen Turin und Grenoble überqueren, teilweise wahrscheinlich durch den Tunnel von Fréjus – der tatsächlich ziemlich nah am Berg Cenis liegt (siehe V.61, S. 124). Wieder einmal bezeichnet Nostradamus sie als Moslems, diesmal durch Zuhilfenahme des Wortes »Halbmond«. Das ruft uns wieder in Erinnerung, daß ihr eigentliches Herkunftsland gut und gerne im südlichen Teil des ehemaligen Sowjetreiches und im westlichen Grenzgebiet von China liegen kann, wie auch Nostradamus' Ausdrücke »Mongolen« und »Tartaren« andeuten.

VII.7   *Nach dem Gefecht mit Kavallerie so leicht*
Sie halten noch dem mächt'gen Islam stand.
Der Tod im Hirtenkleid sich nachts anschleicht:
Der Abgrund färbt sich rot vor Felsenwand.

Wir müssen Nostradamus' Hinweis auf leichte Kavallerie nicht zu ernst nehmen, er kann sich auch auf einen Krieg zwischen leicht bewaffneten Fahrzeugen beziehen. Was aber sicherlich stattzufinden scheint, ist eine Reihe von nächtlichen Kommandoübergriffen, die extrem blutige Folgen haben werden.

V.15   *Den Papst man auf der Reise wird erfassen:*
Empörte Kleriker ihr Geld verschwenden.
Auch wird der Stern des Nächstgewählten blassen:
Sein liebster Bastard wird dann böse enden.

Wie zur Bestätigung unserer obigen Interpretation führt dieser Vers das Ereignis von der Gefangennahme des Papstes weiter aus und hält Ausschau nach dessen Nachfolger, der nichts Gutes im Schilde zu führen scheint.

VII.22   *Iraker über Freunde fallen her,*
Wüten in spanisch Katalonien.
Mit Riten, Spiel und Fest macht man sie leer.
Papst an der Rhône; weg Rom, Ausonien.

Wenden wir uns von der päpstlichen Flucht und Gefangennahme ab und ziehen ein kurzes Resümee des bisherigen Gesamtverlaufs: Die Invasion hat Südosteuropa offenbar schon erreicht: Jetzt nimmt sie den Südwesten in Angriff, und zwar über den südöstlichen Teil Spaniens. (Daß Nostradamus die katalanische Handelsstadt Tarragona in Zeile zwei herausgreift, scheint nur aus seiner Not geboren zu sein, ein passendes Reimwort für *Ausone* in der letzten Zeile zu erhalten, deshalb habe ich es ähnlich gemacht.) Der Feldzug in dieser Gegend hat seine eigene Art von Grausamkeit. Mittlerweile scheint Nostradamus die Invasoren aus dem Osten als »Bürger von Mesopotamien«, also des Iraks, zu identifizieren. Damit deutet er an, daß sie weder Leibeigene noch Wehrpflichtige sind, sondern freie Mitglieder eines wohl republikanischen Staates. Da es unwahrscheinlich ist, daß der Irak selbst jemals eine so große Gefahr darstellen könnte, mag dieser Satz eigentlich bedeuten, daß die Truppen viel weiter aus dem Osten kommen. Das wurde ja auch schon früher angedeutet. Auf der Reise, so scheint es, kommen sie durch den Irak, halten sich vielleicht sogar ein wenig im Mittleren Osten auf, bevor sie ihren Marsch in Richtung Westen wiederaufnehmen. Dieser zeitweilige Zwischenstop mag tatsächlich der schon in X.72 (S. 92) angesprochenen Pause entsprechen, in der alles neu aufgefüllt wird. Wer auch immer sie sein mögen – das hier wird sicherlich nicht nur ein zweiter Golfkrieg sein. Besonders die unvorbereiteten Italiener, die sich so gerne auf ihr »Brot und Spiele« verlassen wollen, das in der westlichen Welt so beliebt geworden ist, werden schon aufgewacht sein und erkannt haben, daß sich ihr Land (»Ausonien«) unter dem Stiefel der Eindringlinge windet, die auch unerwartet über Albanien hergefallen sind, wie wir gesehen haben. Die Tatsache, daß der Papst wohl geflohen ist und wie seine Vorgänger aus dem vierzehnten Jahrhundert irgendwo an der Rhône endet (Zeile vier macht letztendlich deutlich, daß es sich nicht um eine Verschleierung von »Rome« handelt), kann nun auch als gesichert gelten. Die vierte Zeile ist ein wunderbares Beispiel für Nostradamus' Neigung zum Telegrammstil, besonders wenn ihm in der letzten Zeile seines Vierzeilers der Platz fehlt.

II.72   *Frankreich in Italien ist stark bewacht.*
             Die Feinde in Scharmützeln sich bekriegen.
             Rom flieht und Frankreich weicht. Ticinos Schlacht –
             Wie die am Rubikon – bleibt unentschieden.

Offensichtlich hat Frankreich nun, da es die nahe bevorstehende
Gefahr für seine eigenen Grenzen erkennt, verspätet einen
Erkundungstrupp nach Italien geschickt, der bei der Vertreibung der Invasoren helfen soll. In diesem Fall kann er jedoch seine Aufgabe nicht erfüllen. In den Nordwesten Italiens zurückgedrängt, kann er am Ticino in der Nähe von Pavia ein letztes
Gefecht anzetteln, um eine Aktion, die nach einer Überquerung
des Rubikons aussieht, zu verhindern. Für eine Weile wenigstens ist eine Pattsituation erreicht.

IV.90   *Nicht Kampfkraft kann die Mauern mehr erjagen.*
             Pavia und Milano schwächt die Bange.
             Zweifel und Hunger, Durst an ihnen nagen.
             Kein Brot, kein Fleisch. Zu essen nicht mehr lange.

Zwei unterschiedliche Verteidigungsarmeen, wahrscheinlich
die französische und die italienische, finden ihren Rückzugsweg
versperrt. Es entsteht der Eindruck, daß die Städte der Umgebung umzingelt und möglicherweise eingenommen wurden. Da
ihre eigentlichen Versorgungswege nun unterbrochen sind,
beginnen sie großen Hunger zu leiden.

VII.39   *Der Anführer von Frankreichs Kriegsbewegung*
Glaubt, seine Besten werden bald einbrechen,
Bringt Zweifel vor an Schutz und an Verpflegung.
Fremde aus Genua sie werden schwächen.

Der offenbar demoralisierte Kommandeur der letzten französischen Streitkräfte, die sich noch in Italien befinden, sucht einen Grund nach dem anderen, um sich zurückziehen zu können, denn die einfallenden Truppen aus der Gegend um Genua üben weiter starken Druck auf ihn aus.

IX.95   *Den Hausherrn nimmt der Neue in Beschuß,*
Schneidet ihn ab und drängt ihn dann zum Fluß.
Von Mailand werden Stoßtrupps eingeführt,
Milans Führer geblendet, interniert.

Die übriggebliebenen Verteidigungskräfte in Norditalien bewegen sich jetzt auf ihre letzte Verteidigungslinie zu – wahrscheinlich den Ticino (siehe II.72, S. 129).

II.15   *So kurz bevor des Königs Leben endet,*
Schneidet durch Schiff und Zwilling der Komet.
Zu Land und Wasser wird das Geld verschwendet,
Von Pisa bis Turin Hahn abgedreht.

Das Exil des Papstes in Frankreich wird wohl nicht lange währen, denn der Komet, der bei seiner Flucht auftaucht, kündigt auch seinen Tod an, so sieht es wenigstens aus. Daß es sich hier um einen zweiten Komet handelt, ist aber relativ unwahrscheinlich. Nostradamus scheint eher seinen Lauf zu verfolgen. Er gibt an, daß der Komet die Sternbilder von Zwilling und Argo durchkreuzen wird (falls Nostradamus nicht eigentlich sagen will, daß es zwei Päpste geben wird, die gleichzeitig versuchen, das »Schiff« der Christenheit zu steuern, wie es schon einmal in Verbindung mit der Flucht des Papstes nach Frankreich im vierzehnten Jahrhundert geschehen ist: Tatsächlich scheint diese Auslegung vom Originaltext her betrachtet etwas wahrscheinlicher). In der Zwischenzeit haben die Eindringlinge Norditalien noch fester in den Griff bekommen, so daß sie es sogar zu verbotenem Territorium erklären (im Original werden auch Asti und Ferrara erwähnt – ich mußte ein wenig kürzen).

VI.6 *Nahe dem Krebs und nah dem Polarstern*
Im Kleinen Bären steht der Stern mit Schweif
Bei Susa, Siena und Böotien fern.
Wenn er enteilt, das große Rom ist reif.

Jetzt wird Nostradamus ein wenig genauer: Wieder verbindet er den Tod des Papstes mit dem Erscheinen des erwarteten Kometen, diesmal erhellt er seine mögliche Bahn etwas mehr (ob sich diese Information mit der aus II.15 verträgt, weiß ich wirklich nicht, aber der Vierzeiler muß nicht unbedingt astronomisch gemeint sein, wie ich schon erklärt habe). So wie sein Erscheinen die Flucht des Papstes aus Rom begleitet, wird sein Verschwinden dessen Tod androhen. Die dritte Zeile bedeutet, daß der Komet am ehesten in Italien und Griechenland gesehen werden kann, sofern es sich dabei nicht um die Gegenden handelt, wo er sich astrologisch am bösesten auswirkt. »Eretrion« im Originaltext ist eine nostradamische Erfindung auf der Basis des lateinischen *Eretriensis* und wurde wahrscheinlich nur verwen-

det, um als Reimwort zu »Septentrion« zu dienen. (Ich habe
dafür die antike griechische Landschaft »Böotien« eingesetzt.)

VIII.46   *Drei Stunden von der Rhône stirbt auf der Flucht*
               Paul main-soleil in der Tarasconschlucht.
               Gott Mars mit seiner Macht wird einsetzen
               Dann von drei Betbrüdern den übelsten.

Dieser überaus undurchsichtige Vierzeiler ist einer von vielen,
die den verwirrenden Ausdruck *»Pol mensolee/ mansole/mansol/*
mausol« enthalten. Er ist offenbar der Schlüssel zur Identifizierung des jüngsten Papstes, den so viele der Vorhersagen betreffen. Es sieht verdächtig nach einem dieser geographischen
Wortspiele aus, die Nostradamus so gerne mag, wie wir noch
sehen werden. So auch im Fall von VIII.16 (S. 148), wo er das
Wort fes*san* (»mit breitem Boden«) schelmisch für einen klassischen Ortsnamen ausgibt – denn auch St. Paul-de-Mausole ist
ein ehemaliges Münster wenig südlich von Nostradamus'
Geburtsort St. Rémy-de-Provence. Das Wichtige an solchen
Wortspielen ist jedoch, daß sie immer doppelsinnig sind. »Pol«
ist nur eine andere Schreibweise von »Paul«, aber das folgende
Wort hat große Ähnlichkeit mit dem französischen *main-de-*
soleil, oder besser mit dem lateinischen *manus solis.* Das Wort
manus bedeutet eigentlich »Hand«, aber besonders bei Vergil
wird seine Bedeutung oft erweitert, so daß sie auch »Arbeit« im
Sinne von »Handarbeit« umfaßt.

    »Hand der Sonne« also oder »Werk der Sonne« – worauf in
aller Welt will Nostradamus damit hinaus? In diesem Fall stellt
es sich als etwas ganz Besonderes heraus, nämlich als die
berühmte und oft bemerkenswert akkurate Vorhersage des Iren
St. Malachus aus dem zwölften Jahrhundert, die alle Päpste von

seiner Zeit bis zum Ende des Vatikans aufzählt.[8, 13, 14] Jeder erhält darin einen lateinischen Beinamen, der sein Pontifikat irgendwie näher erläutert, und der drittletzte trägt den Beinamen *De labore solis* (»Vom Werk der Sonne«). Nostradamus bezieht sich also speziell auf diese Person. Da aber die päpstliche Folge und die Liste des heiligen Malachus längst miteinander verglichen worden sind, kennt man schon lange die Identität dieser Person, auch im Vatikan. *Es handelt sich um niemand anderen als den jetzigen Papst,* der zumindest in seiner Jugend tatsächlich seine lateinische Bezeichnung erfüllte: Er arbeitete nämlich mit seinen nackten Händen unter freiem Himmel, als er von den Nazis in die polnischen Steinbrüche geschickt wurde. (Die letzten beiden auf Malachus' Liste sind *Gloria Oli ae,* »Vom Ruhm der Olive«, den Nostradamus offensichtlich als den schlimmsten der drei mönchischen Kandidaten ansieht, und *Petrus Romanus,* »Petrus der Römer« oder »Der römische Fels«, während dessen Herrschaft der Vatikan angeblich zerstört werden wird.)

Diese Prophezeiung bedeutet also, daß es der dann schon sehr alte Johannes Paul II. sein wird, der als flüchtender Papst in den vorhergehenden Vierzeilern beschrieben wird. Und damit zeigt V.92 (S. 84) ganz klar, daß seine Flucht mit all den oben beschriebenen Ereignissen spätestens im Jahr 2000 stattfindet. Er ist es auch, der schließlich acht Kilometer von der Rhône entfernt sterben wird (wahrscheinlich kurz vor Lyon, wenn man den vorhergehenden Strophen Glauben schenken kann), nachdem er am Paß von Tarascon gefangengenommen wurde. Diese Umstände deuten an, daß sein neues Hauptquartier bei Avignon sein wird, wohin die Päpste schon einmal zwischen 1309 und 1377 geflohen sind und wo der Papstpalast immer noch zur Verfügung steht. Was er jedoch südlich davon in Tarascon tut, will uns Nostradamus nicht erklären. Wäre es möglich, daß unsere Vorstellung von der Flucht über die Alpen ein Irrtum ist und auf Vierzeilern aufbaut, die eigentlich ein vollkommen anderes Ereignis beschreiben? Wäre es möglich, daß er schließ-

lich doch die südliche Reiseroute genommen hat? Oder könnte
er Avignon über den nördlichen Weg erreicht haben, dann aber
wieder in den Süden getrieben worden sein durch Truppen, die
entweder einem oder beiden seiner vermutlichen Nachfolger
unterstanden? Wäre es irgendwie möglich, daß Nostradamus
wirklich erwartet, daß sich die Geschichte des Papsttums aus
dem vierzehnten Jahrhundert auf sonderbare Weise wiederholt,
oder geht hier nur seine Phantasie mit ihm durch und täuscht er
sich selbst mit halberinnerten Fetzen aus der Geschichte und
Erinnerungen an seine alten Universitätstage? Wäre es sogar
möglich, daß er einen vollkommen anderen Papst meint, obwohl
alles eigentlich dagegen spricht? Im Hinblick auf diese fünf Fra-
gen sollten wir uns hier vielleicht entgegen unseren besten
Absichten an die alles verkehrende Wirkungsweise des achten
prophetischen Gesetzes erinnern (siehe Seite 32).

X.93   *Das neu gebaute Schiff wird vieles sehen.*
        Den heil'gen Stuhl sie schieben durchs Revier.
        Nach Arles, Beaucaire die Geiseln müssen gehen,
        Nahe zwei neuentdeckten Säulen aus Porphyr.

Dieser Vierzeiler erweckt den Anschein, als würde die Besatzung der päpstlichen »Barke« von Petrus, dem Fischer – also
dem Papst und seinem Gefolge –, anfangs als Geiseln behandelt
und durch das gesamte Rhônedelta geschleppt werden, um
einen möglichen Befreiungsversuch zu vereiteln. Die Gegend
südlich der erwähnten Städte, wie auch Nostradamus' Geburtsort St. Rémy, ist reich an Relikten aus der Römerzeit.

I.43   *Eh' das gewalt'ge Reich dann sinkt hinab,*
               Wird man ein rätselvolles Ding entdecken.
               Vom Schmutz befreit, man wird den Porphyrstab
               Stehend auf einer Anhöhe feststecken.

Nostradamus scheint von den neuen archäologischen Funden
fasziniert zu sein, obwohl er uns nicht mitteilt, was das Besondere an den in Stein gehauenen Überbleibseln ist. Für ihn ist es
aber eine deutliche Ankündigung eines Machtwechsels und
bedeutet wohl das Ende der Herrschaft der römisch-katholischen Kirche in Europa zugunsten der Kirche der Eroberer.

IX.32   *Aus Porphyr eine Säule wird gefunden.*
               Zeugnisse der Kaiserzeit unter dem Fuß,
               Römische Knochen, Zöpfe das bekunden.
               In Mitilini Schiffe säen Verdruß.

Auch als die Eindringlinge weitere Streitkräfte von der türkischen Westküste nach Europa schiffen und eine Flotte in
Alarmbereitschaft vor der Insel Lesbos wartet, kann es sich der
neugierige Nostradamus nicht verkneifen, sich weiter mit den
archäologischen Entdeckungen zu beschäftigen.

VII.2   *Mit Mars vor Augen, Arles will kämpfen nicht.*
               Schwarz, weiß und blau im Boden sind versteckt.
               Alle Soldaten werden nachts erschreckt.
               Verräter findet man im Dämmerlicht.

Dieser Spruch ist fast so undurchsichtig wie das, was er beschreibt. Aber es gibt Anzeichen dafür, daß die militärische Abordnung, die den flüchtigen Papst bewacht (immer noch auf dem Gelände der Ausgrabungsstätte), zwar nicht offen angegriffen, aber doch plötzlich in der Nacht von einer Widerstandsguerilla überwältigt wird. Es ist anzunehmen, daß er gerettet wird, obwohl es ebenfalls Hinweise darauf gibt, daß Beobachter heimlich alles festhalten, was geschieht.

~~~~~~

II.97   *Römischer Papst, paß auf! Nimm dich in acht*
               Vor der Stadt, die liegt zwischen zwei großen Flüs-
               sen!
               Und blüht die Rose, an die du viel gedacht
               Blut spucken werden – auch du wirst es müssen!

Der Papst flieht nun in den Norden nach Lyon, das zwischen den Flüssen Saône und Rhône liegt (Nostradamus nennt beide in diesem Zusammenhang in IX.68 beim Namen), wo er sich wohl einen sicheren Schutz erhofft. Es muß aber darauf hingewiesen werden, daß schon einmal ein Papst in der Rhônegegend den Tod gefunden hat: Damals war Pius VI. von Napoleon in Valence mit zweiunddreißig Priestern aus seinem Gefolge eingesperrt worden, er starb an akuter Magen-Darmentzündung am 29. August 1799 (»wenn blüht die Rose«). Erika Cheetham ist daher verständlicherweise der Ansicht, daß sich diese Vorhersage schon längst erfüllt hat und sich daher nicht auf die Zukunft bezieht. Diese Meinung hätte Nostradamus nicht sonderlich aus der Ruhe gebracht, war er doch der Auffassung, daß Geschichte nach immer wiederkehrenden Mustern bis ins Unendliche verläuft (und ganz besonders vorhergesagte Geschichte). Andererseits aber ist Valence nicht Lyon, es liegt ganz im Gegenteil achtzig Kilometer südlich von Lyon, und eine

Magen-Darmentzündung ist keine Erkrankung der Atemwege, wie man sie eigentlich mit dem Spucken von Blut verbinden würde. Ebensowenig gab es Tote unter der päpstlichen Gefolgschaft. Also wartet diese Vorhersage wohl immer noch auf einen neuzeitlichen Papst – offenbar den jetzigen –, um sich zu erfüllen.

Der Verweis auf die »Rose« kann tatsächlich die Jahreszeit anzeigen, an anderer Stelle aber (V.96, S. 88) nimmt Nostradamus die Rose als ein Symbol für ein zukünftiges Regime, dem er mit Unruhe entgegensieht, wahrscheinlich das Regime der Eindringlinge. Darüber hinaus beachte man die wichtige Erkenntnis in der ersten Zeile, daß wir Nostradamus' Weissagungen für die Zukunft tatsächlich als Warnung auffassen und versuchen sollten, ihre Erfüllung zu verhindern. In anderen Worten: Sie sind nicht unwiderruflich. Dank der ihnen eigenen Unbestimmtheit können viele von ihnen auf einer viel weniger dramatischen Ebene gedeutet werden, als uns der erste Eindruck glauben machen will. (Wir haben ja schon festgestellt, daß Nostradamus die Vorhersagen mit einem apokalyptischen Inhalt gern besonders stark dramatisiert.) Andere Sprüche hingegen kann man, sofern sie ein Mindestmaß an Begriffen und Ausdrücken enthalten, als bereits erfüllt betrachten, so wie es Erika Cheetham in bezug auf diesen Vierzeiler ausführlich dargelegt hat.

❧❧❧❧❧❧❧❧❧❧❧❧❧❧❧❧❧❧❧❧

IX.88   *In Montélimar die Sonne wird verdeckt.*
Übel, wo die Saône die Rhône erreicht.
An St. Luzia Kämpfer tun, versteckt
Im Wald, die Schreckenstat. Nichts dieser gleicht.

Bar jeden Zusammenhangs könnte dieser Vierzeiler von so gut wie jedem zu so gut wie jeder Zeit sprechen. Während das Wort *throne* in der letzten Zeile des Originals sowohl einen religiösen wie auch zeitlich begrenzten Herrscher meinen kann, spricht die erste Zeile lediglich von einem »Adligen«. Nichtsdestotrotz gibt die erwartete Flucht des Papstes dieser Weissagung sofort eine mögliche Bedeutung. Der flüchtende Papst, so scheint es, wird irgendwo im Rhônetal aus dem Hinterhalt von Truppen überfallen werden, offenbar, nachdem sie durch Montélimar gezogen sind. Dieses Ereignis scheint jedoch nicht mit der anfänglichen Gefangennahme am Paß von Tarascon südlich von Avignon identisch zu sein, wie in VIII.46 (S. 132) beschrieben. Wie schon angedeutet wurde, drängt sich der Eindruck auf, daß der Papst nach dem Zwischenfall nach Lyon flüchten soll und daß ihn während eines Versuchs, diese Stadt wiederum zu verlassen, ein viel größeres Übel erwartet. Nostradamus schlägt sogar ein Datum vor: Die endgültige Gefangennahme wird am Tag der heiligen Luzia, dem 13. Dezember, erfolgen.

━━

V.17   *Der Zypriot lauert dem König auf,*
                  Als der des Nachts wandelt auf schmalem Pfade.
                  König besiegt, die Täter fliehn die Rhône hinauf.
                  Sie eint der Schwur, zu kennen keine Gnade.

Auch dieser Vierzeiler kann sich ohne weiteres auf die Gefangennahme des Papstes beziehen – hier wird er als »König«, nicht als »Adliger« betitelt –, obwohl der Zypriote nicht näher vorgestellt wird. Die Tatsache, daß die Jäger des Pontifex Maximus die Rhône entlang fliehen, kann nicht nur bedeuten, daß er vielleicht versucht hat, von Lyon nach Avignon zurückzukehren, sondern auch, daß es sich bei den betreffenden Soldaten nicht um eine echte Besatzungsmacht handelt, sondern eher um eine Art streunender Bande in einem eigentlich noch nicht eroberten Land.

VIII.34   *Der Löwe in Lyon wird triumphieren.*
An Juras Hang durch Schlachten und Verrat
Dort von den Ostlern Tausende krepieren.
In Lyon fällt der Kirchenpotentat.

Obwohl die Sprache hier stark verschlüsselt ist (siehe »Wissenschaftliche Anmerkungen«), könnte dieser Vierzeiler kaum genauer sein. Sicherlich wird der »Löwe« nicht identifiziert: Das Wort könnte sich auf jemanden beziehen, der diesen Namen trägt oder dessen Zeichen ein Löwe ist (England zum Beispiel), oder aber auf etwas Astrologisches – demnach fände die Schlacht im Spätsommer statt. Angesichts von Nostradamus' bekannter Vorliebe für Wortspiele und Doppeldeutiges könnte auch eine Verbindung dieser drei Möglichkeiten zutreffen. Der »Löwe« könnte in diesem Fall sogar den päpstlichen Rivalen von Johannes Paul II. bezeichnen oder seinen Nachfolger.

Sicher ist auf jeden Fall, daß es im Jura einen blutigen Kampf gegen die Eindringlinge geben wird, wenn sie versuchen, über Hochsavoyen ins Rhônedelta hineinzudrängen. Für den Papst, ganz gleich ob zeitweilig im Gefängnis oder frei, hat das kaum Konsequenzen. Durch Zufall oder Planung stirbt er entweder in Lyon oder in der Nähe von Lyon. (Nostradamus wechselt als Verseschmied ständig zwischen diesen beiden Möglichkeiten, weil die eine, *à*, aus einer Silbe besteht, während die andere, *près de*, ihm zwei Silben zur Verfügung stellt.)

V.46   *Ist der sabin'sche Kandidat gewählt,*
Murren die Kardinäle, sind voll Wut.
Man eine Akte gegen sie erstellt.
Durch Albanierhand in Rom fließt Blut.

Da diese Prophezeiung in der Geschichte noch kein Gegenstück gefunden hat, scheint sie auf den ersten Blick auf den zukünftigen Papst zuzutreffen, der aus dem nordöstlichen Teil Roms flieht. Wie dem auch sei, in V.49 (S. 142) wird angedeutet, daß er eigentlich aus Sabinar oder Sabmánigo in Spanien kommt, vielleicht sogar aus Sabinas in Mexiko oder aus Sabine in Texas. Das Wort *Albanois* kann sowohl Einzahl als auch Mehrzahl sein, und die Menschen können ebensogut aus Alba kommen, wie auch aus Albens oder aus Großbritannien (Albion). Auch »Rom« kann sich entweder auf die Stadt beziehen oder aber auf die Römische Kirche, den Vatikan oder auf den Papst selbst. (Nostradamus hat im Absichern seiner Sprüche tatsächlich großes Geschick entwickelt.) Der gegenwärtige Papst, Johannes Paul II., wurde sicherlich während seiner Amtszeit verletzt, jedoch von einem Türken: Außerdem scheinen die anderen Kleinigkeiten auch nicht besonders gut zu passen, abgesehen von dem schon lange in der Kirche schwelenden Streit über seine Politik der Geburtenkontrolle.

Möglicherweise deutet dieser Vierzeiler also auf die umstrittene Wahl eines neuen Papstes in einer Zeit großer Umschwünge hin, währenddessen Rom aus Richtung Albanien angegriffen wird. Da drängt sich sofort wieder der Ablauf der orientalischen Invasion auf. Aber wenn dem so ist, dann müssen wir auch die anderen Vierzeiler zu diesem Thema in Beziehung setzen (siehe oben und unten).

X.65 *Allmächt'ges Rom, erneut Ruin kommt nieder*
Nicht auf die Mauern, auf die Menschen jetzt.
Dich Worte der Verachtung kränken wieder,
Ihr Schwert dich tief im Herz verletzt.

Angesichts der Klarheit und Geradlinigkeit dieser Weissagung scheint es gut möglich zu sein, daß Nostradamus selbst es als

Vorhersage auf die Stadt Rom, nicht auf die Römische Kirche,
deutete – und damit möglicherweise auch auf das gesamte Heilige Römische Reich *(aste Romme)* –, obwohl das natürlich auch
den Vatikan mit einschließen würde. Auch das »Schwert« in der
letzten Zeile hätte er wahrscheinlich in wahrsten Sinne des
Wortes, also gegenständlich, aufgefaßt. Aber er war ja kein
zuverlässigerer Deuter seiner Visionen als andere auch. Wir
haben schon seine Neigung kennengelernt, schlichte Wörter
und Ausdrücke in faßbare Bilder umzusetzen, die den Ausleger
nur zu schnell in die Irre führen können. Ich vermute, daß die
Prophezeiung wahrscheinlich das endgültige Ende des Papsttums als große religiöse Macht voraussagt, in erster Linie als
Ergebnis von scharfer Kritik in Büchern und Medien, ob nun
politischer, moralischer oder theologischer Art (vielleicht sind
das die *Akten,* die oben erwähnt wurden). Andere Quellen[6, 8]
nennen für dieses Ereignis ein Datum, das nicht sehr weit von
der Jahrtausendwende entfernt ist. Das könnte wiederum
bedeuten, daß die letzten beiden Päpste jeweils nur kurze Zeit
im Amt sind.

VIII.19   *Dem großen Papst zu helfen aus der Not,*
Ziehen die Roten los (so kann man sagen).
Sein Anhang schwach steht auf der Schwell' zum Tod.
Roteste Rote seine Röte forttragen.

Wir erkennen jetzt den Grund, aus dem der Vatikan offensichtlich in Mißkredit gefallen ist. Scheinbar waren die Invasoren
einverstanden, daß einer der Kardinäle den Thron von Petrus als
Papst unter der Bedingung besteigt, daß ihr eigener Kandidat
gewählt wird und daß ihre ganze Macht auf ihn übertragen wird.
Indem sie das Gerücht in die Welt setzen, der Kreis der Kardinäle habe sie um Hilfe gebeten, marschieren sie offen in den Vati-

kan. Sein »Anhang« ist wohl die schockierte und unterdrückte Kirche. So kommt es, daß eine Gruppe der »Roten« (die asiatische Besatzungsmacht) einer anderen »roten« Gruppe zu Hilfe eilt (nämlich den Kardinälen, oder diesem einen Kardinal).

VIII.20   *Gerede von manipulierten Wahlen*
Herrscht in der Stadt: der Pakt wird aufgekündet.
Erkaufte Stimmen, die Kapelle in Qualen, ·
Das Reich mit einem andern wird verbündet.

Dieser Vers macht deutlich, daß tatsächlich irgend etwas in dieser Richtung vorgefallen ist. Aber die Ereignisse laufen nicht planmäßig ab. In der Sixtinischen Kapelle werden Bestechung und rohe Gewalt angewendet, um ein neues Abstimmungsergebnis zu erzwingen. Dadurch wird die geheime Vereinbarung gebrochen und der letzte Anschein von Legalität aufgegeben.

V.49   *Von Spanien nicht, aber von Frankreich alt*
Gewählt, erhält er alle Kirchgewalt,
Er seinen Feinden vieles schön verheißt.
Sich für sein Reich als böse Pest erweist.

Der eigentlich Gewählte war offensichtlich spanischer Abstammung. Nun aber wird er durch einen französischen Kardinal, oder wenigstens durch einen mit französischen Ahnen, ersetzt, der den Besatzern genehmer ist, aber nur nachdem er ihnen einige verräterische Versprechungen gemacht hat.

Interessant ist auch Nostradamus' Gebrauch des Wortes »Pest« als Beschreibung der Invasoren. Da er, wie wir sehen werden, das Wort immer wieder in diesem Zusammenhang in den folgenden Vierzeilern benutzt, ist es wohl angebracht, darauf hinzuweisen, daß er nicht immer die Pest im medizinischen Sinn meint.

VI.78   *Dem Sieg des Halbmondheers zu Ehr'*
Die Römer einen Adler hoch errichten.
Pavia, Milan, Genua liegen quer,
Wolln nicht aufs eigne Königsmal verzichten.

Offensichtlich haben sich die Einwohner von Rom inzwischen an die Herrschaft der Besatzer gewöhnt und werden sogar davon überzeugt, ihre »Befreiung« durch die Eindringlinge öffentlich zu feiern, vielleicht sogar die Wahl des neuen Papstes. Die nördlichen Landstriche aber, die erst vor kurzem erobert wurden, durchblicken die ganze Inszenierung und möchten nicht daran teilnehmen.

VI.38   *Erst die Besiegten trägt der Friede Schein.*
Bald liegt Italien auf dem Boden tot.
Der blut'ge, rote Moorfrech und gemein
Feuer entfacht, das Meer mit Blut färbt rot.

Vielleicht wegen der neuen Vorwürfe gegen die Kirche entscheidet sich der Führer der Besatzungsmächte nun, Versprechen hin oder her, jede Spur des früheren Regimes (des staatlichen und des kirchlichen) auszuradieren, das er offensichtlich verachtenswert findet. Absichtlich gelegte Großbrände und Verfolgungen sind das Ergebnis.

V.73   *Bös wird die Kirche Gottes unterdrückt,*
                   Den heilgen Tempeln ihre Kunst entrissen.
                   Das nackte Kind der Mutter, tiefgebückt.
                   Araber, Polen eine Fahne hissen.

Wenn die Kirchen geplündert werden, verschlechtern sich auch
die sozialen Rahmenbedingungen; weitreichende soziale Ein-
schnitte sind die Folge im gesamten besetzten Land. Die reichlich überraschende letzte Zeile deutet entweder ein Bündnis
zwischen der südlichen und der nördlichen Flanke der Invasionskräfte an oder, was eher möglich scheint, eine »Zwangsehe«
zwischen den einfallenden Moslems und den Anhängern von
Pol (»Paul«), dem ehemaligen polnischen Papst. Andererseits
könnte das Wort *Polons* auch eine Tarnung für *Polois* sein (»die
Einwohner von St. Pol«), was sich dann auf die Stadt St. Paul
nördlich von Avignon beziehen würde. Bei diesem Vierzeiler ist
also nur sicher, daß er das Niederlassen von Invasionstruppen im
Rhônedelta vorhersagt.

IV.82   *Slawoniens Horden immer näher rücken:*
                   Vandalen plündern Stadt mitsamt den Steinen.
                   Verkommen wird ihm Rom danach erscheinen,
                   Zu löschen dort den Brand wird ihm nicht glücken.

Ob Nostradamus an dieser Stelle auf eine zweite Welle von Invasoren aus dem Osten aufmerksam machen will, ist nicht ganz
deutlich. Auf jeden Fall fallen Massen von Streitkräften in Rom
ein. Der in den letzten zwei Zeilen Angesprochene könnte der
letzte, belagerte Papst sein, der seine Stadt nicht mehr zu verteidigen vermag. Genausogut könnte es sich aber auch auf den Kom-

mandeur der Orientalen beziehen, der feststellen muß, daß die
von ihm einst in Bewegung gebrachte Invasion inzwischen un-
kontrollierbar geworden ist und alles zerstört, was ihr in den Weg
kommt – in diesem Fall die Macht und die Reichtümer Roms.

III.84   *Die mächt'ge Stadt wird bald verlassen sein,*
        Von ihren Einwohnern bleibt niemand dort.
        Die Mauern, Tempel, Jungfraun leiden Pein,
        Fallen durch Schwert und Feuer, Pest und Mord.

Das Ergebnis ist nicht mehr abzuwenden und muß von mir
nicht weiter kommentiert werden.

VIII.80   *Mädchen, Witwen sie werden nicht verschonen,*
        Soviel Schlechtes der rote Mann begeht.
        Feuer verbrennt die heiligen Ikonen:
        Aus Angst und Bange alles stille steht.

Nostradamus' Beschreibung ist sehr anschaulich. Offenbar ist er
so gottesfürchtig, daß er die Beschädigung von religiösen
Gegenständen als genauso frevelhaft betrachtet wie die Schand-
taten an Frauen und Kindern. Diese Einstellung wird heute
wohl nicht mehr von vielen geteilt.

II.81   *Die Stadt durch Brand vom Himmel untergeht.*
        Wieder droht Noahs Flut am Wintertage.
        Afrikas Flotte vor Sardinien steht,
        Sobald die Sonne hat passiert die Waage.

Nostradamus scheint den Gebrauch von Artillerie und/oder Brandsätzen während des erneuten Angriffs auf Rom vorherzusehen, sofern er sich hier nicht auf eine viel heimtückischere, thermonukleare Waffe bezieht, von der auch in späteren Vorhersagen behauptet wird, sie würde im Südwesten Frankreichs zum Einsatz kommen. Aus welchen Gründen auch immer, folgt darauf eine große Flut. Nostradamus assoziiert sie mit dem Griechen Deukalion und will wohl damit sagen, daß sie irgendwo von Griechenland kommt: Aus Gründen der Lesbarkeit habe ich dafür das biblische Bild von Noah eingesetzt. In der Zwischenzeit wird Sardinien weiterhin Widerstand leisten, bis es aufs neue von der afrikanischen Küste aus attackiert wird, an der entlang sich die Invasoren nun ausbreiten (siehe II.86, II.30, S. 151, 162). Wenn das Wort Phaëton in der letzten Zeile auf Jupiter verweist, dann wäre es möglich, der Vorhersage ein bestimmtes Jahr und einen Monat zuzuordnen: Wenn es sich hingegen, was wohl eher möglich scheint, auf die Sonne und ihr *alter ego* Phaëton aus der griechischen Mythologie bezieht, dann datieren die beschriebenen Ereignisse wohl im späten Oktober oder im frühen September.

III.6   *Die Blitze zucken auf die Tempel nieder.*
        Die Bürger stehen hinter ihren Türen.
        Ihr Vieh genauso, kehrt das Wasser wieder.
        Jetzt auch die Schwachen Waffen mit sich führen.

Dieser Vierzeiler scheint anzudeuten, daß die Angriffe weitergehen, bis die erwartete große Flut selbst ihnen ein Ende setzt. In diesem Zusammenhang könnte dann die Überschwemmung als eine Art Rettung angesehen werden, was die sich daraus ergebende Lebensmittelknappheit betrifft.

II.93   *Mit Tibers Fluten wird der Tod geschürt,*
              Bevor die Überschwemmung kommt so schnell.
              Der Käpt'n wird gefangen, abgeführt.
              Es brennen lichterloh Schloß und Kastell.

Diese Prophezeiung deckt sich größtenteils mit dem, was eine
große Zahl von Hellsehern auch vorhersagt.[6, 8, 12, 23] Sie scheint
das Ende des Vatikans und den Tod des letzten Papstes weiszu-
sagen, der oft auf den Beginn des nächsten Jahrhunderts datiert
wird. Der Kapitän des Schiffs, der gefangengenommen und ins
Verlies geworfen wird, legt eine Identifizierung mit dem Papst
selbst nahe. Scheinbar werden sowohl Castel St. Angelo als auch
der Vatikan in Flammen aufgehn, kurz bevor zu allem Überfluß
die schon beschriebene Flut auf die Stadt niederkommt.

I.52   *Saturn und Mars sich treffen im Skorpion.*
              Den mächt'gen Herrn wird man im Saal ermorden.
              Ein neuer Herrscher bringt der Kirche Fron
              In Südeuropa und so auch im Norden.

Wenn dieser Vierzeiler zu diesem Zeitpunkt Bedeutung hat,
wird der letzte Papst wohl auf seinem eigenen Grund und Boden
umgebracht. Der »neue König« ist wahrscheinlich der Herrscher
der Orientalen, und seine Ankunft bedeutet Vernichtung für die
katholische Kirche in ganz Europa.

II.52   *Mehrere Nächte wird die Erde zittern.*
Der Frühling wird zwei weitere Beben bringen.
Krieg wird geführt dann von zwei tapfren Rittern.
Korinth und Ephesus im Meer versinken.

Während der hin und her wogende Kampf im Mittelmeer und
in der Ägäis weitergeht, wird alles zusätzlich erschwert durch
zwei überraschende Erdbeben mit den dazugehörigen riesigen
Flutwellen, die über die Küstenstädte von Griechenland und der
Türkei hereinbrechen.

III.3   *Hermes und Mars ihr Treffen silbern machen:*
Zum Süden hin folgt eine große Dürre.
In der Türkei wird auch die Erde krachen.
In Ephesus wie in Korinth herrscht Wirre.

Hier weitet Nostradamus sein Bild ein bißchen: Während der
seismischen Störungen im Mittelmeer gibt es noch weitere in
Zentralkleinasien und eine Dürrekatastrophe in Afrika (oder
vielleicht auch nur in Südfrankreich). Die erste Zeile könnte
eine astrologische Zeitangabe sein, doch ist die Bedeutung des
Wortes *argent* (»silber« oder »Geld«) unklar; es könnte sich auch
auf den Mond beziehen.

VIII.16   *Dort, wo einst Jason baute seinen Nachen,*
Wird eine große Flut die Ufer sprengen,
Sie treibt davon die Häuser und die Sachen
Und Wellen schwappen an des Berges Hängen.

Wieder einmal richtet Nostradamus sein Augenmerk auf die schon erwähnte Überflutung, diesmal sieht er aber etwas genauer hin. Man ist versucht, eine neue Eruption des großen Vulkans Santorini für möglich zu halten, die schon einmal zur Zeit des Minos katastrophale Auswirkungen hatte.

I.69 *Den großen Berg wird dann auf eine Meile –*
Nach Hunger, Krieg und Frieden – Flut umspülen.
In viele Länder rollt die Flut in Eile,
Ganz gleich, wie groß und mächtig sie sich fühlen.

Nostradamus arbeitet die Vorstellung weiter aus und bestätigt uns die Identität des olympischen Berges, da er ihm einen Umfang von sieben griechischen *stadia* zuschreibt, also ungefähr 1400 Meter (offenbar ein auffälliges Merkmal, das er auch im vorhergehenden Vierzeiler anspricht). Im Original ist in der dritten Zeile nur die Gegend um das Mittelmeer Opfer der Fluten, aus Gründen des Versmaßes mußte hier ein wenig abweichend formuliert werden. Zeile zwei bescheinigt außerdem noch einmal, daß Krieg und Hungersnot schon während der frühen Phase des orientalischen Angriffs Griechenland heimgesucht haben.

V.31 *Das weise alte Land von Attika,*
Das einst der Stolz auf unserm Erdenrund,
Durch Wasser wird zerstört: schwach steht es da,
Von Fluten schon umspült, versinkt im Schlund.

Leider ist wohl Griechenland selbst von der Flut am stärksten betroffen. Buchstäblich das ganze Land, zumindest die tiefer gelegenen Landstriche, wird von den Wasserfluten zerstört, und zweifelsohne verschwindet damit auch eine große Zahl seiner künstlerischen Werke und Denkmäler.

V.63   *Zu lang verläßt man sich aufs pure Glück.*
Italiens Boote leiden Mißgeschick:
Das Land am Tiber ist mit Blut geschlagen:
Die Menschheit wird versucht von allen Plagen.

Schließlich erreicht die Flutwelle auch Italien und verschlimmert die sowieso schon schreckliche Lage durch ihre furchtbaren Auswirkungen. Die erste Zeile könnte bedeuten, daß es vielleicht ein örtlich begrenzter Aufstand war, der letztlich den Ausschlag zum Verbrennen Roms und des Vatikans gab.

X.60   *Tränen in Nizza, Pisa, Genua,*
Denn dort das Jahr mit blut'gem Krieg beginnt.
Modena, Siena, Malta, Capua
Sehn Wasser, Erdbeben und Feuer blind.

In dieser Phase breitet sich die orientalische Invasion offenbar von Italien nach Südostfrankreich aus und nimmt sich auch die Mittelmeerinseln. Nostradamus scheint diese Entwicklung des Konflikts mit einer bestimmten Jahreszeit zu verbinden. Obwohl ich den Vierzeiler in zwei Teile zerlegt habe, schreibt das französische Original alle Katastrophen allen aufgeführten Städten zu (hier fehlen außerdem Savona und Monaco). Feuer und die verzweifelten Reaktionen darauf sind natürlich immer die Folgen eines Krieges, aber das Erdbeben und die Überflutung legen wiederum nahe, daß es ungefähr zu diesem Zeitpunkt ein neues Beben im Mittelmeerraum geben wird.

II.86 *Zerstört wird eine Flotte in der Stadt,*
Wird hin und her geschleudert von dem Beben.
Ägypten zittert vor des Moslems Macht,
Schickt einen Boten, um sich zu ergeben.

Das Erdbeben im östlichen Mittelmeer hat die bekannten Folgen:
Die darauf folgende Flutwelle trägt Boote und auch größere Schiffe ins Land hinein, in diesem Fall sieht es verdächtig nach einer
vollständigen muslimischen Invasionsflotte aus, die vor der Ostkü-
ste Italiens vor Anker lag. Wie schon so oft, benutzt Nostradamus
auch hier wieder seine beliebte Technik, einen Gedanken aus dem
ersten Teil der Strophe im zweiten zu wiederholen, hier ist es der
Begriff des »Bebens«. Er zeigt damit erstmals an, daß die Invasionsarmee nun auch in Nordafrika einfallen wird. Die Ägypter leisten verständlicherweise nicht allzu großen Widerstand.

IX.31 *Auch um Mortara wird die Erde beben.*
Nach Friedenszeit der Krieg sich neu entfaltet.
St. Georgs Inseln kommen fast ums Leben.
Ostern die Kirche in zwei Teile spaltet.

Jetzt wird schließlich auch Großbritannien vom Erdbeben im
Mittelmeer getroffen, zumindest von seinen Auswirkungen
auf das Meer. Hier bringt Nostradamus es mit Mortara in Verbindung, einer kleinen Stadt ungefähr vierzig Kilometer süd-
westlich von Mailand. Die Zerstörung des Vatikans wirkt sich
inzwischen auf die gesamte Kirche aus. Auch hier schafft Nostradamus diesen Echoeffekt in einem vierzeiligen Vers: Das
geographische Erdbeben wird durch ein doktrinäres Beben (die
»gespaltene Kirche«) an anderer Stelle wiederaufgenommen.

III.70   *Britannien, sonst England auch genannt,*
               Verschwindet fast im tollen Wasserschlund.
               Die Liga bei Italien in Krieg entbrannt,
               So daß man gegen sie schließt einen Bund.

Noch während sie teilweise von den Fluten umgeben sind, stimmen die Briten einem Pakt mit Frankreich zu, um es bei seinem Kampf gegen die Eindringlinge zu unterstützen (man beachte, daß die Bezeichnung »Großbritannien« zu Nostradamus' Zeit noch gar nicht geläufig war). Ohne Zweifel ahnen die Briten die Gefahr für das eigene Land, wenn sich die Landnahme weiter fortsetzt. Die genaue Form und das Ausmaß ihrer Unterstützung ist zu diesem Zeitpunkt jedoch noch nicht klar. Ein größerer Eingriff der Briten scheint für eine spätere Phase der feindseligen Handlungen vorbehalten zu sein.

X.66   *Mit Hilf' Amerikas der Briten Führer*
              Auf Schottlands Insel legt ein eis'ges Stück.
              Der rote Antichrist und Aufrührer,
              Der zieht sie wieder in den Kampf zurück.

Dieser Vierzeiler scheint uns eine Mischung von Geschichtsschreibung und Science-fiction zu bescheren. Der Inhalt der letzten zwei Zeilen ist wohl klar; dort werden die zukünftigen Invasoren mit der Farbe Rot in Verbindung gebracht (und das nicht zum letzten Mal). Es sind die ersten zwei Zeilen, die ein Problem aufwerfen: Das »eis'ge Stück« scheint äußerst mysteriös zu sein, bis man sich klarmacht, daß Nostradamus erhebliche Schwierigkeiten gehabt hätte, wenn er jemals eine Reportage aus der heutigen Zeit über den Stapellauf des ersten polaren U-

Boots in Schottland »gesehen« oder »gehört« hätte. Jedoch ist es noch erstaunlicher, daß Nostradamus das gerade kolonisierte Amerika für fähig hält, in der fernen Zukunft Macht in Europa auszuüben. Die letzte Zeile bedeutet wohl, daß nicht nur England, sondern irgendwann auch Amerika in den Konflikt einbezogen wird.

IX.42   *Venedig und Sizilien zur Pest neigen,*
Monaco, Barcelona, Genua dabei.
Doch sie den Moslems ihre Zähne zeigen
Und jagen sie zurück an Tunis' Kai.

Ob die »Pest« in der ersten Zeile wirklich eine Pestepidemie beschreibt oder eher die einfallenden Schwärme von »Heuschrecken«, wie es Nostradamus an anderer Stelle nennt (also die Ruhestörer aus dem Orient), wird hier nicht deutlich. Auf jeden Fall wird wohl zur See beherzt Widerstand geleistet, wenigstens am Anfang. Monaco gehört mit zu den Städten, die die volle Wucht des Angriffs ertragen müssen, wie wir oben lesen.

I.37   *Nur kurz bevor die Sonne untergeht,*
Beginnt der Kampf, ein großes Volk wird schwach.
Besiegt, am Meer das Schweigen ist beredt:
Den Tod zur See ertragen sie zweifach.

Das Ergebnis ist katastrophal: Die stark bedrängte europäische Marine, die wahrscheinlich Unterstützung aus Marseille oder Toulon erwartet, wird enttäuscht. Die letzte Zeile scheint anzudeuten, daß mindestens eine Schiffsbesatzung mit ihrem Schiff untergehen wird.

IX.100   *Wenn Nacht den Kampf zur See in Dunkel hüllt,*
Zerstört ein Brand des Abendlandes Flotte.
Das Flaggschiff neu geschmückt in roter Pracht.
Zorn der Bezwung'nen: Regen grüßt die Rotte.

Die seltsame Information in der dritten Zeile legt den Verdacht
nah, daß das europäische Flaggschiff gekapert und unter eine
neue Fahne gestellt wird – die Farbe Rot wird von Nostradamus
ständig mit den Eindringlingen verbunden –, sofern hier nicht
gemeint ist, es sei mit Blut getränkt. Das Wort »Nieselregen« in
der letzten Zeile des Originals ist vielleicht nicht so harmlos, wie
es aussieht: In späteren Vorhersagen wird dieses Phänomen als
unheilvoll angesehen, als handele es sich um ein Zeichen für
chemische oder biologische Kriegsführung. Das würde sich auch
mit Nostradamus' häufiger Erwähnung der »Pest« im Zusammenhang mit den Kämpfen decken.

II.78   *Der Briten Macht unter der Wasserflut*
Vermischt mit Blut aus Frankreich, Afrika.
Neptun zu spät, die Inseln stehn im Blut.
Er schadet mehr als ein Verrat beinah.

In der ersten Zeile scheint Nostradamus das Wort »Neptun«
(wahrscheinlich komplett mit seinem Dreizack) zu verwenden,
um die britische U-Boot-Flotte zu bezeichnen (vergleiche II.59,
S. 180). Als Ergebnis der zerstörerischen Seeschlacht haben die
südlichen Streitkräfte der Invasoren die Möglichkeit, von Afrika
aus auf den Mittelmeerinseln vor der Küste Südfrankreichs zu
landen. Nostradamus scheint davon überzeugt, daß die Briten
ihre Unterstützung bis zur letzten Minute herauszögern, wäh-

rend über die Geheimdienste viel Schaden angerichtet wird. Wie schon vorher haben die Europäer ihre Niederlage ebensosehr sich selbst wie dem Feind zu verdanken.

VI.90   *Stinkend, entsetzlich, eine üble Schand':*
Danach doch ist ihm großes Lob beschieden –
Der Herr entschuldigt, der sich abgewandt –
Sofern nicht Neptun plant, Frieden zu stiften.

Die Beschuldigungen werden noch schlimmer: Offensichtlich war die verspätete Rettungsmaßnahme der Engländer so etwas wie eine bewußte politische Entscheidung. Die Franzosen möchten das dennoch nicht zu sehr hochspielen, aus Angst, daß die Briten dies als Entschuldigung nutzen könnten, sich ganz aus dem Kampfgeschehen zurückzuziehen.

III.1   *Nach dem Kampf wird man die Segel streichen,*
Der große Neptun steht dann im Zenit.
Da wird der einstmals rote Feind erbleichen,
Und großer Schrecken übers Meer hinzieht.

Außerdem ist die britische Marine von dem vernichtenden Ergebnis der Schlacht überhaupt nicht betroffen. Wahrscheinlich hat sie an Selbstbewußtsein gewonnen, weil sie direkt nach dem Kampf die Erlaubnis erhalten hat, in Zukunft notfalls ihre Atomwaffen voll einzusetzen. Das würde auch den entsprechenden Verlust an Selbstbewußtsein beim Feind zu einem Zeitpunkt erklären, wenn er sich eigentlich obenauf fühlen müßte. Außerdem bietet das Nostradamus die Möglichkeit, ein buntes Farbenspiel aufzuziehen.

VII.37　　　*Zehn sind geschickt, den Käpt'n zu erlegen,*
　　　　　　　Beim Meutern findet man ihn unbeschwert.
　　　　　　　Es herrscht das Chaos: Schiff fährt Schiff entgegen
　　　　　　　Bei Lerins, Hyères: Doch er ist in La Nerthe.

Wieder einmal befinden wir uns auf dem Wasser zwischen den
Mittelmeerinseln, diesmal zwischen der Ile de Lerins vor
Cannes und der Ile d'Hyères vor der Stadt Hyères zwischen
Toulon und St. Tropez. Während sich die Niederlage zur See
schon abzeichnet, gibt es Gefechte innerhalb der Flotte der Alli-
ierten selbst, wahrscheinlich in Verbindung mit der Enttäu-
schung durch die Engländer. Es ist möglicherweise der britische
Kommandeur, der vorgewarnt ist und sich rechtzeitig in La
Nerthe, nordwestlich von Marseille, in Sicherheit bringen
läßt.

II.40　　　*Und kurz darauf, nicht viel Zeit wird vergehn,*
　　　　　　Der Kampf zur See wird noch gewalt'ger werden.
　　　　　　Zu Land und Wasser Aufruhr wird entstehn,
　　　　　　Feuer und selt'ne Wesen sich gebärden.

Auch jetzt ist die Seeschlacht noch nicht beendet: See und
hafengestützte Einrichtungen scheinen in einen weiteren
Kampf verwickelt zu sein, in dem wohl auch ferngesteuerte
Raketengeschosse eingesetzt werden, so klingt es. Die Frage
drängt sich auf, ob sich die Engländer schließlich gezwungen
fühlten, ihre letzte Waffe zum Einsatz zu bringen.

VI.81   *Mit Herzen grausam, schwarz, kalt, hart wie Stein*
Bringen sie Tränen, Angstgeschrei und Weh'
Bluttat und Hunger, kennen kein Verzeihn
Von Genuas Inseln bis zum Genfer See.

Dennoch gewinnt die muslimische Flotte offenbar wieder einmal. Über die Länder zwischen der Schweiz im Norden und Korsika und Sardinien im Süden wird darauf eine nie gekannte grausame Schreckensherrschaft hereinbrechen.

II.4   *Von Monaco bis nach Sizilien fort*
Die ganze Küste ist von Menschen leer.
Dort gibt es keine Stadt mehr, keinen Ort,
Den nicht betrifft der Heiden grauser Speer.

Das Ergebnis für die französischen und italienischen Küstenstädte und -regionen ist ebenfalls katastrophal: Man beachte, daß Nostradamus wieder den Begriff *Barbares* benutzt und damit weniger »barbarisch« meint als »Berber«, und daher (irrtümlicherweise) »Araber«. Aus Gründen, die wir schon untersucht haben, bringt er die Invasion der Asiaten gerne mit dem Islam in Verbindung. Wie wir später sehen werden, wird er noch mehr Hinweise darauf erhalten, daß die in Frage kommenden Angriffe vorzugsweise aus Nordafrika kommen. Außerdem neigen die Darsteller in Nostradamus' prophetischem Drama ja immer dazu, die Nationalität der Gegend anzunehmen, durch die sie gerade ziehen.

IX.61 *Geplündert Städte in der Meerregion,*
Villeneuve und andre werden attackiert.
Maltesern bringt Messina kargen Lohn:
Sie werden eingesperrt und isoliert.

Es geht um das gleiche Thema: Nostradamus' *cita nova* kann
jede beliebige von den vielen kleinen Villeneuves sein, mit denen
die Südküste Frankreichs übersät ist, von Villeneuve-Loubet
südlich von Cagnes-sur-mer bis nach Villeneuve-les-Mague-
lonne südlich von Montpellier (das ist wohl wahrscheinlicher).
Das Besatzungsregime auf Sizilien erweist sich inzwischen als
besonders repressiv für die Einwohner der Mittelmeerinseln.

VII.30 *Es raubt und plündert eine Bauernhorde*
Verbranntes Land am Po mit blut'gem Morde.
Genua zögert bei Turin, Fossano,
Raubt Nizza mit Gewalt von Savigliano.

Nicht immer läuft alles zur Zufriedenheit der Invasoren. Ganz
im Gegenteil gibt es wohl beachtliche Unruhe hinter ihrem
Rücken und Unstimmigkeiten in den eigenen Reihen, als die
verschiedenen Besatzungsarmeen um die verschiedenen begeh-
renswerten Trophäen in Südfrankreich, die jetzt in Reichweite
sind, konkurrieren. Die Macht, die Genua besetzt hat, stellt sich
als besonders widerstandsfähig heraus.

III.10   *Sieben Mal werden Blut und Hunger prangen,*
               Mit Übeln wachsend noch am Meeresstrand:
               Monaco hungert, alle sind gefangen.
               Ihr Herr im Käfig wird vom Feind verbannt.

Die gesamte Mittelmeerküste hat wohl tatsächlich eine ganze
Reihe von feindseligen Handlungen und anderen Unglücken zu
erwarten. Besonders Monaco ist dazu verurteilt, alle möglichen
Schrecken zu erleiden.

III.13   *Blitze schmelzen an Bord das Weichmetall.*
               Eine der Geiseln auf den andren hetzt.
               Am Boden ausgestreckt der Feldmarschall,
               Wenn die gewalt'ge Flotte ihre Segel setzt.

Dieser Vierzeiler ist schwerlich korrekt zu entschlüsseln. Er verbreitet den Eindruck, daß die U-Boot-Flotte mitten in einem
Luftangriff versucht, jemanden in hoher Stellung zu kidnappen,
wobei der Verwalter einer Stadt entweder verwundet oder getötet und andere namhafte Gefangene ebenfalls zur Seite geschafft
wurden. Die U-Boot-Flotte ist also offensichtlich auf der Seite
der Orientalen, obwohl ja beiden Seiten, wie wir uns erinnern,
U-Boote zur Verfügung stehen. Die erwähnten Weichmetalle
sind eigentlich Gold und Silber, was sogar auf einen Goldbar-
renraub hinweisen könnte.

VII.19   *Das Fort bei Nizza wird nicht eingebrochen:*
             Statt dessen mit Metall so rot gemeistert.
             Noch lange ist sein Schicksal vielbesprochen.
             Die Bürger finden's seltsam, sind entgeistert.

Wahrscheinlich ist tatsächlich Nizza die Stadt, von der hier die
Rede ist, die Luftangriffe werden in der zweiten Zeile geschildert. Doch scheint es sich bei der betreffenden Waffe nicht um
eine bloße Granate zu handeln. »Rotheißes Metall« erinnert
doch eher an Napalm.

III.82   *Nizza, Fréjus, Antibes, die andern alle*
             Werden beraubt bei Land- und Wasserschlacht.
             Heuschrecken werden mit dem Wind einfallen:
             Gefesselte Gefangene werden umgebracht.

Die kriegerischen Handlungen setzen sich fort, als die Eindringlinge mit Hilfe von Amphibienlandungen aus dem Mittelmeer
weiter in Frankreich vorrücken. Man beachte, wie Nostradamus
die Invasoren wieder als einen Schwarm Grashüpfer beschreibt:
entweder wegen ihrer großen Zahl oder weil er ganze Verbände
von Hubschraubern vom Himmel hat herunterkommen »sehen«
(es aber nicht zufriedenstellend erklären konnte).

II.65   *Vorbei die Schonzeit, verschlingt das Verderben*
             Milans Umgebung und des Westens Größe.
             Kirche in Flammen, Pest, Gefangne sterben.
             Merkur im Schützen, und Saturn blickt böse.

Während die Kirche in Flammen aufgeht, scheinen die Kosten der Wiederbewaffnung sowohl Norditalien als auch Westeuropa an den Rand des finanziellen Ruins zu bringen, d. h. all die Länder, die inzwischen von dem Vorrücken der Asiaten betroffen oder bedroht sind (vgl. II.15, S. 130). Die letzte Zeile scheint eine astrologische Zeitangabe zu enthalten: Wie Erika Cheetham darlegt,[3] datiert Wöllner die vorhergesagten Ereignisse auf den Dezember 2044. In späteren Weissagungen werden wir jedoch sehen, daß das für die in Frage kommenden Geschehnisse viel zu spät ist.

VII.15   *Mailands allmächt'ge Stadt in sieben Jahren*
Hält der gewaltigen Belagerung stand.
Der große König kommt durchs Tor gefahren,
Und alle Feinde fliehen aus dem Land.

Dieser interessante Vierzeiler deutet an (wenn ich ihn richtig eingeordnet habe), daß die längst belagerte Stadt Mailand im Norden (siehe IV.90, S. 129) es irgendwie schafft, der Belagerung sieben Jahre standzuhalten. Das heißt hier aber keineswegs, daß vom Ende der Invasion in Italien nicht mehr als sieben Jahre bis zum Beginn der langersehnten Befreiung vergehen werden. Wie so oft in Nostradamus' Sprüchen sind die beiden Hälften eines Vierzeilers zwar durch ein Thema miteinander verknüpft (in diesem Fall durch die Stadt Mailand), sie können sich aber ohne weiteres auf zwei unterschiedliche Ereignisse beziehen, die viele Jahre auseinanderliegen.

VI.24   *Stehen Mars und Jupiter in Konjunktion*
             Im Krebs, ist grauser Krieg in Sicht.
             Ein Priester später salbt den König schon,
             Der allen Ländern Frieden lang verspricht.

Auch hier beziehen sich die beiden Hälften des Vierzeilers wieder auf zwei Ereignisse, die zeitlich weit auseinanderliegen. Erika Cheetham berichtet mit Berufung auf gute Quellen, daß die astrologische Konjunktion, von der in der ersten Zeile die Rede ist, im Hochsommer 2002 eintreffen wird. Die Datierung scheint zutreffend, denn sie markiert wohl den Zeitpunkt, an dem die rein seegestützten Attacken und Amphibienangriffe entlang Frankreichs Südküste zu einem großangelegten Krieg im Landesinnern ausgeweitet werden. Niemand sollte sich jedoch durch Nostradamus' Ausdruck *un peu après* am Anfang der dritten Zeile in die Irre führen lassen: Die in Aussicht gestellte Krönung einer königlichen Erlöserfigur wird nicht »kurz nach« 2002 stattfinden, wie wir sehen werden, sondern kurz nach dem Ende des Konfliktes selbst, und dieses vielversprechende, wenn auch überraschende Ereignis liegt noch unerträglich weit in der Zukunft.

II.30   *Der durch die Höllengötter Hannibals*
             Zum Leben wird erweckt, jagt Schrecken ein:
             Man findet nichts noch Übleres jemals,
             Da Rom trifft, was von Babel kommt herein.

An diesem Punkt kommt eine neue Variable in die Gleichung: Die große Invasion der Asiaten wird sich nicht, wie wir schon gesehen haben, auf Südeuropa beschränken: Sie wird auch einen südlichen Flügel haben, der sich die nordafrikanische Küste entlangzieht (der große Hannibal plante seine Invasion Roms von Karthago aus, das im heutigen Tunesien liegt), von wo aus dieser Flügel schließlich eine Gefahr für die südlichen Küstenregionen Europas darstellt. Nostradamus deutet an, daß sich die Ereignisse an diesem speziellen Kriegsschauplatz wahrscheinlich als ganz besonders grausam herausstellen. »Babel« ist dabei nur das normale hebräische Wort für »Babylon« (so heißt es in der griechischen Bibel) und bezieht sich wieder auf die Besetzung des Mittleren Ostens durch die Invasoren sowie auf Nostradamus' übliche Verbindung mit dem »Großen Babylon« aus der Offenbarung des Johannes.

V.68   *Es kommt zum Trank ans Donau-, Rheinufer*
Doch beim Kamel die Reue nicht schwerwiegt.
Erzittert an der Rhône, an der Loire noch mehr!
Doch bei den Alpen ihn der Hahn besiegt.

Nostradamus wendet seine Aufmerksamkeit nun besonders diesem neuen Kriegsschauplatz im Südwesten zu. Der afrikanische Eindringling wird als ein »Wüstenschiff« der Araber beschrieben, das Europa als ferne Oase auserwählt hat. Indem er den Rhein und die Donau anspricht, scheint Nostradamus die letztendlichen Grenzlinien des Angriffs abstecken zu wollen, während er durch seinen Bezug auf die Rhône und die Loire andeutet, daß die Zerstörung immer schlimmer wird, je weiter die Truppen in den Norden vorrücken. Schließlich sieht er den endgültigen Sieg über den Araber durch den »Hahn« voraus, den berühmten Wappenvogel Frankreichs. Wie schon zuvor sind auch hier der Anfang und das Ende der Strophe nicht notwendigerweise miteinander verbunden: Das ersehnte Ereignis kann noch viele Jahre in der Zukunft liegen.

VI.80   *Sie stehn von Fez bis auf Europas Bühne,*
              Verbrennen Städte, schlitzen mit dem Schwert.
              Überall werden Christen, Blaue, Grüne
              Des Asiaten Beute mitleidswert.

Wieder einmal löst die Erwähnung des »Großen aus dem
Osten« den Antichrist-Effekt bei den meisten konventionellen
Kommentatoren aus, obwohl viele Kleinigkeiten in diesem
Vierzeiler viel eher an die Rückkehr Francos nach Spanien über
Marokko zu Beginn des Spanischen Bürgerkriegs erinnern.
Wenn sich die Prophezeiung jedoch in der Zukunft noch erfüllen sollte, dann bezieht sie sich wohl eher auf den südlichen oder
afrikanischen Flügel der asiatischen Invasion, der inzwischen
offensichtlich Marokko erreicht hat und Südwesteuropa mit
einem ungewöhnlichen Maß an Gewalt bedroht. Die »Blauen«
und »Grünen« können jedoch unmöglich identifiziert werden,
bevor wir dem Ereignis zeitlich etwas näher sind.

XII.59   *Gebrochen werden Abkommen beidseitig,*
              Freunde im Streit bös auseinandergehn,
              Haß regiert, Glaube, Hoffnung schwinden zeitig,
              Marseille wird unruhig, kann's nicht verstehn.

Die früheren Übereinkünfte, die offenbar zwischen den Asiaten
und Marseille (X.58, S. 99) erzielt worden waren, werden nun
kategorisch aufgekündigt, und die Stadt (vielleicht auch Frankreich selbst) hat das Übelste zu erwarten.

XII.56   *Chef gegen Chef und jeder gegen jeden,*
                  Die letzte Grenze Wut und Zorn erreichen.
                  Regieren werden Haß furchtbar und Fehden.
                  In Frankreich Krieg und Chaos ohnegleichen.

Die Aussichten sind düster. Es sieht aus, als würde Frankreich
vollkommen auseinandergerissen.

IX.28   *In Marseille des Bündnis' Schiffe laufen ein,*
                  Auch in Venedig, wolln Ungarn befrein.
                  Vom Golf und von der Bucht Dalmatiens
                  Andre feuern aufs Land Italiens.

Wir brauchen gar nicht lange zu warten. Jedoch ist Frankreich
nicht allein in dieser aussichtslosen Lage. Dieser eigentlich eher
undurchsichtige und stark abgehackte Vierzeiler dient als
Zusammenfassung einer ganzen Liste von feindlichen Operationen zur See, die Nostradamus für die frühe Phase des Kriegs
voraussieht.

III.90   *Der mächtige kaspische Tiger hat*
                  Einen Willkommensgruß für die auf See:
                  Ein Admiral afghanisch kommt zur Stadt
                  Und nimmt das Land dem Herren von Marseille.

An dieser Stelle gibt es eine interessante Verbindung zwischen
dem größeren Feldzug der Orientalen durch Italien und Südostfrankreich und der anderen südlichen Flanke, die durch Afrika

zieht. Der Oberkommandeur der nördlichen Invasionstruppen, hier als Einwohner des früheren Hyrkanien bezeichnet, das im heutigen östlichen Iran an der südöstlichen Küste des Kaspischen Meeres liegt, erlaubt offensichtlich den seegestützten Kräften, Marseille einzunehmen. Seine eigenen Truppen treffen bei dem Versuch, über die Alpen und entlang der Mittelmeerküste in Frankreich einzufallen, womöglich auf härteren Widerstand, als sie erwartet haben. Wenn man Nostradamus Glauben schenkt, ist der Heimathafen des Kommandeurs zur See Carmania im heutigen Afghanistan.

I.28   *Port-de-Boucs Hafen wird vor Schiffen beben*
            Aus Moslemlanden, später auch aus Westen.
            Großer Verlust an Tieren, Menschenleben.
            Waage und Stier stehn über blut'gen Resten.

Port-de-Bouc ist ein befestigter Hafen an der Mündung des Etang de Berre, einer gewaltigen Binnenlagune von ungefähr dreißig Kilometern Länge und fünfzehn Kilometern Breite, die nordwestlich von Marseille liegt und direkten Zugang zum Hinterland der Großstadt bietet. Offenbar benutzen die seegestützten Invasoren clever diesen etwas umständlichen Weg für ihre Attacke, anstatt Marseille direkt anzugreifen. Nostradamus enthüllt nicht, ob die Landungen dort erfolgreich sind, aber er deutet an, daß sich das Ganze zu einem viel späteren Zeitpunkt durch eine ähnliche Invasionstruppe weiter aus dem Westen noch einmal wiederholen wird. Die Wendung *longtemps après* könnte auch »Jahre später« bedeuten, obwohl das unwahrscheinlich ist. Der erste Angriff wird im April/Mai erfolgen, der zweite im September/Oktober.

II.37   *Einer der Menge wird dorthin geschafft,*
Dem stark bedrängten Hafen beizustehn.
Durch Pest und Hunger schnell dahingerafft,
Nur siebzig diesen Angriff überstehn.

Wenn ich hier den richtigen Hafen im richtigen Krieg gefunden habe, dann scheint es, daß sich alle Versuche, die besetzte Befestigungsanlage von Port-de-Bouc zu entlasten, als erfolglos herausstellen.

I.71   *Dreimal gestürmt den Hafen, ist er wieder*
In Arabiens, span'scher, italien'scher Hand.
Marseille, Aix, Arles bös plündert Heer aus Pisa,
Truppen aus Tunis in Avignons Land.

Während der Kampf in Port-de-Bouc weiter hin und her wogt, ist Nostradamus nicht allzu optimistisch, was das Ergebnis angeht. Er führt sogar genau aus, welche Kräfte aus dem Ausland zwischenzeitlich die verschiedenen Städte im Rhônedelta einnehmen. Er benennt die Armeen mit den Namen der italienischen Städte, die sie gerade besetzen (wie wir schon gesehen haben, ist das ein beliebter Trick des Sehers).

I.16   *Schütze der Nacht, die Sense kommt zum See,*
Jubelt fast irre vor Begeisterung:
Das Militär bringt Hunger, Pest und Weh.
Der Zirkel kurz vor der Erneuerung.

Auf den ersten Blick scheint diese Vorhersage von irgendeiner bedeutsamen astrologischen Konjunktion zu sprechen. Schließlich ist hier eindeutig vom Schützen die Rede, und die »Sense« scheint auf Saturn hinzuweisen. Wenn dem aber so ist, paßt der »See« wohl kaum dazu. Die verzweifelten Versuche der Ausleger, den See mit dem Wassermann in Verbindung zu bringen, sind wenig überzeugend, nicht zuletzt, weil Wassermann und Schütze nicht nebeneinanderstehen. Also muß man schlußfolgern, daß dieser Vierzeiler wohl nicht in erster Linie astrologisch gemeint ist. Statt dessen muß der *estang* oder »See« derselbe Etang de Berre sein, von dem bereits in I.28 die Rede war (es kann daran überhaupt keinen Zweifel geben: Der Etang ist nicht nur das bei weitem größte Binnengewässer Frankreichs, sondern liegt auch nur circa fünfzehn Kilometer südlich von Nostradamus' Heimatstadt Salon, und das bedeutet, daß es für ihn vollkommen normal war, den vertrauten See mit dem unspezifischen Wort *l'étang* zu bezeichnen). Von dieser Warte aus betrachtet ist die »Sense« dann sicherlich die halbmondförmige »Sichel« aus der Fahne der muslimischen Invasoren. Anders ausgedrückt: als Ganzes genommen, stellt dieser Vers eine Warnung dar, daß die Fremden letztendlich erfolgreich den Etang de Berre durchschiffen werden, wahrscheinlich im Schützenmonat Dezember. Somit liegt das gesamte Hinterland von Marseille für die seegestützte Invasion offen da. Das veranlaßt Nostradamus dazu, mit all seinen bekannten Themen aufzuwarten: Krieg, Hunger und Pest. All dies könnte sehr eindrucksvoll sein, wenn man sie nicht als drei der vier apokalyptischen Reiter (Offb 6, 3–8) erkennen würde. Schon diese Tatsache sollte uns wachsam machen, damit wir sie nicht zu wörtlich oder zu umfassend deuten. Zwar ist die Pest, anders als häufig angenommen, alles andere als ausgerottet; sie lauert immer noch weltweit in den Schalentieren der angeblich unschuldigen Küstengewässer und wartet nur darauf, wieder auszubrechen, sobald wir ihr die Möglichkeit dazu geben. Vielleicht liegt es an der deutlich apokalyptischen Natur dieser Phänomene, daß Nostradamus den Zeitpunkt ihres Auftretens zu kennen glaubt. Sie werden in der Zeit auftreten, die auf das Tausendjährige Reich zuführt, das er an anderer Stelle für das Jahr 2827/8 ansetzt (siehe I.48, S. 299). Andererseits ist der Ausdruck »die auf das Tausendjährige Reich zuführt« natürlich sehr dehnbar. Die Tatsache, daß Nostradamus die betreffenden Ereignisse als Zeichen für das nahende Tausendjährige Reich betrachtet, bedeutet nicht zwangsläufig, daß es tatsächlich nah bevorsteht. Die beschriebenen Ereignisse sind also, in anderen Worten, lediglich »Zeichen der Zeit«, warnende Geburtswehen einer neuen Weltordnung. Deshalb können sie auch fast zu jeder Zeit zwischen heute und dem neunundzwanzigsten Jahrhundert eintreten. Im Lichte der damit verknüpften Geschehen, die oben und im folgenden beschrieben werden, scheint allerdings ein Zeitpunkt im einundzwanzigsten Jahrhundert am wahrscheinlichsten zu sein.

I.18
Unachtsamkeit und Zwietracht der Franzosen
Lassen die Moslems frei ins Land marschieren:
In Siena blutige Gefechte tosen,
In Marseilles Hafen Schiffe sich gruppieren.

So kommt es, daß die Truppe der Invasoren aufgrund schlichter Fahrlässigkeit in Marseille einbrechen und die Stadt besetzen kann. Nostradamus sagt nichts Genaueres über die Umstände der französischen Fahrlässigkeit, aber dies hier ist auch ein Fingerzeig, daß Ereignisse dieser Art sehr wohl abgeschwächt, wenn nicht sogar vollkommen vermieden werden können, wenn die Bevölkerung Westeuropas aufmerksamer wäre und sich entschiedener verteidigen würde: Wie so oft liegt die Zukunft also in unseren Händen.

III.79   *Des Rechtes Kette wird vom Sohn geschenkt*
                    Dem Sohn, doch plötzlich wird sie unterbrochen.
                    Die Kette vom Marseiller Hafen wird gesprengt.
                    Feinde wie Fliegen die Stadt unterjochen.

Auch hier, bei der Beschreibung der Einnahme Marseilles durch
ein neues muslimisches Regime, wendet Nostradamus wieder
seinen beliebten Kunstgriff an: Fast wie in den hebräischen Psalmen, die ihm aus seiner jüdischen Kindheit her so geläufig sind,
greift er eine Idee, die er in der ersten Hälfte des Spruches
erwähnt hat, in der zweiten Hälfte wieder auf, allerdings mit
einem vollkommen anderen Sinn.

X.88   *Die zweite Wacht zu Pferd und auch zu Fuß*
                    Verschafft sich Zutritt, alles zur See zerstört.
                    Marseilles Verteidigung unter Beschuß.
                    Blut, Tränen, Schrei: Schlimmeres man nie gehört.

Jetzt werden die genauen Umstände deutlich aufgeführt, das
muß ich nicht weiter erläutern.

I.41   *Die Stadt, belagert, wird beschossen schwer.*
                    Wenige fliehn: wild kämpfen sie am Meer.
                    Der Sohn zurück, die Mutter ist entzückt.
                    Gift in den Brief, dann wird der abgeschickt.

Auch dieser Vierzeiler scheint den Angriff auf Marseille zu
beschreiben. Wenn ja, dann besitzen die letzten beiden Zeilen

einen persönlichen Klang und liefern ein besonderes Detail, dessen Richtigkeit nur von den direkt Betroffenen bestätigt werden kann.

❦

VIII.17   *Plötzlich die Reichen werden umgerissen:*
Gegen drei Partner setzt man sich zur Wehr.
Die Feinde in der Stadt die Fahne hissen.
Hunger, Blut, Pest und Feuer, doppelt schwer.

Mit etwas Schadenfreude scheint Nostradamus das Schicksal Marseilles, besonders das seiner Elite, unter der Herrschaft der Invasoren vorauszusagen, wenn er sich auf das biblische Zitat »Er hat die Mächtigen von ihrem Thron geholt« oder sogar auf Virgils entsprechenden Ausdruck *debellare superbos* bezieht. Offensichtlich nimmt er an, daß die Eindringlinge eine Allianz aus drei Anführern oder Mächten bilden werden, wahrscheinlich aus denen, die an der Küste näherrücken, aus den seegestützten Kräften und den Truppen, die noch weiter westlich über Nordafrika herankommen.

❦

I.72   *Sie ziehen gen Lyon, verfolgt, bekriegt:*
Marseille ist ausgeblutet, menschenleer.
Kraft aus Bordeaux, Narbonne, Toulouse besiegt.
Fast eine Million Menschen sind nicht mehr.

Wenn Marseille eingenommen wird, geschieht das Unvermeidbare: Die Einwohner flüchten nach Norden das Rhônetal hinauf Richtung Lyon. Zur gleichen Zeit gibt es weitere alarmierende Entwicklungen im Südwesten, die in den nun folgenden Vierzeilern näher ausgeführt werden. Wie wir aber sehen werden,

scheint eine südwestliche Attacke das Tal der Garonne hinauf
aus Richtung Bordeaux ziemlich unwahrscheinlich (es sei denn,
die Rede ist von einer Art Gegenattacke der Verteidiger aus dem
Norden): Es ist nämlich möglich, daß Nostradamus den Ausdruck »von Bordeaux« nur als einen Codenamen für »vom Mee-
resstrand« benutzt *(du bord de l'eau)*. Wie dem auch sei – es wäre
unklug, sich an dieser Stelle zu sehr festlegen zu wollen, da es
später Hinweise gibt, daß in der Gegend von Bordeaux und
Toulouse so etwas wie eine besonders brutale Marionettenregierung eingesetzt wird.

VII.21   *Wenn Languedoc wird von arger Pest gequält,*
               Verhüllte Feindschaft jagt nach dem Tyrann.
               In Sorgues wird an der Brücke er gestellt:
               Dort wird er hingerichtet – mit Kumpan.

Wie immer bringen Invasion und Krieg Krankheiten mit sich.
Wenigstens eine Zeitlang gibt es im Süden Frankreichs eine
Widerstandsbewegung im Untergrund; sie gipfelt in der Ermor-
dung eines Kommandeurs der Besatzungsmächte und seines
Adjutanten in Sorgues, etwas nördlich von Avignon.

III.46   *O weh, Lyon! Am Himmel hell und klar*
               Sterne und Zeichen uns die Botschaft senden,
               Daß eine Zeit des Wechsels jetzt ist nah!
               Wird sich's zum Guten oder Schlechten wenden?

So gewichtig und bombastisch dieser Vierzeiler auch daher-
kommt – er sagt uns praktisch gar nichts, außer vielleicht, daß er
von Nostradamus bei vollem Bewußtsein absichtlich erschaffen

wurde und nicht das Ergebnis einer seiner nächtlichen Visionen ist, eher das Resultat einer ziemlich fruchtlosen Nacht.

II.85

In Lyon wird der alte Mann mit Bart
Zum Kopf von Frankreichs Truppen auf Gebot.
Der kleine Herr verfolgt den Plan zu hart.
Getös im Himmel: Meer von Italien rot.

Die südliche Invasionsflanke erreicht nun, was den italienischen Streitkräften wegen der Alpenbarriere bisher nicht gelungen ist: eine groß angelegte Invasion des Landesinneren Frankreichs. Ob der Anführer mit dem Vollbart, dessen Ernennung zum militärischen Befehlshaber von Lyon ziemlich unpopulär zu sein scheint, auch »der kleine Herr« sein soll, ist unklar, aber die Verteidigungsmaßnahmen von letzterem sind erfolglos, wahrscheinlich, weil er nicht weiß, wann er aufhören muß. Während vor Italien Seeschlachten toben, sind auch Luftgefechte deutlich zu erkennen.

V.81

Sieben Monate in der Stadt der Sonne
Der Königsvogel Warnung stößt hervor.
Die Ostbastion zerfällt bei Blitz und Donner.
Nach sieben Tagen steht der Feind vorm Tor.

Ich nehme an, daß die »Stadt der Sonne« Lyon sein soll, weil der Löwe traditionell das Sonnentier par excellence ist. Der »Königsvogel« ist wahrscheinlich ein Adler, obwohl die Möglichkeit nicht ausgeschlossen werden kann, daß es sich dabei um eine Art Flugzeug beim Aufklärungsflug handelt, vielleicht sogar bei einem Propandaflug, bei dem die Stadt zur Aufgabe aufgefordert wird. Da die südlichen Kräfte mit der Invasion von Marseille beschäftigt sind, gibt es auf jeden Fall ein gewaltiges Aufeinanderprallen von Waffen in den Alpen, das mit dem endgültigen Zusammenbruch der östlichen Verteidigungslinien endet. Binnen einer Woche steht der Feind vor den Toren.

<hr />

VIII.6   *Ein gleißend Licht wird bei Lyon erblickt.*
              Malta wird eingenommen, ruiniert.
              Sardinien betrügt den Moor geschickt.
              Die Schweiz in London Frankreich denunziert.

Während Lyon angegriffen wird, ist die Entwicklung anderswo auch nicht sehr vielversprechend. Die Mittelmeerinseln sind entweder verwüstet worden oder haben sich auf zwielichtige Geschäfte mit dem Feind eingelassen, den Nostradamus hier zum ersten Mal verständlicherweise als »Mauren« bezeichnet (siehe »Wissenschaftliche Anmerkungen«). In der Zwischenzeit scheinen die Schweizer eine Art doppeltes Spiel an der diplomatischen Front zu treiben – wahrscheinlich verbreiten sie das Gerücht, sie würden ihre traditionelle Neutralität beibehalten, obwohl sie selbst angegriffen werden, während sie in Frankreich heimlich eine Verteidigung gemeinsam mit den Briten planen.

<hr />

III.7   *Weil Feuer fällt vom Himmel, jeder flieht.*
              Die Schlacht rückt nah heran mit Kampfgeschrei.
              Vom Boden steigt herauf das Klagelied,
              Wenn an die Mauern Kämpfer nahn herbei.

Ich führe diesen Vierzeiler hier an, zum einen, weil er zu passen scheint, und zum anderen, weil das Luftgefecht in Zeile zwei das von II.85 auf Seite 173. wiederaufzunehmen scheint. Sonst könnten sich diese Angaben auf jede belagerte Stadt beziehen, nicht ausschließlich auf den nahe bevorstehenden Fall Lyons.

❦❦❦❦❦❦❦❦❦❦❦❦❦❦❦❦❦

II.74   *Von Sens und von Autun gehn sie zur Rhône,*
Dann ziehn sie auf die Pyrenäen zu.
Vom Strand Anconas kommt die Garnison
Und treibt sie über Land und Meer im Nu.

In der Absicht, die Linien zu halten, schicken die Franzosen nun Verstärkung aus dem Norden herunter. Wenn sie die Rhône erreicht haben, werden sie allerdings einsehen, daß sie zu spät kommen, um Lyon noch helfen zu können, und ziehen statt dessen gen Westen – der Grund dafür wird bald ersichtlich sein. Sie werden aber verfolgt. Die dritte Zeile bestärkt nochmals, was wir schon früher angenommen hatten: Mindestens ein Teil der Invasionstruppen landete ursprünglich an der westitalienischen Küste (die Marken bei Ancona umfassen einen langen Streifen Küste, der genau gegenüber von Dalmatien im ehemaligen Jugoslawien liegt).

❦❦❦❦❦❦❦❦❦❦❦❦❦❦❦❦❦

IV.99   *Der Königstochter Ältester drängt kühn*
Zurück das schwache Frankreich aggressiv,
Daß Blitze sonnenhell herniederglühn,
Erst nah, dann fern und dann im Westen tief.

Die etwas ungewöhnliche Konstruktion dieser Strophe scheint anzudeuten, daß sich die französische Verteidigung in diesem Fall noch schneller zurückzieht, als die Invasoren sie verfolgen können, fast so, als ob die orientalische Armee nicht mehr ganz so interessiert daran ist wie vorher, die Verfolgung aufzunehmen. Vielleicht ist das der Grund dafür, daß ihr Kommandeur entweder zu Langstreckengeschossen oder zu taktisch gesteuerten Sprengköpfen greift – vielleicht sogar zu der geheimnisvollen Feuerwaffe, auf die sich die Strophen von jetzt an beziehen.

❦❦❦❦❦❦❦❦❦❦❦❦❦❦❦❦❦❦❦

V.11 *Die Sonnenmacht nicht mehr zur See vereint.*
Venedigs Herr auch Afrika behält.
Saturn wird nicht mehr sein ihr arger Feind.
In Asien sich ein Wechsel nun einstellt.

Zu diesem Punkt scheinen die »Sonnenmächte«, das sind die Nordeuropäer im Gegensatz zu der Halbmondsichel, den Fehler zu begehen, ihre Seestreitkräfte zurückzuziehen. Somit kann der afrikanische Invasionsflügel ungehindert das Meer überqueren und dort weitermachen, wo der asiatische Angriff aus der Türkei gerade aufgegeben hat. Es gibt immer deutlichere Anzeichen (vielleicht auch astrologischer Art), daß den Bodentruppen, die aus Italien näherrücken, tatsächlich allmächlich die Puste ausgeht.

❦❦❦❦❦❦❦❦❦❦❦❦❦❦❦❦❦❦❦

VIII.21 *Heiden verbreiten faule Krankheit schon.*
Mit drei Booten in Agde beginnt der Zug.
Aus Übersee geholt eine Million,
Der Landekopf bricht beim dritten Versuch.

Offenbar liegt uns nun der Grund für die hastige Flucht der Verteidiger nach Westen vor. Denn hier sieht Nostradamus im Einklang mit dem vorhergehenden Spruch weitere Eindringlinge in

Scharen im Hafen von Agde an der Südwestküste Frankreichs einlaufen. Offensichtlich stellen sie eine noch größere Gefahr dar als der Einfall im Südosten. Trotz beherzter Versuche können die europäischen Verteidigungskräfte ihnen nicht Einhalt gebieten. Die »Pestilenz« in der ersten Zeile kann wörtlich oder bildlich verstanden werden: Sie kann ganz einfach eine Invasoren-»Plage« meinen. Wie schon so oft in Nostradamus' Vorhersagen wird ein Konzept aus der ersten Hälfte der Strophe in der zweiten wiederholt, fast als benutzte er das eine als Symbol für das andere: In diesem Fall handelt es sich um die Zahl Drei.

III.81   *Das Großmaul, mutig und auch so gemein,*
          Wird zum Befehlshaber des Heers gemacht.
          So kühn im Kampf, so stolz ist auch sein Schein.
          Da birst der Landekopf. Die Stadt gibt auf.

So kommt es jedenfalls, daß die Invasoren aus ihrem Landekopf ausbrechen und beginnen, sich unter einem neuen, charismatischen Führer über Stadt und Land auszubreiten.

IV.56   *Hat einst die Lästerzunge ihren Krieg,*
          Hat sich der Geist die Ruhe ausbedungen.
          Er hat gejuchzt, geprahlt im ganzen Krieg.
          Genug zu rösten Knochen, Fleisch und Zungen.

Er scheint ein Anführer zu sein, der nie aufhört, von seinen Errungenschaften und Vorhaben zu prahlen. Nostradamus läßt sich davon nicht beeindrucken, freut sich aber, daß er wieder Gelegenheit hat, das übliche Wiederholungsmuster diesmal mit dem Wort »Zunge« anzuwenden.

III.20   *Die ganze Gegend von Guadalquivir,*
               Fern von Granada bis zum Ebrostrand,
               Säubern die Moslems der Christen Revier.
               Einer aus Cordoba verrät sein Land.

In der Zwischenzeit sind die Moslems damit beschäftigt, das
spanische Land wieder neu zu besetzen, aus dem sie zuletzt nur
wenige Jahre vor Nostradamus' Geburt gejagt worden waren.
Die europäische Verteidigung wird zum größten Teil aus dem
südöstlichen Teil des Landes verwiesen; besonders Cordoba
muß sich ergeben, da es von einer einzelnen Person verraten
wird.

VI.88   *Ein mächt'ges Königreich ist bös geschunden.*
               Alle zum Ebro trommelt man herbei.
               In den Pyrenäen hat er Trost gefunden,
               Wenn dort die Erde bebt im Monat Mai.

Nach diesem Spruch wird der größte Teil verwüstet, und die
einfallenden Horden versammeln sich anschließend im Tal des
Ebro. Sie versuchen dann, ihre Eroberungszüge bis auf die Pyrenäen zu erstrecken. Derweil gönnt sich ihr Führer einige Tage
Urlaub in den Bergen etwas weiter östlich.

VIII.51   *Der Türkenherrscher bietet Frieden an,*
               Wenn Cordoba zum zweiten Mal besetzt:
               Danach er in Pamplona ruhen kann,
               Und vor Gibraltar man die Beute hetzt.

Dieser sehr verworrene Vierzeiler spricht schon wieder vom Spanienfeldzug der Invasoren. Am Anfang, so sieht es aus, wird Cordoba eingenommen, doch gelingt es der Stadt irgendwie, sich noch einmal zu befreien, bevor sie sich endgültig wohl wegen eines Verrats, wie oben beschrieben, ergeben muß. Zu diesem Zeitpunkt bittet der Befehlshaber der Eindringlinge (hier »der Byzantiner« genannt) um eine Waffenruhe, damit sich seine Truppen erholen können. Wenn ich die dritte Zeile korrekt interpretiere, reist er dann in die Gegend von Pamplona im Nordosten, um auch seine eigene Gesundheit wiederherzustellen (das deckt sich mit dem vorangehenden Spruch). Dies würde auch bedeuten, daß schon der größte Teil des restlichen Spaniens unter ausländischer Kontrolle ist. Die »Beute« in der vierten Zeile wird nicht näher beschrieben, scheint aber ein ziemlich wichtiger Häftling zu sein, der fliehen wollte.

III.68　　*Italien, Spanien sind führerlos,*
Im Sterben noch trifft auf ihr Land die Flut,
Verraten das Gesetz von Dummheit groß,
Und jede Straßenkreuzung schwimmt in Blut.

Nostradamus entwirft ein Übelkeit erregendes Bild von den Folgen der Auseinandersetzung, die sich immer weiter in Europa ausdehnt. Gleichzeitig legt er aber Wert darauf, daß den Europäern selbst die Schuld zuzuschreiben ist. Weisere Entscheidungen zu einem früheren Zeitpunkt könnten tatsächlich vieles von dem, was er voraussagt, abwenden.

III.62   *Bei Duero und am großen Binnensee*
               Geht durch die Pyrenäen seine Bahn.
               Hat er die kürzeste Strecke erspäht,
               Münzt er auf Carcassonne nun seinen Plan.

Die geographischen Angaben in diesem Vierzeiler scheinen
ziemlich seltsam zu sein: die Invasionsarmee, die Spanien
besetzt hält, soll angeblich vom Fluß Duero in Nordspanien aus
über die Mittelmeerküste zu den Pyrenäen ziehen und daraufhin
nach Südwestfrankreich (sie könnte aber auch die kürzeste
Strecke wählen, wie es Zeile drei angibt!).

II.59   *Geholfen wird Franzosen vor der Küste*
               Von Neptun und dem Dreizack seiner Leute.
               Zur Fütterung wird die Provence zur Wüste.
               Jedes Geschoß nutzt in Narbonne die Meute.

Die Ausleger nehmen im allgemeinen an, daß sich »Neptun«
hier wie auch anderswo auf Großbritannien bezieht. In diesem
Fall ist es faszinierend festzustellen, daß Nostradamus die englischen Seeleute, die den Kampf offenbar noch nicht verloren
gegeben haben, als geschwungene *tridents* (»Dreizähne«) beschreibt. Wahrscheinlich beschreibt diese Entwicklung die
ziemlich späte Ankunft von besser ausgestatteter britischer Verstärkung, um die Invasion vom Südwesten zu stören. Man kann
sich sicher sein, daß weder diese Verstärkung noch die Wurfge-
schosse in Zeile vier (»Speere« und »Pfeile« im Original) den
Aspekt »Atomwaffen« ins Spiel bringen. Von Narbonne wird
auch noch in den folgenden Vierzeilern die Rede sein.

IV.94 *Zwei Brüder man aus Spanien verbannt.*
Der Ältere in den Pyrenäen bezwungen.
Von Agde, Narbonne, Bézier; auch von Deutschland
Trifft's Genfer See, Rhône: beide blutdurchdrungen.

Diese Vorhersage ist wieder einmal ein gutes Beispiel für
Nostradamus' Telegrammstil. Sie enthüllt in erster Linie, daß
die Hauptinvasion sowohl eine südwestliche als auch eine östliche Flanke besitzt. Wie oben beschrieben, wird erstere nicht nur
über Spanien hereinbrechen, sondern auch über den Hafen von
Agde in Südwestfrankreich, letztere über Süddeutschland und
die westliche Schweiz in das Rhônetal. Die »zwei Brüder« werden hier nicht genauer beschrieben, sie scheinen aber auf der
Seite der Eindringlinge zu stehen, für die es zumindest in Spani-
en nicht ganz nach Plan verläuft.

V.78 *Das Duo wird nicht lang verbündet sein*
Mit den Arabern – höchstens dreizehn Jahre:
Verluste haben beide obendrein,
So daß man dankbar segnet die Talare.

Diese Strophe wirft interessanterweise etwas Licht auf den
Zeitraum, in dem wir uns das Ganze vorstellen müssen. Die
Partnerschaft der Invasoren oder besser die Allianz mit den
Asiaten im Südosten scheint ungefähr bis zum Jahre 2018 anzu-
halten (vergleiche IX.73, S. 187). Zu dem Zeitpunkt wird dann
einer der beteiligten Anführer offenbar die Seite wechseln. Dieses bedeutet wiederum, daß es erstens noch andere Seiten geben
wird, zu denen man wechseln kann (das ist ein wenig ermuti-
gend), und daß zweitens die »beiden Brüder aus Spanien« nicht

notwendigerweise Asiaten oder Afrikaner sein müssen. Einer
von ihnen könnte sogar der Mazedonier sein oder der »Mann
aus Griechenland«, der in IX.64 (S. 186) erwähnt wird.

⊙∿∿⊙∿∿⊙∿∿⊙∿∿⊙∿∿⊙∿∿⊙∿∿⊙∿∿⊙∿∿⊙∿∿⊙∿∿⊙

I.5   *Wenn Kampf auf Kampfe folgt, sind sie geschafft:*
                Stark unterdrückt die Bauern auf dem Land,
                Orte und Städte halten länger stand.
                Narbonne und Carcassonne sucht heim Streitkraft.

Aus dem Text hier geht nicht hervor, welche der beiden westli-
chen Angriffsspitzen der Ruhestörer hier beteiligt ist, obwohl
IV.94 (S. 181) angibt, daß es wahrscheinlich die seegestützte
Macht ist.

⊙∿∿⊙∿∿⊙∿∿⊙∿∿⊙∿∿⊙∿∿⊙∿∿⊙∿∿⊙∿∿⊙∿∿⊙∿∿⊙

Sixain 27   *Vom Westen aus am Himmel Feuerlicht,*
                Von Süden auch, den Osten trifft es nicht.
                Sogar die Würmer sterben elendsvoll.
                Zurückkehrt der Gott Mars ein drittes Mal.
                Karfunkelsteine glühn geheimnisvoll:
                Karfunkelzeit – die Erde dürr und kahl.

Hier entwirft Nostradamus das Bühnenbild für die kommende
Entwicklung im Südwesten Frankreichs. Eine außergewöhnliche himmlische Erscheinung wird Feuer von oben und eine
weitreichende Hungersnot bringen, während sonderbare licht-
helle Brände in der ganzen Gegend lodern. Es scheint, als hätten
die Invasoren irgendeine schreckliche neue Luftwaffe in die
Hände bekommen, mit der man die ganze Landschaft versen-
gen und sie für lange Zeit unbewohnbar machen kann: Die
»Karfunkelsteine«, eigentlich mythische, selbstleuchtende Edel-

steine, erinnern merkwürdig an die moderne Lasertechnologie, obwohl es hier natürlich unklug wäre, voreilige Schlüsse zu ziehen.

Die Kommentatoren waren bisher außerordentlich bemüht, die vierte Zeile zum Anlaß zu nehmen, einen dritten Weltkrieg anzukündigen – dabei wird hier von nichts Derartigem gesprochen. Tatsächlich wird es das dritte Mal seit 1900 sein, daß Frankreich einen Krieg auf seinem Territorium hinnehmen muß, doch könnte die Strophe genausogut bedeuten, daß die asiatische Invasion aus drei militärischen Grundphasen besteht, von denen die Phase, in der das Feuer von Südwesten her vom Himmel fällt, lediglich die letzte ist. Es könnte auch sein, daß hier von nichts Allgemeinerem als einem dreifachen Austausch von Flugkörpern die Rede ist. Die anschließende Dürre oder Hungersnot scheint das direkte Ergebnis zu sein: Offenbar verbrennt bei dem Angriff alles Getreide.

⌘⌒⌢⌒⌢⌒⌢⌒⌢⌒⌢⌒⌢⌒⌢⌒⌢⌒⌢⌒⌢⌒⌢⌒⌢⌒⌢⌒⌢⌒⌢⌒⌢

II.3   *Sengt Hitze sonnengleich die Wasser fort,*
Fische im heißen Schwarzen Meere leiden,
Sind Genua und Rhodos halb verdorrt,
Bemüht das Volk sich, diese abzuschneiden.

Dieser einfache Spruch bedarf keiner großartigen Auslegung. Indem er die zweite Zeile der vorangehenden Strophe wieder aufnimmt, deutet er an, daß das Feuer vom Himmel bis hin zum Schwarzen Meer seine Auswirkungen haben wird. Ob hier von einem Austausch von Thermonuklearwaffen zwischen Ost und West die Rede ist oder ob die Orientalen lediglich eine neue Feuerwaffe in ihrem eigenen Gebiet ausprobieren, wird hier nicht deutlich. Eben dieses Szenario wird in V.98 (S. 199) nochmals beschrieben.

V.100   *Der Zündler wird vom eignen Brand verzehrt,*
              In Carcassonne, Comminges, Foix, Auch, Mazère
              Feuer vom Himmel: Es flieht unversehrt
              Der große alte Sir dank deutschem Heer.

Offensichtlich benutzt der Feind seine neue Feuerwaffe anfangs
zu nah an seinen eigenen Linien, weil er noch zuwenig Erfahrung mit ihrer Anwendung auf dem Schlachtfeld hat. Dennoch
ist sie erschreckend wirksam. Einem älteren Anführer jedoch
gelingt die Flucht dank der Intervention von Truppen aus Hes-
sen, Sachsen und Thüringen. Das bedeutet immerhin, daß die
Deutschen eine Bedrohung ihres Landes voraussehen und sich
von selbst an die Mittelmeerfront begeben; ebenfalls verteidigen
sie ihre südliche Grenze gegen die Asiaten, die von der Schweiz
heranrücken.

II.6   *Mit nie gekannter Härte trifft ein Doppelschlag*
             So tief in jede Stadt, auf jedes Tor.
             Der Hunger und die Pest das Volk verjagt,
             Sie schicken Bittgebete zu Gott empor.

Nostradamus verrät hier nicht die Namen der zwei betroffenen
Städte. Kommentatoren haben sie in der Vergangenheit gerne
als Hiroshima und Nagasaki ausgemacht. In diesem Zusammenhang sind jedoch Carcassonne und Narbonne die wahrscheinlichsten Zielscheiben. Bei der noch nie dagewesenen Geißel kann es sich um die neue Feuerwaffe handeln, ebensogut
aber auch um einen Angriff mit biologischen Kampfstoffen.

III.85   *Mit Lug und Trug falln in die Stadt sie ein,*
               Doch wird ein Jüngling ihr behilflich sein.
               Bei Kämpfen an der Robine, nah der Aude,
               Stirbt er mit seinem Troß den Heldentod.

Nostradamus erwähnt nicht, welche der zwei erwähnten Städte
hier betroffen ist. Da jedoch die in Frage kommende Attacke auf
einen erfolgreichen Gegenangriff an der Robine stößt, heute ein
Kanal, der bei Narbonne auf die Aude trifft, scheint diese Stadt
wahrscheinlicher zu sein. Für einen kurzen Augenblick wird also
das Vorrücken der Invasoren aufgehalten. Der Anführer, der
sterben muß, ist wohl einer der beiden »Brüder aus Spanien«,
von denen weiter oben die Rede war.

IX.71   *Mit Schafen sieht man ihn an heil'gem Ort,*
              Der sich nicht traut zu gehn ans Tageslicht.
              Mit feiger Hinterlist bringt man ihn fort
              Nach Carcassonne, büßt dort sein Strafgericht.

Dies ist eine von den Vorhersagen, deren wahre Bedeutung nur
zur angesprochenen Zeit festgelegt werden kann. Die betreffende Person scheint einer von Narbonnes führenden Verteidigern
zu sein, der aus seinem Versteck in einer ehemaligen Kirche oder
einem Tempel getrieben wird, in dessen Nähe ein Schafweide-
platz liegt. Dann wird er nach Carcassonne gebracht, wo ihn
sein Schicksal erwartet.

IX.64   *Die Pyrenäen der Grieche überquert.*
             Narbonne kann nicht bewaffnet widerstehn.
             Er brütet Pläne aus, verachtenswert,
             So daß der Chef ist ratlos, wohin gehn.

Buchstäblich im Lichte der Feuerwaffe kapituliert Narbonne
schließlich vor der zweiten Angriffswelle der Invasoren aus Spanien. Wir brauchen den von Nostradamus gewählten helleni-
schen Ausdruck *Aemathion* (»Mazedonier«) in der ersten Zeile
nicht allzu ernst nehmen. Der Betreffende kann tatsächlich aus
Mazedonien sein. Andererseits könnte es auch nur der Kommandeur der asiatischen Streitkräfte sein, die momentan Griechenland oder den südlichen Balkan besetzen. Auch ist es möglich, daß Nostradamus dieses Wort benutzt, um zu zeigen, daß
es sich um einen mächtigen Eroberer von der Statur Alexander
des Großen von Mazedonien handelt. Wie wir schon gesehen
haben, ändert Nostradamus endlos seine Bezeichnungen für die
Invasoren, dabei benutzt er auch oft ihren vorübergehenden
Aufenthaltsort als eine Art Pseudonym. In jedem Fall scheint
dieser besondere Anführer, dem wir schon zu einem früheren
Zeitpunkt des Feldzuges als jungem Kommandeur bei den
Europäern begegnet sind (X.58, S. 99), außerordentlich mächtig
zu sein und besonders weitreichenden Einfluß zu besitzen. Wir
werden ihn später wiedertreffen.

IX.63   *Die Luft voll Klagen, Tränen und Geschrei*
             Nahe Narbonne, in Foix und in Bayonne.
             Welch Katastrophe, welche Barbarei,
             Eh' Mars sich oft gedreht hat um die Sonn'.

Nun folgt eine Katastrophe für die Menschem im Südwesten: Da Mars ungefähr zwei Jahre für eine Sonnenumdrehung braucht, scheint Nostradamus vorauszusehen, daß der Konflikt wohl mehrere Jahre dauern wird: nicht weniger als sechs Jahre, aber wahrscheinlich auch nicht länger als zehn Jahre. Wenn Nostradamus sein besonderes Augenmerk auf zukünftige Ereignisse im Südwesten und Südosten von Frankreich richtet, so ist das natürlich kein Zufall: Schließlich kam er im Rhônedelta zur Welt, wuchs dort auf und besuchte dort die Universität, während er im Südwesten einen großen Teil seines Berufslebens verbrachte.

IX.73   *Der blaue Turban ist in Foix dabei.*
Er herrscht nicht mehr mit Saturn übers Land.
Der weiße Turban nimmt nicht die Türkei.
Mond, Sonne und Merkur im Wassermann.

Mit Hilfe einer groben astrologischen Zeitangabe, die, soweit ich weiß, noch nicht zufriedenstellend entschlüsselt worden ist, kündigt Nostradamus an, daß die Besetzung des Südwestens durch die Invasoren nicht länger als die Umlaufzeit des Unglücksplaneten Saturn dauern wird, d. h. ungefähr neunundzwanzigeinhalb Jahre. Da Nostradamus an anderer Stelle das Ende des asiatischen Konfliktes für spätestens das Jahr 2044 voraussagt, bietet uns dieser Hinweis vielleicht eine mögliche Zeitangabe für den Beginn der Südwestinvasion, nämlich spätestens 2014, wahrscheinlich aber ein gutes Stück früher. Die zwei Anführer mit den Turbanen scheinen die Befehlshaber der sich bekämpfenden Seiten zu sein.

II.2   *Blaukopf dem Weißkopf ist so eine Last,*
            Wie Frankreich beiden jemals Gutes tat.
            Aufgeknüpft wird der Große an dem Mast,
            Spricht von Gefangenen der Potentat.

In diesem seltsam verwickelten Vierzeiler fügt Nostradamus
noch ein paar Kleinigkeiten zu dem Gefecht zwischen den
beiden hinzu. Wer von beiden jedoch (wenn überhaupt) der
»Große« ist und wer der »König«, werden zweifelsohne erst ihre
Zeitgenossen herausfinden können. Die »Gefangenen« scheinen Gefängnisinsassen zu sein, die der Große dem König genommen hat.

IX.10   *Kind von zwei Menschen unter Keuschheitseid*
            Wird ausgesetzt, erjagt von Bär und Bache.
            Das Heer steht bei Pamiers und Foix bereit.
            Gegen Toulouse zieht Carcassonne aus Rache.

Die ungewöhnlichen Umstände der ersten beiden Zeilen scheinen von rein ortsbezogener Bedeutung zu sein. In den letzten
beiden jedoch geht der Krieg weiter, indem die Invasoren offenbar Truppen vor Ort aus Carcassonne rekrutieren, um Toulouse
anzugreifen.

III.92   *Wenn näherrückt der Welten letzte Zeit,*
            Noch einmal Böses kommt aus Saturns Haus.
            Das Reich geht an des Ostens Obrigkeit;
            Der Habicht pickt Narbonne das Auge aus.

Hier scheint Nostradamus anzudeuten, daß die französische Invasion aus dem Südwesten ein Warnzeichen für das Näherrücken des Tausendjährigen Reiches im neunundzwanzigsten Jahrhundert darstellt. Anders ausgedrückt, sieht er die Invasion als »Zeichen der Zeit« oder als eine der unvermeidlichen Geburtswehen des Milleniums, wie weit entfernt es auch sein mag. Das könnte man aber von den meisten seiner Voraussagen für unsere Zukunft behaupten. Im vorliegenden Fall sieht er letztlich einen Sieg für die Eindringlinge voraus, die er *Brodes* nennt, ein doppeldeutiger Ausdruck, der sowohl eine abschätzige altfranzösische Bezeichnung für »minderwertige, dunkelhäutige Menschen« ist als auch das provenzalische Wort für die ehemaligen Allobrogen, einem Stamm aus den Alpen (also aus dem Osten), der in der Antike von Fabius Maximus in der Nähe des Flusses Isère erobert wurde (wie Nostradamus' Sohn César in seiner *Geschichte der Provence* erklärt). Wie immer also bringt Nostradamus die einfallende Meute mit der Bezeichnung des Landes in Verbindung, das sie gerade erobert haben. Narbonne ist von den Verteidigern in der Anfangsphase des Feldzuges anscheinend zu einer Art regionalem Hauptquartier gemacht worden: Das »Auge« muß sich nicht unbedingt konkret auf eine Radaranlage beziehen – vielleicht bedeutet es nur die Überwachung und Aufsicht, die in jedem Hauptquartier existiert.

VI.56   *Die bösartigen Kämpfer von Narbonne*
            Entmutigen den Westen. Menschenleer
            Ist Perpignan durchs Blenden von Narbonne.
            Barcelona greift an vom Wasser her.

Ist Narbonne einmal eingenommen, so scheint es, werden die Ruhestörer im gesamten Südwesten randalieren. Wieder einmal spricht Nostradamus von der »Blendung« Narbonnes, fast so als wären seine Kommunikationswege durchtrennt. Wahrscheinlicher ist wohl, daß er von der Isolierung Narbonnes redet. Die genaue Rolle von Barcelona ist unklar, doch scheint die Stadt von den Eindringlingen zu einer Art Hauptbasis für ihre Angriffe gemacht worden zu sein.

VI.64   *Sie halten ihre Abmachung nicht ein.*
               Hält man sie ein, wird man betrogen dreist
               Durch Waffenruh. Zu Land und Meer gemein
               Barcelona die Flotte an sich reißt.

Tatsächlich gelingt es nun den Kräften aus Barcelona, die Reste der französischen Flotte an sich zu reißen, wobei sie jede Art von Betrügerei anwenden, um ihr Ziel zu erreichen. Wahrscheinlich überfallen sie die Flotte an ihrem Anlegeplatz.

VIII.22   *Narbonnes Aufstand zu warnen den Verstand*
               Benutze! Schon ist Perpignan verraten.
               Die Roten finden das zu provokant.
               Sieh deinen Schlächter, strebsam, grau, mißraten!

Jetzt scheint es Aufstände in drei der besetzten Städte zu geben. Im Sinne von V.96 (S. 88) gibt sich Nostradamus besondere Mühe, diesen Revolten den Antrieb zu nehmen, indem er sogar in einer außergewöhnlichen letzten Zeile ein Wurfgeschoß beschreibt, das womöglich im Vergeltungsakt gegen die Aufständischen eingesetzt werden könnte. Gleichzeitig liefert uns die dritte Zeile einen bekannten Anhaltspunkt für die Interpretation. Im französischen Original schreibt Nostradamus, die Besatzer würden von der »roten Stadt« aus operieren: Da es keinen entsprechenden Ortsnamen gibt, muß man wohl annehmen, daß er wieder einmal die Invasoren nicht nur mit dem Islam, sondern auch mit der Farbe Rot in Verbindung bringt. Das heißt aber nicht im Umkehrschluß, daß es sich um Kommunisten handelt (wie Kommentatoren seit Jahren munter glauben): Vielmehr könnte es lediglich einen Bezug zu der »Rose« herstellen, mit der sie Nostradamus schon an früherer Stelle in Verbindung bringt (siehe V.96, II.97, S. 88 und 136).

I.73 *Frankreich nachlässig wird schon von fünf Seiten*
Durch Persien, Tunis, Algier attackiert.
Leon, Sevilla, Barcelona entgleiten
Die Schiffe, wenn Italien insistiert.

Während der Oberbefehlshaber der Asiaten weiterhin den gesamten Feldzug vom Mittleren Osten her leitet, fangen die Kommandeure vor Ort an, sich untereinander zu streiten. Das Besatzungsregime in Italien neidet Barcelona seinen jüngsten Erfolg zur See und verlangt einen Teil der Beute. Außerdem sind die in der ersten Zeile angesprochenen »fünf Fronten« eine hilfreiche Bestätigung unserer bisherigen Analyse: Frankreich wird also von der Riviera aus angegriffen, von den Alpen und den Pyrenäen aus und von der See her über die Häfen von Marseille und Agde. Interessanterweise wird hier nicht von einem abgetrennten Invasionsarm aus dem Nordosten geredet.

IX.52 *Von rechts ist Frieden, von links Krieg am Ruder.*
Dieser Verfolgung ist und war nichts gleich.
Blut auf dem Boden: Schreit auf, Schwester, Bruder!
Was einen trifft, trifft jeden in Frankreich.

So also kommt es, daß Frankreich sozusagen zwischen zwei Fronten zerdrückt wird: auf der einen Seite die Streitkräfte im Osten und Südosten, die allmählich zu einer Art friedlichen Besetzung des Landes übergehen, auf der anderen Seite die Truppen im Südwesten, die immer brutaler auf dem Kriegspfad marschieren. Die vierte Zeile deutet an, daß es wohl letztere sind, die sich nun über den Rest von Frankreich ausbreiten.

VI.98   *Weh der Languedoc, sie wird vom Schreck gejagt,*
Die große Stadt ist mit Krankheit befleckt.
Die Tempel sind von Plünderung geplagt,
Die Flüsse sind mit rotem Blut bedeckt.

Die Schreckensherrschaft breitet sich demnach nach Norden und Westen aus. Da der Text ausdrücklich *zwei* Flüsse anspricht, muß die betroffene Stadt hier Toulouse sein (am Zusammenfluß des Canal du Midi und der Garonne). Das bedeutet einen anhaltenden Druck auf den Südwesten. Zwischenzeitlich versuchen die Eindringlinge, die ohne Zweifel durch ihre neue Luftwaffe gestärkt und ermutigt sind, über verschiedene Flüsse vorzurücken, die die Verteidiger aus dem Norden bisher als Verteidigungslinie benutzt haben.

XII.71   *Flüsse und Ströme halten Böses auf,*
Doch des Zorns alte Flamme nicht verblaßt.
Durch Frankreich nimmt es seinen schnellen Lauf:
Zertrümmert sind Haus, Kirche und Palast.

Nostradamus bescheinigt abermals, daß es eine Verteidigungsstrategie mit relativ wenig Erfolg geben wird.

IV.43   *Hoch in der Luft ertönt von Kriegslärm viel:*
             Die Priesterfeinde ihn heraufbeschwören.
             Das Ende heil'ger Vorschrift ist ihr Ziel.
             Blitze und Krieg die Gläubigen zerstörten.

Ein ausgemachtes Ziel der Invasoren scheint es zu sein, die
christliche Kirche mit allem, was dazugehört, zu zerstören.

VI.9   *In Kirchen heilig finden statt Skandale,*
             Die man als lobenswerte Ehr sieht an,
             Indem ein jeder findet wertvolle Pokale.
             Das Ende naht mit Qualen bös heran.

In der Tat wird der antireligiöse Feldzug weiterhin mit fast sadi-
stischer Freude geführt.

I.96   *Der sich um das Entflammen kümmern soll,*
             Aus einer Laune zündet Kirchen, Sekten an.
             Steckt Steine an, schont Menschen rücksichtsvoll.
             Durch schöne Rede kommt Verstand alsdann.

Wenigstens ist einer der Anführer der Invasion nicht vollkommen taub gegenüber den Bitten der Bevölkerung. Dieser asiatische Gegenpart zu Thomas Cromwell unter Heinrich VIII.
wird überzeugt, seine zerstörerischen Aktivitäten (ich habe
lediglich das »Anzünden« ausgewählt) auf die religiösen Gebäude zu beschränken und nicht die Menschen, die sich darin befinden, zu opfern.

I.46
>*Bei Auch, Lectoure, Mirande wird pausenlos*
>*Feuer vom Himmel regnen Nacht für Nacht –*
>*Die Ursache ist seltsam, beispiellos –*
>*Dann bebt die Erde bald mit aller Macht.*

Diese Vorhersage trifft deutlich auf das Département Gers in Südwestfrankreich zu. Ob das natürliche oder künstlich herbeigeführte Erdbeben womöglich nur auf jene Gegend beschränkt ist, wird jedoch nicht deutlich. Die »seltsame und beispiellose« Ursache für das Feuer aus der Luft deutet wieder einmal an, daß hier eine von Menschen geschaffene Einrichtung am Werke ist, sei sie nun militärischer, wissenschaftlicher oder technologischer Art. Der wahrscheinlichste Kandidat dafür ist natürlich die Streitkraft aus Afrika, die sich von Spanien aus weiter in Südwestfrankreich verbreitet.

IX.51
>*Die Roten fallen Widerständler an*
>*Mit Feuer, Eisen, Strick im ganzen Lande.*
>*Der Tod zieht die Verschwörer nicht in Bann,*
>*Nur einen doch, der zerstört ihre Bande.*

Dennoch hält der Widerstand in weiten Teilen des Landes an, wenn auch nur im Untergrund. Wie so häufig in diesen Widerstandsorganisationen, gibt es immer jemanden, der bereit ist, seine Mitverschwörer zu verraten. Man beachte, daß Nostradamus die Besatzungsmacht im Südwesten wieder einmal als »Rote« tituliert.

VIII.2   *In Condom, Auch, und auch um ganz Mirande*
             Seh ich vom Himmel Feuer überall.
             Sonn', Mars im Löwen: Blitze bei Marmande
             Und Hagel: es bricht ein Garonnes Schutzwall.

Dieser Vierzeiler scheint I.46 (S. 194) weiter auszuführen. Diesmal ist eine astrologische Zeitangabe hinzugefügt. Wieder einmal liegen alle betroffenen Städte in oder in der Nähe des Département Gers im Südwesten, und die Asiaten können ohne weiteres bei den erwähnten Vorfällen ihre Hand im Spiel haben. Die sonderbare Angabe, daß eine Mauer bei der Garonne zusammenbricht, könnte sich auf den endgültigen Zusammenbruch der örtlichen französischen Verteidigungslinien beziehen: Offenbar haben die Verteidiger tatsächlich versucht, die Garonne oder einen ihrer Nebenflüsse zu ihrer Hauptabwehrlinie zu machen, wie schon in XII.71 (S. 192) angedeutet.

II.91   *Bei Sonnenaufgang brennt ein großes Feuer,*
            Sein Flackern und Geprassel zieht nach Norden.
            Im Kreise Tod und Schreie ungeheuer,
            Auf Kriegesflammen folgt Hungern und Morden.

Wieder einmal bringt das »Feuer vom Himmel« eine große Zahl von Kommentatoren ohne weiteres dazu, einen »atomaren Angriff« für möglich zu halten, während sich die Attacken der Eindringlinge immer weiter nach Norden verlagern. Der »Kreis« scheint hier jedoch deutlich genug beschrieben zu sein, um darunter etwas viel Genaueres und Chirurgisches verstehen zu können. Anders ausgedrückt: Was hier eingesetzt wird, könnte eher so etwas wie ein Laser sein, obwohl alle derartigen

Mutmaßungen natürlich höchst riskant sind, wie die prophetischen Gesetze 1 und 2 klarmachen.

✺∿✺✺∿✺✺∿✺✺∿✺✺∿✺✺∿✺✺∿✺✺∿✺✺∿✺✺∿✺

VI.97　　　*Breitengrad fünfundvierzig; Himmel brennt:*
　　　　　　Nach groß Villeneuve wird die Brandwalze rollen.
　　　　　　Das Feuer lang die Menschen jagt, versengt,
　　　　　　Wenn sie den Abschluß mit dem Norden wollen.

Erneut kehrt Nostradamus zu dem schrecklichen Phänomen »Feuer vom Himmel« zurück. Diesmal deutet er an, daß es sich nordwärts in die Gegend des fünfundvierzigsten Breitengrades bewegt hat, und er gibt an, daß eine unbenannte *grand cité neufue* sein Hauptziel sein wird. Kommentatoren, die die Öffentlichkeit offenbar mit der Aussicht auf eine weltweite atomare Verwüstung als Ergebnis eines dritten Weltkriegs ängstigen wollen, versichern nur zu gerne, daß die »neue Stadt« (aller Wahrscheinlichkeit nach also eine Stadt mit »neu« im Namen) doch genannt ist. Sie glauben, es sei Genf, New York oder das sicherlich nicht »neue« Paris. Doch liegt Genf nahe am sechsundvierzigsten Breitengrad, nicht am fünfundvierzigsten, während weder New York noch Paris sich irgendwie in dessen Nähe befindet. Die verschiedenen Villanuevas in Spanien liegen noch weiter entfernt. Villeneuve nordwestlich von Avignon wäre schon geeigneter, liegt aber auf dem falschen Breitengrad (dem vierundvierzigsten) – und Nostradamus lebte nah genug an dem Ort, um zu wissen, wovon er spricht. Villanova d'Asti südlich von Turin liegt auf dem korrekten Breitengrad, aber ist wohl eher Ziel eines Angriffs von Osten oder Westen als von Süden oder Norden. Auf Villeneuve-sur-Lot in Südwestfrankreich paßt jedoch die Beschreibung perfekt. Es liegt noch gut im Bereich des vierundfünfzigsten Breitengrades (ungefähr vierundvierzigeinhalb Grad nördlich) und nördlich der Garonne. Sicherlich ist es nicht unbedingt »groß«, aber es ist ein ganzes Stück größer als Villanova d'Asti: Außerdem verwendet Nostradamus das Wort *grand* ziemlich freigiebig, mehr oder weniger als eine Art dichterischen Schmuck, und es gibt tatsächlich nur bemerkenswert wenig Vierzeiler, in denen das Wort nicht mindestens einmal verwendet wird. Offenbar liegt die Stadt im Brennpunkt des Kampfes zwischen den Invasoren aus dem Süden und den nördlichen Verteidigern oder *Normans,* wie Nostradamus sie hier nennt.

VI.34   *Eine Erfindung mit fliegendem Brande*
Wird den umkreisten Kapitän verbrennen.
Im Innern solche Hetze kommt zustande,
Daß die Betroffnen keine Hoffnung kennen.

Obwohl diese Vorhersage bezüglich Raum und Zeit nicht besonders genau ist, scheint sie sich hier doch gut einzufügen. Das himmlische Feuer scheint also tatsächlich von Menschen hervorgerufen zu sein. Doch wird sich der folgliche Verlust an Kampfesmut unter den Verteidigern als mindestens genauso schädigend herausstellen wie die scheußliche Waffe selbst.

I.87   *Es tosen Feuer in der Mitt' der Welt:*
Und um Villeneuve herum erbebt die Erd'.
Ein langer Krieg zwei Felsen aufrecht hält,
Bis Arethusa einen neuen Fluß rotfärbt.

Um Villeneuve geht der Kampf weiter: Beide Seiten stehen fest wie Felsen und sind für eine Weile praktisch nicht zu bewegen. Doch gelingt es den Invasoren schließlich mit Hilfe ihrer Feuerwaffe, die offenbar vom Mittleren Osten aus abgeschossen wird, nun über den Fluß Lot nach Norden zu gelangen, dessen Wasser nun, wie zuvor das der Garonne, von Blut gefärbt ist. Arethusa, eine der Hesperiden oder die Tochter der Nacht, war auch die Göttin der natürlichen Quellen. Wieder einmal nimmt Nostradamus also eine Idee aus der ersten Hälfte der Strophe auf und wendet sie in der zweiten Hälfte wieder an (hier das »neu« der »neuen Stadt«, also Villeneuve).

III.12
> *Am Ebro, Tagus, Tiber, Po und Rhône*
> *Und in Arezzo, Genf, an deren Seen*
> *Ist in Bordeaux, Toulouse der Führer Lohn,*
> *Ertränkt, erhängt, als Beute einzugehn.*

Der Krieg in Südwestfrankreich ist inzwischen der Hauptschauplatz aller Vorgänge geworden. Die gefangengenommenen Anführer der Städte an der Garonne werden ins Gefängnis gesteckt und als »menschliche Beute« nach Portugal, Spanien, Südostfrankreich, Italien und in die Schweiz geschafft, wo sie schändlich behandelt werden.

IV.47
> *Hat erst der wilde Maure blutig zugeschlagen,*
> *Das Land steht unter Feuer, Schwert und Pfeil.*
> *Die Menschen sind schockiert, voll Unbehagen,*
> *Wenn ihre Führer liegen unterm Beil.*

Andere werden, wie es scheint, zur allgemeinen Abschreckung öffentlich gehängt. Die Waffen in der zweiten Zeile brauchen nicht zu wörtlich genommen zu werden: Es sind nur die zu Nostradamus' Zeiten gebräuchlichen Waffen, so wie es heute Automatikpistolen und Maschinengewehre sind.

IV.76   *Durch Périgordien von Agen wird*
                Das Volk zurück bis an die Rhône geschossen.
                Bigorres Kumpan, Freund von Gascon, verwirrt
                Die Kirche, eh' die Predigt ist beschlossen.

So kommt es, daß die Eindringlinge von Afrika beginnen, im Südwesten auszubrechen (obschon sie ständig von europäischen Streitkräften weiter aus dem Norden gejagt werden): Zuerst besetzen sie die gesamte französische Mittelmeerküste bis hin zur Rhône, wo die asiatische Gegenoffensive vor einiger Zeit offenbar zum Halt gekommen war. Die beiden letzten Zeilen zu entschlüsseln ist allerdings zu kompliziert, man kann nur sagen, daß hier von einem schnell durchgeführten Feldzug die Rede ist.

V.98   *Zum achtundvierzigsten Breitengrad,*
               Endet der Krebs, kommt Dürre ungeheuer.
               Trocknen die Seen, das Meer als Resultat.
               Béarn, Bigorre versengt durch Himmelsfeuer.

Weiterhin ist von dem Feuer und seinen Auswirkungen die Rede, die sich bis in den Norden an die Loire bei Orléans erstrecken. Wahrscheinlich haben die Verteidiger den Fluß zu ihrer Verteidigungslinie für den Rückzug gemacht, wenn die Invasoren nun weiter Richtung Norden vorrücken. Im Süden, an den Ausläufern der Pyrenäen, sind die Auswirkungen auf die Umwelt schon jetzt entsetzlich. Nostradamus datiert diese neuen Entwicklungen auf Ende Juli.

IV.46   *Deine Verteidigung, oh Tours, ist meisterlich!*
Sie stemmt sich deinem Untergang entgegen.
London läßt dich durch Nantes, Rennes nicht im Stich.
Geh nicht hinaus, wenn vom Himmel fällt Regen!

Weiter südlich im Tal der Loire wird auch Tours angegriffen,
doch hat die Stadt eine gute Chance, dem Angriff zu widerstehen, da sie von allen Seiten außer vom Osten durch die Flüsse
Loire und Cher geschützt wird. Offenbar dient die Stadt Rennes
im Nordwesten als Stützpunkt für die Verteidiger, während
Nantes seine eigenen Truppen auf dem Feld hat. Auch die
Briten fangen jetzt endlich an, aktiver an den Schlachten teilzu-
nehmen, wohl, weil ihnen die Bedrohung für ihre eigenen
Hafenstädte bewußt wird. Die vierte Zeile jedoch weist auf eine
ziemlich bösartige Entwicklung hin: offenbar werden die Angreifer aus Ärger nochmals örtlich begrenzt zu Waffen greifen,
die verdächtig nach chemischen oder biologischen Kampfmit-
teln aussehen.

VI.44   *Des Nachts sieht man bei Nantes den Regenbogen.*
Durch Wasserkünste Regen kommt von oben her.
Flotte sinkt vor Arabien: aufgezogen
Ein Sachsenmonster wird von Sau und Bär.

Als einer der etwas phantastischeren Vierzeiler von Nostradamus ist dieser zweifelsohne doch genauso vernünftig zu erklären
wie all die anderen. Eine Art besorgniserregende technische
Zauberwaffe wird von der feindlichen Marine eingesetzt, als die
Invasoren versuchen, die Loire zu überqueren. Der übelbringen-
de Regen, der hier erwähnt wird, scheint der gleiche zu sein wie

in der letzten Strophe. Ich will mich nicht dazu äußern, wer oder
was das »Monster« wohl sein soll: Einige Kommentatoren glauben, daß es etwas mit der Wiedervereinigung Deutschlands als
Folge der Zusammenarbeit zwischen Rußland und den Westmächten zu tun haben könnte – aber wer dann die Sau sein soll,
möchte ich lieber nicht vermuten.

***

IV.74   *Vom Genfer See und von der Eure, der Sarthe*
              Alle sich treffen gegen Aquitaine.
              Mehr Schweizer noch als Deutsche sind in Fahrt,
              Doch werden sie geschlagen, wie auch Maine.

Die Zeichen deuten an, daß sogar die nördlicher gelegenen Verteidigungslinien fallen werden. Alle Verteidigungkräfte, die
Schweizer ausgenommen, scheinen nördlich von der Loire zu
kommen.

***

V.85   *Die Schwaben und die Schweizer rüsten sich*
              Zum Kampf gegen die Heuschreckengefahr.
              Die Schwärme brechen ein ganz fürchterlich:
              Des Generals Verlust wird offenbar.

Natürlich passen weder Marineaktivitäten noch Heuschrecken
besonders gut zu Südostdeutschland oder zur Schweiz. Da die
vorangehende Strophe berichtet, daß die Schweizer an der Seite
der Alliierten in Nordfrankreich kämpfen – wahrscheinlich helfen sie bei der Verteidigung der Loirelinie –, scheint ihr Lager
sich in der Gegend von St. Nazaire zu befinden, das am nördlichen Mündungsufer liegt. Die Schweizer sind aber wohl nicht
besonders erfolgreich. Was die »Heuschrecken und andere« in

der zweiten Zeile angeht, liegt es wieder nahe, daß Nostradamus diese Bezeichnung als Codewort für die einschwärmenden Invasoren benutzt (oder vielleicht für deren Hubschrauber), ähnlich wie in IV.48 (S. 104).

⚬᠊ᡞᡞᡉᡕᠣᡄᡍᠧᡉᡕᠣᡄᡍᠧᡉᡕᠣᡄᡍᠧᡉᡕᠣᡄᡍᠧᡉᡕᠣᡄᡍᠧᡉᡕᠣᡄᡍᠧᡉᡕᠣᡄᡍᠧᡉᡕᠣᡄᡍᠧᡉᡕᠣᡄᡍᠧᡉᡕᠣ

II.64 *Die Genfer ohne Wasser, ohne Brot,*
Wenn ihre letzte, hellste Hoffnung schwindet.
Cévennenmacht ist schon in größter Not:
Und keine Flotte mehr zum Hafen findet.

Auch hier deutet die Erwähnung von Schiffsflotte und Hafen darauf, daß die Schweizer weit von ihrer Heimat entfernt kämpfen. Wie zuvor muß dann wohl von der Loire die Rede sein. Truppen aus den Cévennen im Süden Frankreichs scheinen dort zum letzten Mal Widerstand zu leisten. Von den geographischen Angaben her könnte man sogar annehmen, daß die zwei Armeen für die Verteidigung des unteren Flußabschnittes verantwortlich sind. Der Eindruck drängt sich auf, daß sie Unterstützung von Nantes erwarten, daß die Invasoren sie aber durch ihre Hafenblockade zur Hilflosigkeit verdammen.

⚬᠊ᡞᡞᡉᡕᠣᡄᡍᠧᡉᡕᠣᡄᡍᠧᡉᡕᠣᡄᡍᠧᡉᡕᠣᡄᡍᠧᡉᡕᠣᡄᡍᠧᡉᡕᠣᡄᡍᠧᡉᡕᠣᡄᡍᠧᡉᡕᠣᡄᡍᠧᡉᡕᠣᡄᡍᠧᡉᡕᠣ

I.20 *In Tours, Anger, Blois, Reims, da zieht herauf*
Ein Umsturz, wie durch Nantes, Orléans wird fegen:
Fremde dort schlagen ihre Zelte auf.
Schüsse auf Rennes: Meer, Erde sich bewegen.

So kommt es, daß die nördliche Verteidigungslinie fällt, wie schon die südliche vor ihr. Das gesamte nördliche Frankreich liegt offen ausgebreitet vor den einfallenden Horden. Rennes wird als wichtigem Verteidigungsstützpunkt eine Sonderbehandlung zuteil: Sowohl dort als auch in St. Nazaire folgen gewaltige Bombardierungen, die Nostradamus, der ja aus dem sechzehnten Jahrhundert stammt, nur als »Pfeile« und »Bogen« bezeichnen kann.

❧❧❧❧❧❧❧❧❧❧❧❧❧❧❧❧

X.7   *Wenn er bekriegen will Nancy im Groll,*
Der Grieche spricht: »Ich bin der Sieger, ich.«
Betrunken, nüchtern: England sorgenvoll.
Metz kann nicht trotzen lang dem Wüterich.

Der östliche Angriffsflügel der Asiaten stößt wahrscheinlich auf die einfallenden Truppen, die aus der Schweiz am Westufer des Rheins entlang noch immer in Richtung Belgien nach Norden vorrücken, und drängt über Nancy und Metz ebenso schnell in nördliche Richtung. Er wird von eben dem mächtigen mazedonischen Feldherrn angeführt, dem wir schon zu verschiedenen Anlässen begegnet sind. Da die Briten nun die Invasionswelle in Richtung Ärmelkanal heranstürmen sehen, fangen sie natürlich an, sich Sorgen zu machen: Weder eine nüchterne Betrachtungsweise noch Alkohol scheinen die Aussichten für sie irgendwie rosiger zu machen.

❧❧❧❧❧❧❧❧❧❧❧❧❧❧❧❧

IX.19   *Es wird die grüne Waldung von Mayenne,*
Wenn Sonn' im Löwen steht, Blitzschlag vernichten.
Den bösen Bastard wild, den Herrn von Maine,
Wird eine Waffe bei Fougères dann richten.

Im Sommer drängen ausländische Streitkräfte nach Nordwestfrankreich vor und nähern sich den Grenzen der Bretagne, wobei sie noch immer ihre Luftfeuerwaffe einsetzen. Die Verteidiger sind weiterhin stark bedrängt, und einer ihrer Befehlshaber (welcher Abstammung er auch ist) wird getötet.

III.18 *Milch fällt vom Himmel nach dem langen Regen:*
Sich über Reims dieses zusammenbraut.
Welch blutiger Konflikt wird uns umgeben!
Nicht König, Vater, Sohn sich näher traut.

In Reims scheint zwischenzeitlich etwas noch Böscres abzulaufen: Es sieht stark nach einem erneuten Ausbruch chemischer oder biologischer Kriegsführung aus. Es verwundert nicht, daß die tatsächlichen Kämpfe nur vor den Stadtmauern stattfinden und daß sich niemand in die Nähe des Schlachtfeldes wagt.

V.30 *Die Truppen ziehen um die Stadt so groß,*
Quartiert in jeder Stadt bei jedem Bauern,
Im Namen Roms sie auf Paris ziehn los.
Wüten, Zerstörung auf der Brücke lauern.

Da Paris nun von drei Seiten umzingelt ist, wird es unausweichlich zum nächsten Ziel der Angreifer. Offenbar sehen sie es als die Krönung ihres Feldzuges an. Die Franzosen sind natürlich entschlossen, bis zum letzten Mann Widerstand zu leisten, und die Brücken über die Seine müssen wohl schwere Gefechte ertragen, besonders wenn einige Verteidiger einen symbolischen letzten Kampf auf der Ile de la Cité im Herzen der Stadt herbeizwingen wollen.

IX.56 *Wenn Goussonville wird Houdans Wirt verwehrt,*
Man die Standarte dem Scyther überläßt.
Auf einen Schlag sind Tausende bekehrt,
Den Führer kettet man am Pfosten fest.

Da sich die Armee vollkommen aus Paris zurückgezogen hat, werden die unterdrückten Franzosen (die übriggebliebenen) gezwungen, direkt zum Islam überzutreten: Sowohl Goussonville als auch Houdan liegen westlich der Hauptstadt.

V.43 *Der Priester Ende ist der nächste Streich*
In Provence, Italien, Spanien, Frankreich.
In Deutschland totgehetzt wird Köln am Rhein,
Wenn dort aus Mainz die Horden fallen ein.

Im Verlaufe ihres Feldzugs versuchen die Invasoren erneut, die Christenheit im gesamten besetzten Land auszumerzen. Außer der Provence erwähnt der französische Text auch Neapel, Sizilien, Sées und Pons – die Städte symbolisieren den italienischen Stiefel, die italienischen Inseln, Frankreich und Spanien. Zur gleichen Zeit arbeitet sich die östliche Flanke an der Westseite des Rheins entlang von Mainz weiter vor nach Norden. Offenbar sind sie zu diesem Zeitpunkt noch nicht bereit, den Rhein zu überqueren und in das Herz Deutschlands vorzustoßen.

IV.19   *Rouen besetzt Italiens Regiment,*
Riegelt es restlos ab zu Land und Meer.
In Hainaut, Flandern, Lüttich und in Gent
Die Grenzen sind zerstört, gnadenlos, schwer.

Während sich die mittlere Front weiter auf Rouen zubewegt, zieht die rechte Flanke auf die belgische Grenze zu. Die letzte Zeile enthält einen kleinen Hinweis, daß der Vorstoß möglicherweise nicht sehr viel weiter reichen wird, insbesondere in dem etwas leichter zu verteidigenden Gebiet der Ardennen.

V.13   *Der Herr aus Rom schickt voller schwarzem Grimm*
Die Araber, nach Belgien zu drängen:
Zurück treibt man sie dann genauso schlimm
Vom Ungarland bis zu Gibraltars Engen.

Tatsächlich scheint sich hier ein Licht am Ende eines langen Tunnels zu zeigen. Letztendlich scheint den Verteidigungskräften von Belgien aus ein Durchbruch zu gelingen, der in der Umkehrung aller Erfolge der Invasoren endet und seinen Höhepunkt in ihrer endgültigen Vertreibung aus Europa findet.

III.49   *O weh, Frankreich, welch Wechsel dich ergrimmen!*
Du wirst von fremden Händen nun regiert.
Neue Gesetze, Bräuche dich bestimmen.
Rouen und Chartres man dir aufdiktiert!

Das alles liegt jedoch noch weit in der Zukunft. Zunächst einmal muß das ganze düstere Elend durchlitten werden. Schließlich ist praktisch ganz Frankreich in den Händen der Invasoren, die dort umgehend ein vollkommen neues Regierungssystem eingerichtet haben. Im Zuge dieser Veränderung wird das Land nicht länger von Paris aus regiert, weil die Hauptstadt wahrscheinlich nicht mehr imstande ist, diese Funktion auszuüben. Statt dessen übernehmen regionale Zentren wie Rouen und Chartres die gesamte Verwaltung. In diesen beiden Fällen stellt sich das Besatzungssystem sogar als besonders unterdrückend und brutal heraus.

VII.34   *Frankreich in Trübsal vegetiert dahin,*
Zwanglosigkeit von Dummheit wird bedroht.
Kein Brot, Salz, Wasser, Wein, Bier, Medizin:
Führer gefangen: Hunger, Kälte Not.

Bittere Armut und Elend sind das Ergebnis. Krieg und Besatzung haben die üblichen Folgen in ganz Frankreich.

IX.55   *Nach Krieg furchtbar, der sich gen Westen wendet,*
Kommt Krankheit schwer mit einem Jahr
Abstand.
In Frankreich Alt, Jung, jedes Tier verendet,
Durch Mars und Jupiter, durch Hermes' Hand.

Diesen Vierzeiler rechnen die Kommentatoren im allgemeinen dem Ersten Weltkrieg und der verheerenden Grippeepidemie zu, die über zwanzig Millionen Menschen in der letzten Phase der Auseinandersetzungen umbrachte. Andererseits stimmen

aber weder Orts- noch Zeitangaben. Von Nostradamus' Standpunkt aus fand der Krieg im Osten statt, nicht im Westen, und
die Epidemie schlug im letzten Kriegsjahr zu, nicht danach.
Daher muß diese Vorhersage auf den zukünftigen asiatischen
Feldzug bezogen werden, der im Südwesten Frankreichs seinen
Anfang nimmt. Demnach wird Frankreich nicht nur Opfer
einer flächendeckenden Verarmung, sondern auch noch von
einer Krankheit heimgesucht, die das Land fast vollständig ent-
völkert. Die letzte Zeile könnte man als Andeutung verstehen,
daß weder medizinische Hilfe (Hermes) noch militärische Aktion zu Land (Mars) oder aus der Luft (Jupiter) erfolgreich die
Auswirkungen des Krieges lindern können. Ob es sich bei der
»Krankheit« um eine natürliche handelt, oder ob sie das Ergebnis von chemischer oder biologischer Kriegsführung ist, wird
nicht deutlich.

<hr>

VI.43　　　*All seine Menschen wird das Land verlieren,*
　　　　　　　Das von den Flüssen Marne und Seine umgeben.
　　　　　　　Die Heere wollen England attackieren:
　　　　　　　Dumm ist der Plan, man könnt' den Sieg
　　　　　　　erstreben.

Nachdem die Invasoren nach Norden in die Normandie vorgedrungen sind und sie verwüstet haben, liegt England nun
schutzlos vor ihnen. Nostradamus warnt die englischen Verteidiger *(les gardes)* vor dem Glauben, sie könnten die Asiaten einfach wieder zurückdrängen, wenn sie erst einmal an der Küste
gelandet sind. Wenn sie eine Lehre aus den Folgen der italienischen und französischen Untätigkeit und Unfähigkeit ziehen
wollen, sind die Engländer gut beraten, ihre Luftwaffe und Seemacht einzusetzen, um die Angreifer abzuwehren, bevor sie an
der Küste landen. Gleichzeitig müßten sie schnellstens Unter-

stützung bei den mächtigen Alliierten im Ausland suchen, so wie es auch im Zweiten Weltkrieg geschehen ist. Natürlich wird der Tunnel unter dem Ärmelkanal entweder geflutet oder gesprengt werden müssen. In gewisser Hinsicht scheint das Sixain 54 (S. 58) eher zu diesem Szenario als zum Zweiten Weltkrieg zu passen, dem es gemeinhin zugeschrieben wird. Sowohl England als auch Flandern wären demnach nun die Opfer einer länger anhaltenden Bombardierung aus der Luft.

V.71
Mit dem Zorn dessen, der abwarten kann,
Mit diesem Zorn die Masse ins Brodeln gerät.
Per Schiff nahen siebzehn Kommandeure an.
Entlang der Rhône die Botschaft kommt zu spät.

Sofern diese Strophe nicht von vergangenen Invasionen wie die von Napoleon oder Hitler spricht, scheinen die Asiaten in Nordfrankreich tatsächlich eine Invasionsflotte aufzustellen und nur den Befehl zum Angriff auf Englands Südküste zu erwarten. Leider gelangt dieser Befehl zu spät aus dem Süden zu ihnen, und so verpassen sie die günstige Gelegenheit.

II.68
Im Norden man sich richtig wird entflammen,
Die See liegt offen dar im Rampenlicht.
Die Macht der Insel alle führt zusammen.
London erbebt, wenn Schiffe sind in Sicht.

Als Folge davon bekommen die englische Verteidigung und ihre Alliierten einen heilsamen Schock und die ersehnte Möglichkeit, ihre Truppen zusammenzuführen und zu stärken.

III.71   *Besetztes Eiland wird langsam erwerben*
                Gegen den Feind das alte starke Wesen.
                Geschlag'ne fremde Völker hungern, sterben.
                Hungersnot kommt, Schlimm'res ist nie gewesen.

Dieser Vierzeiler, der auf seine Weise genausogut den Zweiten
Weltkrieg in Erinnerung ruft, legt nah, daß nun ein Muster verfolgt wird, das dem vorherigen ziemlich ähnlich ist. Somit wiederholt sich die Geschichte, woran Nostradamus selbst ja fest
glaubte. Es wird also bestätigt, daß Großbritannien sich letztendlich erneut als Ausgangspunkt einer massiven Gegenoffensive anbietet.

5
Die große Rückkehr

Das so lange verehrte heilige Grab wird lange Zeit bar daliegen…
der Sonne, dem Mond, dem Himmel und den Sternen ausgesetzt. Der
heilige Ort wird zu einem Stall für große und kleine Tiere gemacht
und zu anderen weltlichen Zwecken genutzt werden… Die Spra-
chen der lateinischen Nationen werden mit arabischen und nordafri-
kanischen Dialekten vermischt werden, (aber)… das besagte Reich
des Antichristen wird nicht von Dauer sein… Der dritte Führer aus
dem Norden wird eine Armee zusammenrufen, die größer sein wird
als jede seiner Vorgänger, und wird mit ihrer Hilfe jeden in sein Hei-
matland zurücktreiben… Die, die seit der muslimischen Besatzung
bedacht darauf waren, als Befreier zu wirken, werden von der Küste
her eine neue Invasion beginnen… All die Anführer des Orients wer-
den weggejagt, besiegt und unschädlich gemacht werden, jedoch nicht
allein durch die Stärke des Nordens… sondern durch die drei Ver-
schwörer selbst, die versuchen werden, sich gegenseitig zu hintergehen,
in die Falle zu locken und zu töten… Der große Diener der Kirche
wird in seinen vorherigen Staat zurückgeführt, der nach der Zerstö-
rung durch die Heiden und die Ablehnung und Verbrennung des
Alten und Neuen Testaments völlig verkommen und verlassen ist…
Dann werden zwei Führer aus dem Norden die Orientalen besiegen,
und der Lärm und der Aufruhr ihres Feldzuges wird so gewaltig sein,
daß der Osten erzittern wird, wenn er die Namen dieser zwei Brüder
aus dem Norden hört, die aber nicht verschwistert sind… Danach
wird der französische Ogmios[1] am Hügel von Jupiter[2] vorbeimar-

---

1 Ogmios war die redegewandte antike gallische Gegenfigur zu Herkules
2 Der Kapitolshügel in Rom, alter Sitz der Regierung und Tempelstätte von Jupiter Capitolinus

schieren, begleitet von einer so großen Zahl von Menschen, daß entfernten Mächten erlaubt sein wird, dem Reich ihr eigenes, größeres Gesetz aufzuzwingen... Denn dann wird der mächtige Herr aus dem Osten vertrieben sein, größtenteils durch den Druck von denen aus dem Norden und Westen, die ihn töten und besiegen werden und den Rest in die Flucht schlagen...

Auszug aus dem Brief an Heinrich den Zweiten, König von Frankreich

So kommt es, daß das mächtige Pendel des Krieges, wenn wir Nostradamus Glauben schenken können, in Europa schließlich seinen weitesten Ausschlag erreicht. Wie es nun einmal bei Pendeln ist, ist alles, was nun möglicherweise folgt, ein mächtiger Gegenschlag, denn es liegt in der Natur der Wirklichkeit, daß sie weder vom Guten noch vom Bösen für ewig beherrscht werden kann. Tatsächlich kann es das eine nicht ohne das andere geben, und daher neigt immer alles zu einer Art von unbefriedigendem Gleichgewicht. Ob sich diese Situation irgendwann ändert, hängt natürlich vollkommen davon ab, ob wir lernen werden, unser Bewußtsein, unsere Erfahrungsweise zu ändern. Nostradamus und die Menschen mit ähnlichen Ansichten bringen womöglich diese höchste menschliche Errungenschaft mit der Ankunft des Tausendjährigen Reiches in Verbindung. Aber zwischen dem Ereignis und der gegenwärtigen Krise scheint noch eine ganz Menge zu passieren...

VI.12   *Er stellt Armeen auf gegen das Reich:*
Der Prinz dem Vatikan ist treu ergeben.
England und Belgien (Spanien schaut nur bleich)
Zum Kampf gegen Italien, Frankreich streben.

Der exilierte französische Herrscher, offenbar ein aufrichtiger Katholik, beginnt nun mit der Wiederbewaffnung seiner Truppen, die einem Vorstoß in die besetzten Gebiete unweigerlich vorausgehen muß.

***

III.53   *Wird größ're Stärke langsam deutlich, sie*
Von Nürnberg, Augsburg, Basel vorwärts
schreiten,
Frankfurt erringen unter Kölns Regie.
Durch Flandern sie in Frankreich sich verbreiten.

Nun folgt offensichtlich ein Gegenangriff auf dem gesamten europäischen Kontinent. Europäische Einheiten rücken erneut von Süddeutschland in Richtung Rhein vor, während weiter im Norden ein Stoßtrupp durch Belgien erfolgreich nach Frankreich eindringt. Dieses bestätigt wiederum, daß die orientalische Invasion niemals sehr tief nach Deutschland oder in die Niederlande vorgedrungen ist.

***

VIII.49   *Steht Mars im Schützen und Saturn im Stier,*
Und Jupiter im Wassermann regiert,
Der sechste Februar bringt Tod ins Land.
Bei Brügge die von Aisne sich durchschlagen,
So tief, daß fern am Roten Meeres Strand
Der Moslem wird vor Todesangst verzagen.

Die astrologischen Informationen in dieser im Original vierzeiligen Strophe sind so dichtgedrängt und ausführlich, daß ich gezwungen war, sie in einem Sechszeiler wiederzugeben. Niemand allerdings scheint bisher in der Lage gewesen zu sein, den zukünftigen Tag genau vorherzusagen, obgleich schon eine Anzahl von Datierungen vorgeschlagen wurden. Wahrscheinlich haben die Kommentatoren einfach nicht weit genug in die Zukunft gesehen. Auf jeden Fall scheinen die Franzosen, die vom nordostfranzösischen Grenzgebiet her angreifen, versessen darauf, gegen die Invasoren im Nordosten große Erfolge zu erringen. Die Folgen drohen, den asiatischen Oberbefehl in seinem Innersten zu treffen.

II.1   *Von den britischen Inseln sich bewegen*
             In Richtung Aquitaine englische Truppen:
             Die Länder sind zerstört durch eis'gen Regen.
             Genua attackiert in großen Gruppen.

Diese Strophe ist nur eine von vielen, die die Ausleger zuversichtlich dem Ersten Weltkrieg zuschreiben, wenn auch nicht einstimmig. Die ersten drei Zeilen treffen sicherlich größtenteils darauf zu. Dennoch bestimmt der Text ziemlich eindeutig Aquitaine im Westen zum Ziel der Streitkräfte und nicht Flandern im Osten. Dieser Vierzeiler wirft demnach also weiteres Licht auf den großen Wendepunkt im asiatischen Konflikt, wenn, wie im Zweiten Weltkrieg, die Verteidigung als Streitkraft nach Westeuropa zurückkehrt und dabei Großbritannien als Basis benutzt. *Port Selyn* in der vierten Zeile ist wahrlich nicht leicht zu entschlüsseln. Die Anhänger des Ersten Weltkrieges nehmen gemeinhin an, daß es sich über den einen oder anderen türkischen Sultan namens Selim aus dem sechzehnten Jahrhundert indirekt auf die Türkei bezieht oder daß es als Alternative über die griechische Mondgöttin Selene auf den Halbmond verweist, das Symbol der Moslems. Daher stelle es einen Bezug zu dem Dardanellenfeldzug und zu Churchills fehlgeschlagener Landung in Gallipoli dar. Die Erklärung scheint ein bißchen weit hergeholt. Näher liegt die ehemalige Hafenstadt Selinus in Südwestsizilien, die zwar schon lange verschlammt ist, aber Kilometer unberührten Sandstrands für die Invasion bietet. Das würde bedeuten, daß irgendwann nach der britischen Invasion von Aquitaine erneut Landungen der Alliierten stattfinden, um die asiatischen Besatzer in Italien vom Süden her anzugreifen. Dagegen behauptet Erika Cheetham an anderer Stelle, daß Nostradamus die Bezeichnung *mer Seline* (wörtlich: »Mondmeer«) für den Golf von Genua verwandte, der nämlich halbmondförmig geschwungen ist. Das wiederum würde bedeuten, daß *port Selyn* im Text eine Verschlüsselung für Genua selbst ist (wahrscheinlich wollte Nostradamus den Schauplatz der Invasion dem Feind nicht schon vorher verraten). Dieser Hafen würde sicher viel besser als Sizilien zur Gesamtstrategie einer Invasion in Italien passen, die vorsieht, das Land von Norden nach Süden zu durchkämmen (wie wir noch sehen werden).

V.34   *Hervor aus Englands tiefstem Westenkreis,*
            Wo residiert der Briteninseln Herr,
            Stößt eine Flotte zur Gironde auf Blois' Geheiß
            Aus Absicht oder Glück, und Feuer schwer.

Das erste Ziel der Invasion ist jedoch die französische Westküste, besonders die geschützten Wasser der Girondemündung. Die gewaltige Flotte kann sehr wohl in einem großen Hafen wie Plymouth, Falmouth oder Milford Haven versammelt worden sein. *Blois* scheint auf den zukünftigen Führer der Franzosen zu verweisen, der königliches Blut besitzt, wie wir noch sehen werden, und der dieses in die Stadt zurückbringt.

II.61   *Heil, England, dir, bist in Gironde, Rochelle!*
                   Bewein das Königsblut; am Strand erschossen!
                   Hinter dem Fluß mit Leitern aufs Kastell.
                   Blitze – viel Blut wird in der Schlacht vergossen.

Die Invasionsflotte kommt an, und sofort beginnt der britische
Angriff auf die Westküste. Das erste Ziel ist tatsächlich La
Rochelle und die breite, geschützte Mündung der Gironde. Im
Laufe des Angriffs wird ein Mitglied der ehemaligen französischen Königsfamilie getötet, das hier (nicht zum letzten Mal)
nach dem alten Glauben, die Könige von Frankreich seien über
die Merowinger Abkömmlinge von Priamus von Troja, als Troy-
en bezeichnet wird. Man fragt sich, ob es sich um dieselbe Person handelt, die in der vorhergehenden Strophe und in VI.12
(S. 212) erwähnt wurde. Wenn dem so wäre, dann würde dieser
Tod einen vorübergehenden, aber schweren Rückschlag für den
französischen Kampfgeist bedeuten.

III.83   *Keltische Gallier mit langen Haaren,*
                    Begleitet von Armeen aus Übersee,
                    In Aquitaine sperrn Gegner ein in Scharen,
                    Verordnen ihnen ihre Staatsidee.

Wiederum bescheinigt Nostradamus die Teilnahme der französischen Streitkräfte am Angriff; seine Beschreibung von ihnen
erinnert stark an die antiken Gallier und an die ehemaligen
Könige der Merowinger.

III.9 *Bordeaux, Rouen und la Rochelle vereint,*
Damit man ihre Länder nicht erringt.
Bretagne, Flandern mit England den Feind
An die Loire zurück gemeinsam zwingt.

Trotz entschiedenem Widerstand durch die Besatzer von Nord- und Westfrankreich, gelingt es der Befreiungsarmee, sie mindestens bis zur Loire zurückzudrängen. In der letzten Zeile des französischen Originals wird sogar ausdrücklich die Stadt Roanne erwähnt, die zwar an der Loire liegt, jedoch nur wenige Kilometer nordwestlich von Lyon. Es ist interessant, daß Nostradamus England, die Bretagne und Belgien als Herkunftsländer der Befreier angibt – ein ziemlich deutlicher Hinweis darauf, daß es diesen drei Ländern gelungen ist, die asiatische Invasion vergleichsweise ungeschoren überstanden zu haben. Die Teilnahme der Belgier bedeutet auch, daß sich die nordöstliche Speerspitze der Gegeninvasion zu gegebener Zeit mit dem mittleren und westlichen Angriffskopf vereinigen wird.

IX.38 *Englische Angriffe auf Blaye, Rochelle*
Den Mazedonier umzingeln schnell.
Der Gallier wartet von Agen nicht fern
Und hilft Narbonne, es wurd' betrogen, gern.

Nachdem dieser Vers noch einmal bestätigt, daß die britischen Streitkräfte nicht nur in La Rochelle, sondern auch in Blaye, weiter in der Girondemündung, gelandet sind, ist hier noch einmal von dem mächtigen Griechen die Rede, der in der frühen Phase des Krieges als Befehlshaber der Eindringlinge so erfolgreich war. In der Zwischenzeit wartet im Südwesten ein anderer

Kommandeur, der wie ein machtvoller Anführer des Widerstandes darauf wirkt, zu den Befreiern zu stoßen. Dann soll Narbonne befreit werden, das wohl Ambitionen hat, Partei für die sich zurückziehenden Asiaten zu ergreifen.

❦❦❦❦❦❦❦❦❦❦❦❦❦❦❦❦

IX.85   *Vorbei an Languedoc, an Guyenne, der Rhône*
              Mit Hilfe von Agen, Marmande, la Réole.
              Mauern zerstört, Marseille zurück zum Thron.
              Gefechte wüten bei St. Paul-de-Mausole.

Die siegreichen einfallenden Truppen drehen nun nach Westen ab und ziehen durch den Süden von Frankreich. Auf ihrem Weg schlagen sie vereinzelte Gefechte in den Städten, die in der zweiten Zeile aufgezählt werden. Marseille wird zurückerobert, und eine Schlacht findet statt an eben jenem Ort, dessen Name Nostradamus schon früher einmal als geographisches Wortspiel für den lateinischen Beinamen benutzt hat, den St. Malachus aus dem zwölften Jahrhundert dem inzwischen verschiedenen Papst Johannes Paul II. gegeben hat.

❦❦❦❦❦❦❦❦❦❦❦❦❦❦❦❦

IX.58   *Bei Vitry an der Seine, am linken Strand,*
              Sie die drei Roten von Frankreich bewachen.
              Die Roten tot, Schwarze nicht an der Wand.
              Bretonen wieder ihren Mut entfachen.

Im Nordosten geht die Gegeninvasion über Flandern inzwischen weiter. Offenbar werden drei der fliehenden asiatischen Anführer gefangengenommen und gelyncht. Wenn das erwähnte Vitry tatsächlich Vitry-sur-Seine ist, liegt es südöstlich von Paris. Der eigentlich unpolitischen Soldatenschaft wird immerhin das Schlimmste erspart.

V.70   *Mit grausam Krieg die Berge sie erstürmen,*
             Zumindestens die Länder mit der Waage.
             Im ganzen Osten kann kaum jemand türmen,
             Von Land zu Land, da hört man ihr Geklage.

Die Streitkräfte im Nordosten wollen die Invasoren aus dem
Hochland Zentraleuropas vertreiben, daher nähern sie sich Italien vermutlich über Süddeutschland, Ostfrankreich und die
Schweiz. Täglich geht es ein Stück voran. Die genaue Identität
der »Länder mit der Waage« ist nicht vollkommen klar. Erika
Cheetham sieht darin eine Anspielung auf Österreich und
Savoyen, aber besonders letzteres kommt nicht in Frage, da es
wahrscheinlich immer noch von den Asiaten besetzt ist. Ihr
zweiter Vorschlag könnte eher zutreffen: Die Waage muß hier
eher symbolisch als astrologisch verstanden werden und bezieht
sich daher auf die großen Handelsnationen der westlichen Welt,
vielleicht besonders auf Großbritannien, die Niederlande und
Deutschland. Es ist sogar möglich, wie wir sehen werden, daß
die Vereinigten Staaten sich irgendwann auch in den europäischen Konflikt einschalten, obwohl diese Entscheidung ziemlich spät fällt.

II.50   *Wenn die von Hainaut, Brüssel und von Gent*
             Langres' Eroberung sehen vereint,
             Krieg hinter ihnen reißt am Kontinent.
             Die alte Wunde ärger als der Feind.

Militärischer Erfolg ist jedoch nicht alles. Der ungewohnte
Luxus von Frieden und Freiheit birgt immer seine eigenen Pro-
bleme. Hinter der Nordostfront brechen Streitigkeiten aus, die

stark an ethnische oder religiöse Auseinandersetzungen, vielleicht auch an Racheakte erinnern. Sie sind noch viel haßerfüllter als alles, was bislang stattgefunden hat. Die erste Zeile verdeutlicht noch einmal, daß die Belgier auch in großer Zahl an dem Gegenangriff vom Nordosten teilnehmen.

***

IV.98   *Nach Rom ziehn die Albanier direkt,*
Denn wegen Langres feiert man ein Fest.
Den Machthabern ist dieses Fest suspekt.
Feuer, Blut, Pocken, große Dürre, Pest.

Nichtsdestotrotz fällt Langres schließlich, und die Bürger von Rom feiern diese Niederlage in aller Öffentlichkeit. Die Besatzer eilen auf schnellstem Wege herbei, um die Feierlichkeiten zu untersagen. Man hat aber das Gefühl, daß ihre Kampfeslust und ihre Autorität beständig schwächer werden, denn sonst wäre es überhaupt nicht zu derartigen Kundgebungen gekommen. Vielleicht haben auch die Phänomene, die in der letzten Zeile aufgelistet sind und die zum großen Teil direkte Folgen ihrer Militäraktionen während der Invasion sind, einen großen Teil dazu beigetragen.

***

VIII.10   *Aus Lausanne ein Gestank kommt ungeheuer*
Und niemand weiß, wo die Gerüche begannen.
Die Ausländer vertrieben unter Feuer:
Die Fremden kann man schließlich übermannen.

Die Gegend um den Genfer See in der Schweiz gehört zu den nächsten Gebieten, die befreit werden, obwohl die Invasoren anscheinend immer noch Gebrauch von ihrer luftgestützten Feuerwaffe machen.

VIII.73   *Ein Araber seinen Herrn attackiert,*
                Er ist fast tot, doch gab es keinen Grund.
                Seine ehrgeiz'ge Mutter hat ihn angeführt.
                Den Tag bereun Verschwörer und der Bund.

Jetzt scheint die Verbindung zu dem früheren Vers hergestellt zu
sein, der von dem bevorstehenden Tod des orientalischen Herrschers spricht. Die niederschlagenden Nachrichten aus dem
Ausland sind offenbar der Auslöser für eine Art Umsturz im
Palast. (Die Angaben hier legen nahe, daß es sich nicht um eine
Anspielung auf die Ermordung Anwar el-Sadats von Ägypten
handelt.) Der Herrscher scheint nicht umgehend zu sterben,
sondern kann noch aus der Schußlinie gebracht werden (auf
welche Art auch immer). Wenn daher trotz allem immer noch
die »siebenundzwanzig Jahre Krieg« aus VIII.77 zutreffen,
obwohl sie schon auf Hitler und Stalin bezogen worden sind
(und besonders, wenn *l'antechrist trois* doch »der dritte Antichrist« bedeuten würde), dann würde dieses Ereignis möglicherweise um das Jahr 2026 herum eintreten.

II.47   *Beklagter Feind vom Gift wird hingestreckt.*
              Besiegt die Generäle von großen Mengen.
              Steine vom Himmel und Spion versteckt
              Beschuldigt er, hat ihn der Tod in Fängen.

Schließlich wird dem Tod des orientalischen Anführers wohl
»nachgeholfen«, da sich sein Zustand ständig verschlimmert
und er, wie es bei Menschen nun mal ist, versucht, jedem und
allem außer sich selbst die Schuld zu geben.

IX.93   *Der Feind zurückgedrängt mit tapfren Taten:*
            Aus Panzern wird ein Schutzwall aufgestellt,
            Zudem ins Wanken Bourges' Mauern geraten,
            Wenn Herkules dem Griechen entgegenhält.

Dieser Vierzeiler spricht von einem großen Sieg bei Bourges,
was wiederum bedeutet, daß die Gegenoffensive inzwischen
schon weit südlich von Orléans und der Loire angekommen ist.
Nostradamus gibt an, es würden *chariots* benutzt werden: das
gleichbedeutende Wort *chars* steht heute für »Panzer«. »Aemathion«, der offenbar griechische Kommandeur aus der vierten
Zeile, scheint derselbe feindliche Anführer zu sein, der Frankreich anfangs über die Pyrenäen einnahm (siehe IX.64,
S. 186). Offensichtlich ist er in der Zwischenzeit zu einem
besonders machtvollen militärischen Herrscher geworden, der
wahrscheinlich den größten Teil des besetzten Frankreichs in
seiner Gewalt hat. »Herkules« muß auch weiterhin beachtet
werden. Wie nachfolgende Vierzeiler eröffnen werden, ist er ein
starker Mann, der sich schließlich als besonders mächtig erweisen wird, und zwar nicht nur im Feldzug, sondern besonders in
der darauffolgenden französischen Geschichte.

VIII.60   *Als erstes in Italien, Frankenland*
             Das noble Haus Wunderbares gebiert
             Für England, auch Paris, zu Meer und Land.
             Grausames Monstrum Lothringen verliert.

Es sieht tatsächlich so aus, als würde Nostradamus hier schon
von »Herkules« sprechen, fast so, als gehöre er zu einer Dynastie
von Eroberern. Es gibt Hinweise auf zukünftige Erfolge, die bis

weit in den Mittelmeerraum hineinreichen. Dennoch wird es einen gewalttätigen Rückschlag an der Ostfront geben, offenbar durch einen Anführer, der vollkommen die Kontrolle über sich verloren zu haben scheint. Vielleicht erfahren wir noch mehr darüber...

V.51 *Rumänen, Polen, Engländer und Tschechen*
Zusammenschmiedet die Föderation,
Gibraltar zu passieren, und zu schwächen
Die Araber durch die Konspiration.

Gleichzeitig wird im Westen eine Strategie entwickelt, mit der die Invasoren über das Mittelmeer angegriffen werden sollen, das Churchill einmal als den »weichen Unterleib von Europa« bezeichnete. Dieses geschieht offensichtlich durch einen Überraschungsangriff. Nebenbei ist es äußerst interessant zu beobachten, daß osteuropäische Völker mit in die Kampfhandlungen verwickelt sind. Das bedeutet, daß sie von den Orientalen überhaupt nicht angegriffen worden sind, was wiederum bestätigt, daß sich die Offensive der Asiaten fast ausschließlich auf den Süden beschränkt hat. So betrachtet, sieht man nun die Voraussage von Mario de Sabato in einem vollkommen neuen Licht, nach der die Invasion (die auch er vorhersieht) in Ostfrankreich haltmachen wird,[20] und man versteht auch die Prophezeiung von Jeane Dixon, daß die Offensive die deutsche Grenze erreichen wird:[6] Die Invasion wird tatsächlich die deutsch-französische Grenze erreichen, jedoch – und daran hatten wir nie gedacht – von Westen aus.

VII.10   *Aus Frankreich und dem Norden eine Macht*
               Zu Land und See Gribraltars Fels wird streifen,
               Zieht für den Herrn von Maine beherzt zur Schlacht.
               Der Führer soll Mallorca sich ergreifen.

Diese Strophe, deren Zeilen ich aus dichterischen Gründen
vollkommen neu anordnen mußte, erzählt Näheres über die seegestützte Strategie, die der Westen plant. Zuallererst wird sie
von einem tapferen Kommandeur aus der Gegend des französischen Maine mit französischer Beteiligung organisiert – wahrscheinlich derselbe »Herkules«, von dem in IX.93 (S. 222) die
Rede ist. Das bedeutet, daß man entweder schon über die Normandie nach Nordfrankreich hinein vorgestoßen ist oder daß
entkommene französische Streitkräfte sich in der Zwischenzeit
in England aufgehalten haben, wie es auch während des Zweiten
Weltkrieges der Fall war. Vielleicht trifft sogar beides zu. Im
Unterschied zu jenem ersten Anlaß ist es aber nun offenbar das
Ziel, die Balearen (oder »Barcelonas Inseln«, wie Nostradamus
sich ausdrückt) zu einem Außenposten oder Verschiebeplatz für
großangelegte Aktionen im Mittelmeer zu machen, ebenso wie
es die Asiaten vorher getan haben. (Ein schlichter Überfall wäre
bei dieser Entfernung schließlich ziemlich sinnlos.)

III.78   *Mit Deutschen sechs der schottische Obrist*
               Von östlichen Matrosen wird gefangen.
               Über Gibraltar er Iberien durchmißt,
               Vor Irans Oberhaupt wird er dann bangen.

Zu diesem Zeitpunkt gibt es eine unliebsame Entwicklung: Irgendwie wird ein Befehlshaber der Briten zur See mit sechs seiner

deutschen Kollegen gefangengenommen. Man bringt ihn vor den neuen obersten Herrscher der Asiaten in dessen iranisches Hauptquartier. Die Gefangenen zittern sicherlich vor Angst.

~~~~~~

V.14 *Im Löwen Mars, Saturn. Ganz streng bewacht*
Vom Libyer wird Spanien durch Kriegslist!
In Maltas Nähe wird der Prinz gebracht,
Und Frankreich schlägt die Römer bös im Zwist.

Wieder einmal wendet Nostradamus sein beliebtes Spiel an, ein Konzept in beiden Hälften der Strophe anzuwenden, auch wenn dann das Risiko besteht, daß die Gesamtbedeutung viel schwerer zugänglich ist. Noch während das umgangene Spanien gedemütigt in Ketten liegt, im Moment wenigstens noch, wird der »Erbe«, wahrscheinlich derselbe Anführer der Schotten wie in III.78 (S. 224), der auch der stellvertretende Befehlshaber der Streitkräfte zu sein scheint, ebenfalls irgendwo zwischen Gibraltar und Malta gefangengenommen. Andererseits jedoch spricht Nostradamus von dem »Erben« in der weiblichen Form: das heißt, daß entweder von einer ganz anderen Person die Rede ist oder daß die Frauenrechte bis dahin einen großen Schritt nach vorne gemacht haben.

~~~~~~

X.87 *Bei Nizza kommt der Herr aufs Ufer zu,*
Dem weitgestreckten Reich ins Herz zu stechen.
Nahe Antibes dann setzt er sich zur Ruh'.
Zur See wird man das Plündern unterbrechen.

Die Streitkräfte vom Mittelmeer landen also an der französischen Riviera. Da der europäische Kommandeur nun seine Aufgabe, die Eindringlinge vom Meer zu verjagen, vollständig erfüllt hat, gründet er sein Hauptquartier an der Küste von Antibes.

X.23

Von Undankbaren man nur Streit erfährt:
Die Truppen nehmen sich Antibes zum Lohn.
Zu Schiff Monaco sich fortan beschwert,
Fréjus vom Meere nimmt sich ein Schwadron.

Sonderbarerweise heißt nicht jeder die Befreiungsaktion willkommen. Einige haben offenbar von der langen Besatzung profitieren können.

V.76

Auf offnem Feld schlägt er sein Lager auf,
In keiner einz'gen Stadt läßt er sich nieder –
Carpentras' Cavaillon, ins Vaucluse hinauf.
Wohin er geht, man findet ihn nicht wieder.

Der Befehlshaber der Streitkräfte beginnt nun mit einem Katz-und-Maus-Spiel in der Provence. Indem er ständig in Bewegung ist, jagt er den Feind von allen Seiten.

III.99

Von Alleins Feldern, Vernègues' grüner Weide
Bis zu Lubérons Hügel nah bei der Durance
War das Gefecht bitter und hart für beide,
Irak nicht länger hält erobert France.

Nostradamus sieht voraus, daß es sich für die europäischen Verteidiger nach einem bitteren Gefecht in seiner Heimat, dem

Rhônedelta, schließlich doch zum Guten wendet. Wieder einmal bringt er die besetzenden Invasoren mit dem biblischen, wenn nicht sogar geographischen Babylon in Verbindung.

I.32
Verschoben wird des Reiches ganze Kraft
An einen Fleck, der bald ist angeschwellt –
Ein kleiner Fleck in kleiner Grafenschaft,
In dessen Mitte er sein Zepter stellt.

Wenn erst einmal der südöstliche Zipfel von Frankreich abgesichert ist, überträgt »Herkules« (wenn er es denn ist) die Kontrolle über das gesamte Befreiungsheer und anscheinend auch über Frankreich selbst einer bis dahin ziemlich unbedeutenden Stadt im Südosten Frankreichs.

III.93
In Avignon der Herr aller Franzosen
Setzt sich zur Ruh', denn Paris ist zerschlagen.
Tricastin wird die aus Afrika verstoßen.
Lyon sein Schicksal wird deshalb beklagen.

Hier ist des Rätsels Lösung: Da Paris schon zu einem früheren Zeitpunkt des Feldzugs zerstört worden ist, wird nun Avignon zur neuen französischen Hauptstadt. Wahrscheinlich wird der ehemalige Papstpalast nun zu einem neuen Verwaltungszentrum umfunktioniert. Offenbar hatte Lyon mit dieser ehrenvollen Aufgabe gerechnet und ist nun enttäuscht. In der Zwischenzeit finden noch immer feindliche Handlungen in den Bergen im Osten statt: Tricastin ist die Gegend, die heute von den Départments Drôme und Vaucluse abgedeckt wird.

IV.21   *Höchst kompliziert die Wende sich gesellt,*
             Doch Stadt und Land bald davon profitiert.
             Ein weiser, schlauer Jäger, hochgestellt,
             Er sie mit allen Mitteln konvertiert.

Diese Strophe enthält Hinweise darauf, daß »Herkules« seinen
Genossen irgendwie überlegen ist und daß er nicht nur der
gerissene Taktiker ist, als den wir ihn schon kennengelernt
haben.

VIII.38   *In Avignon Blois' König geht zum Thron,*
              Wieder der Herr über ein einz'ges Land.
              Bis zu vier Sitze hat er an der Rhône –
              In Nola ist ein weiterer geplant.

Nostradamus glaubt, daß »Herkules« über seine Vorfahren eine
Verbindung zu Blois an der Loire hat, das früher die Hauptstadt
der französischen Könige war. Es hatte eine ähnliche Rolle, wie sie
nun Avignon als alternative Hauptstadt für ganz Frankreich spielt.
Offensichtlich beginnt »Herkules« nun, einen gewissen königlichen Glanz und sogar Verschwendungssucht zur Schau zu tragen.
Die Erwähnung von Nola in der Nähe von Neapel zeigt, daß sich
seine Macht schon weit nach Italien hinein erstreckt.

VIII.4   *In Monaco wird Frankreichs Hahn empfangen.*
             Zu ihm nach Frankreich kommt der Vatikan.
             Von Botschaftern die Römer hintergangen.
             Der Adler schwächer, stärker wird der Hahn.

Dieser Eindruck verstärkt sich nun. Offensichtlich schmieden die Kirche und »Herkules«, hier durch den traditionellen französischen Hahn dargestellt, gemeinsam ein Komplott, das das Besatzungsregime in Italien täuschen soll. Wahrscheinlich will die Kirche »Herkules« aktiv unterstützen und nicht nur als Zuschauer danebenstehen. Das könnte vielleicht heißen, daß sie ihre Schäfchen in Italien zum passiven Widerstand ermuntert. Auf jeden Fall verliert Italien (wenn der Adler hier tatsächlich Italien darstellt) gegenüber Frankreich (dem Hahn) an Macht.

IX.6 *Die englische Besatzungsmacht verleiht*
Guyenne den neuen Namen »Anglaquitaine«;
Languedoc bis nach Bordeaux wird so geweiht:
»Ahenobarbus' okzitan'sche Domäne«.

Britische Truppen ziehen nun in großen Zahlen in das entvölkerte Westfrankreich und überlassen die Gegend südlich der Garonne einem französischen Befehlshaber, den Nostradamus wiederholt »Ahenobarbus« nennt. Dieser Name hat ganz offensichtlich einen historischen Bezug, aber nicht auf Kaiser Nero, der diesen Namen sicher trug, sondern auf seinen Namensvetter Lucius Domitius Ahenobarbus, der 48 vor Christus starb. An diesen bedeutenden römischen Politiker und General erinnert man sich am ehesten wegen seines leidenschaftlichen Widerstandes gegen den Aufstieg von Julius Caesar und seiner Clique. Nachdem der Senat Ahenobarbus zum Nachfolger Caesars als Kommandeur in Gallien ernannt hatte, überquerte Caesar in seiner berühmt gewordenen Aktion den Rubikon und marschierte selbst auf Rom. Ahenobarbus stellte sich ihm in Italien entgegen und wurde gefangengenommen. Er wurde wieder freigelassen, aber zettelte umgehend einen neuen Aufstand in Marseille an, der für ihn tödlich verlaufen sollte. Wenn Nostradamus den neuen Gouverneur im Süden »Ahenobarbus« nennt, dann erzählt er uns schon eine ganze Menge über ihn. Sein größtes Lebensziel scheint demnach zu sein, das eigene Reich von einem anmaßenden Eroberer und Diktator zu befreien, in diesem Fall ist es wohl der asiatische, während sein wichtigster Stützpunkt in der Provence liegt, wahrscheinlich in Marseille. Daher auch das Wort *Occitan,* ein regionaler Ausdruck, der gern von Separatisten benutzt wird und sich auf alles bezieht, was zur Languedoc gehört, besonders zur Provence und ihrer Sprache.

❦❦❦❦❦❦❦❦❦❦❦❦

I.79   *Bazas, Lectoure, Condom, Auch ebenso,*
Sie fechten um Gesetze mit Problemen.
Carcassonne und Toulouse, Bayonne, Bordeaux
Zerstört, wenn sie wieder den Kampf aufnehmen.

Allerdings ist nicht jeder mit der neuen Aufteilung der Provinzen einverstanden. Es gibt sogar bewaffneten Widerstand, der aber anfangs nicht straff genug organisiert ist. Besonders im Südwesten müssen die Befreier entdecken, daß die ganzen kleinen Rathäuser nur sehr widerwillig ihre unrechtmäßig erworbene Macht abgeben wollen. Möglicherweise sind sie von den großen Zahlen der afro-orientalischen Invasionstruppe beeinflußt worden, die sich überall häuslich niedergelassen hat. Überall gibt es Streitigkeiten und Aufstände. Wie immer sind die Folgen katastrophal.

❦❦❦❦❦❦❦❦❦❦❦❦

IV.79   *Flieh, Königsblut! Den Landes grenzenlos*
Wie Mas, Aiguillon man Bordelais gewährt,
Navarre, Bigorre von Kriegern voll. So groß
Der Hunger, daß man Korkeicheln verzehrt.

Die Rebellion breitet sich weiter aus, hat ihren Mittelpunkt nun in Bordeaux. Die letzte Zeile deutet an, daß die mangelnde Versorgung mit Nahrungsmitteln die Ursache der Unruhen sein könnte, falls Nostradamus nicht damit ausdrücken will, daß die Widerständler hungrig nach einer Schlacht sind. Erneut gibt er an, daß auch das ehemalige französische Königshaus irgendwie mit einbezogen ist.

IV.44   *Für die zwei Führer von Rodez, Milhaud,*
               Limoges und Castres die Woche Böses bringt.
               Mit Nachtangriff zieht in den Krieg Bordeaux.
               Durchs Périgord Alarmglocke erklingt.

In diesem außergewöhnlichen Vierzeiler, der seinem Inhalt angemessen in einer Mischung aus Französisch und Provenzalisch verfaßt ist, deutet Nostradamus an, daß in nicht viel mehr als einer Woche Südwestfrankreich und der zentrale Süden wohl wieder bewaffnet sein werden.

I.90   *Beim Glockenklang schicken Poitiers, Bordeaux*
              Mächtige Truppen in Richtung Langon.
              Gegen Franzosen bläst der Nordwind so,
              Wenn sich erhebt das Monster von Orgon.

So kommt es, daß gleichzeitig zwei Aufstände von unterschiedlicher Größe stattfinden und einen blutigen Bürgerkrieg zwischen den Regimekritikern und ihren eigenen Landsleuten im neu besiedelten Süden heraufbeschwören. Wahrscheinlich sehen die Angreifer die Neuankömmlinge wiederum fast als Invasoren an. Die wahre Natur und/oder Identität des »Mon-

sters von Orgon«, das im Südosten in der Nähe von Nostradamus' Geburtsort St. Rémy liegt, ist hier nicht zu ergründen.

XII.65   *Wutentbrannt zwingt er sie zum Weitermachen.*
               Ihr Schwachen! In Layon furchtbares Geschehen.
               Ein Stoß wird tausend weitere entfachen.
               Garonne, Gironde nie Schlimmeres gesehen.

Natürlich tun die Angegriffenen ihr Bestes, sich zu verteidigen.
Enorme Verluste sind die Folge.

III.45   *Fünf Fremde, die in ihre Kirche kommen,*
               Sehen das Heiligtum durch Blut entweiht –
               In ganz Toulouse macht der Ernst beklommen,
               Mit dem der Eine Sitten schnell entzweit.

Es gibt Anzeichen, daß Repräsentanten aus fremden Ländern
jetzt eilig intervenieren und versuchen, einen Waffenstillstand in
der Kathedrale von Toulouse auszuhandeln. Ihre diplomatische
Immunität wird jedoch durch das neue Oberhaupt der Stadt auf
grausame Art verletzt.

X.5   *Albi und Castres finden einen Bund,*
               Von einem Soldaten aus Portugal geführt.
               Der Streit von Carcassonne und Toulouse verstummt,
               Wenn von den Pyrenäen der Herr Angst schürt.

Zumindestens zwei kleine Städte wollen den Rebellen unbedingt Widerstand leisten, dafür rufen sie sogar einen ausländischen General der Alliierten zu Hilfe. Nichtsdestotrotz werden sie überwältigt.

IX.46   *Hinweg! Den Roten von Toulouse entflieh*
Und bring ein Opfer, bitte um Verzeihung!
Der böse Mann, der heuchelt Idiotie,
Liegt da erwürgt, so sagt's die Prophezeiung.

Wieder einmal beschreibt Nostradamus die Besatzer, die wohl die neue Marionettenregierung im Südwesten bilden, als »Rote«. Die Zeilen drei und vier können wohl nur die tatsächlichen Ereignisse vollständig erklären. Außerdem sollte man sich daran erinnern, daß Toulouse in Nostradamus' Tagen tatsächlich einen Senat oder ein Parlament besaß, wie in IX.72 (Seite 233) beschrieben, und daß dessen Mitglieder obendrein rot gekleidet waren. Es ist also auch immer möglich, daß Nostradamus bei seinen Vorhersagen von den Ereignissen und Umständen seiner eigenen Zeit beeinflußt war, genausogut kann es aber sein, daß die Geschichte immer wieder nach gleichen Mustern abläuft, wovon er selbst überzeugt war.

IX.72   *Noch einmal sehn die Tempel wüsten Wahn,*
Das Plündern vom Senat wird hingenommen.
Zwei- bis dreimal zieht Saturn seine Bahn.
Im Frühling Menschen andren Schlages kommen.

Die neuen Stadtoberhäupter im Südwesten scheinen auf jeden Fall gegen die Christen zu sein. Nostradamus glaubt auch, daß sie sich ziemlich lange halten werden. Da die Umlaufzeit von Saturn neunundzwanzigeinhalb Jahre beträgt, werden immerhin zwischen sechzig und neunzig Jahre vergehen, bis sich die Lage ersichtlich zum Guten wendet und die Herrscher in den Städten durch nicht näher beschriebene Außenseiter verdrängt werden. Das wird aller Wahrscheinlichkeit nach ungefähr zum Ende des einundzwanzigsten Jahrhunderts eintreffen (so unglaublich spät das auch zu sein scheint).

XII.24 *Der mächt'ge Beistand, kommend von Guyenne,*
     Stößt bei Poitiers auf seinen Widerpart.
     Lyon ergibt sich vor Montleul und Vienne
     Und wird geplündert von Volk jeder Art.

Die Befreier rücken weiter vor. Im Westen sind der britischen Invasion von Westfrankreich klare Grenzen gesetzt. Im Südosten wird Lyon schließlich von einer Zangenbewegung eingenommen, die sich von Montleul (leicht nordwestlich) und von Vienne (im Rhônetal im Süden) erhebt.

IX.69 *Auf Bullys Höhen und in L'Arbresles' Bergen*
    Die Stolzen aus Grenoble sich verbergen.
    In Vienne bei Lyon wird Hagel nicht gebannt,
    Kein Drittel der Heuschrecken bleibt im Land.

Offensichtlich ist eine Art von Widerstandsguerilla in den Bergen nordwestlich von Lyon während der gesamten Besatzungszeit tätig gewesen. Aus verständlichen Gründen will Nostradamus auf keinen Fall den Namen ihres Verstecks verraten, daher verweist er in seinem Original vorgeblich auf nicht näher beschriebene Berge in der Nähe von Bresle und Bailleul in Nordfrankreich (er schreibt sogar Bailly, was in der Nähe von Paris liegt). Der »Hagel« in der dritten Zeile kann sich natürlich auch auf einen unablässigen Kugelhagel beziehen, nicht nur auf die meteorologische Erscheinung. Zu dieser Phase des Feldzugs sind nur noch weniger als ein Drittel der asiatischen Besatzungsmacht (die Nostradamus wieder mal als »Grashüpfer« bezeichnet) in Frankreich.

IV.12   *Das größ're Heer wird in die Flucht geschlagen,*
Die Jagd wird nicht mehr lange weitergehn.
Die Massen fort, es ist um sie geschehn.
Man wird sie gänzlich fort aus Frankreich jagen.

So kommt es, daß Frankreich schließlich von den Invasoren befreit wird und die Befreiungskräfte sich eine kurze Zeit die wohlverdiente Pause gönnen können.

VII.4   *Der General von Langres in Dole bedrängt*
Autun, Lyon als Hilfe rühmt er sehr –
Genf, Augsburg und Mirandela gelenkt
Über die Alpen auf Anconas Heer.

Die Koalition baut ihre Macht weiter aus. Trotz eines kleineren Rückschlags in Dole an den Ausläufern der Alpen wartet ein Zusammenschluß von Schweizern, Deutschen und Portugiesen nur auf das Signal, um in Italien einzufallen und die Invasoren den ganzen Weg zurück zu ihrem eigentlichen Landekopf an der italienischen Adriaküste zu treiben.

VII.31   *Zehntausend aus Languedoc, Guyenne im Nu*
Über die Alpen folgen ihrer Spur.
Auf Brindisi und auf Aquino zu
Zieht Savoyen, und Bresse zerbricht sie stur.

Nicht nur französische Verbände aus Ahenobarbus' Gegend,
sondern auch britische Truppen aus dem äußersten Westen
bereiten sich nun auf den Zusammenschluß mit denen vor, die
näher am Geschehen sind. Sie wollen die Alpen überqueren und
den Gegner die gesamte italienische Halbinsel hinunterjagen.

IV.23   *Die starke Einsatztruppe der Marine*
Hat sich am Ankerplatz verdient die Rast:
Herkules Schwefel, Pech, Magnesium, Kalk dienen,
Damit ein Feuer Genua erfaßt.

Der Befehlshaber der Mittelmeer-Streitkräfte (hier wird bestätigt, daß es derselbe »Herkules« ist, von dem vorher die Rede
war) tritt nun erneut in Aktion. Als wolle er versuchen, den Orientalen mit ihrem »Feuer vom Himmel« nachzueifern, malträ-
tiert er die Küste von Genua (wenn ich den Zielhafen in II.1,
S. 214, richtig identifiziert habe) mit einer Art Brand- oder
Feuerwaffe. Nostradamus beschreibt die Waffe in der chemischen Zusammensetzung als »Griechisches Feuer«, die »Ge-
heimwaffe« der Griechen und Byzantiner.

V.35   *Schwer liegt der Stein auf einem dünnen Bauch*
                Der freien Stadt am halbmondförm'gen Meer.
                Die Briten segeln ein durch Nebelrauch,
                Ihr Glück zu greifen: im Krieg ist das Heer.

Wie auch an anderer Stelle kann hier der »neblige Regen«
bedeuten, daß die Besatzungstruppen in Genua versuchen werden, die angreifende Flotte mit chemischen oder biologischen
Waffen zu vertreiben.

IV.37   *Franzosen in den Bergen abspringen,*
                Um zu besetzen Mailands Herzgebiet.
                Die Horde wird zum fernsten Ufer dringen.
                Von Genua, Monaco rote Flotte flieht.

Zu Land wird der Kampf über die Alpen und nach Norditalien
hinein weitergeführt. Die erste Zeile könnte den Einsatz von
Fallschirmjägern andeuten. Nostradamus sagt auch den Erfolg
dieses Feldzugs voraus. Den sehen auch die Asiaten, die daher
eilig ihre Streitkräfte zum Meer hin abziehen.

VI.79   *Nah am Ticino, Krieger von der Saône,*
                Von Seine, Loire, Gironde und der Garonne
                Hinter den Alpen einen Brückenkopf erringen,
                Der Po gesichert, Wellen vorwärtsdringen.

Wenn der Fluß Ticino erst einmal erfolgreich überquert ist, liegt
die lombardische Ebene offen vor den Befreiungstruppen.

II.26   *Weil die Großstadt dem mächt'gen Herrn,*
               Der dann verliert, einen Gefallen tut,
               Ticinos Truppen fliehn zum Po hin fern,
               Ertränkt, zerhackt, in Brand gesetzt, voll Blut.

Die Niederlage ist komplett und wird noch verschlimmert durch
Zustände, die nach internen Streitigkeiten auf der Seite der
Asiaten aussehen.

VI.3   *Sobald die Kelten den Fluß übertreten,*
               Das große Reich an Streitigkeit zerbricht.
               Um Hilfe wird man dann zur Kirche beten.
               Des Friedens Kron' und Zepter will er nicht.

Während »Herkules« weiter in Italien zu Felde zieht, gibt es
Nachrichten von Unruhen in seinem Rücken, die er mit Hilfe
der neu errichteten Kirche zu befrieden versucht. Offenbar werden starke Stimmen gegen die Weiterführung des Feldzuges
laut, sei es aus moralischen Gründen oder wegen der zu erwar-
tenden schweren Verluste. Auf jeden Fall hat er keinesfalls die
Absicht, die Attacke abzubrechen, nur um sich in der Heimat
Frieden zu erkaufen.

VI.16   *Das, was dem jungen Habicht, nehmen bald*
               Truppen aus Normandie und Picardei,
               Benediktiner aus dem schwarzen Wald
               Machen zu einem Gasthaus in der Lombardei.

Dieser Vierzeiler ist reichlich verworren, aber er scheint darauf hinzuweisen, daß eine der Hochburgen des arabischen Gouverneurs in Norditalien der Kirche zugesprochen wird. Sie wird dem Benediktinerorden zur Verfügung gestellt, wahrscheinlich um dort ein Flüchtlingslager zu errichten.

V.22 *Bevor den Herrn von Rom der Geist verläßt,*
Bei Parma Truppen in die Falle gehn.
Groß ist die Angst unter dem Feindesrest.
Zwei Rote bös sich gegenüberstehn.

Es folgt etwas, was nach einer gewaltigen Panzerschlacht aussieht. Sie entfacht weitere Panik beim Feind, der die Südgrenze der lombardischen Ebene verteidigt. Infolgedessen ist der feindliche Befehlshaber der Gegend gezwungen, sein Hauptquartier zum Quartier seines Vorgesetzten nach Rom zu verlegen. Aber offensichtlich hat letzterer auch nicht mehr besonders viel Zeit zur Verfügung.

VIII.7 *Mailand, Vercelli geben es bekannt:*
In Pavia erklärt der Frieden sei.
Flut in Siena, Florenz in Blut und Brand.
Wie stürzt der Starke, naht heran der Mai!

Trotz der anhaltenden Gefechte im Süden wird der späte Frühling von gesichertem Frieden in Norditalien begrüßt.

IV.36   *In Frankreich wird mit Spielen angefangen,*
            Hat man bei Mailand erst den Sieg errungen.
            Führer sind in des Westens Höh gefangen.
            Römer und Spanier aus Angst entsprungen.

Wie um das Ganze zu feiern, wird in Frankreich wieder eine
Massenbelustigung klassischen Typs ins Leben gerufen; vielleicht handelt es sich hier auch um eine moderne Form der
Olympischen Spiele, die wiederaufgenommen werden. In den
Pyrenäen ist der Süd-West-Konflikt allerdings noch nicht beendet. Die »Römer« und »Spanier« sind wahrscheinlich die noch
immer fliehenden Reste der asiatischen Invasionsarmee.

III.43   *Ihr Männer von Garonne, Tarn, Lot, habt acht!*
            Nicht in den Apennin setzt euren Stab!
            Bei Rom, Ancona werdet ihr umgebracht!
            Der schwarze Krausbart schaufelt euer Grab!

Dennoch wird der Kampf nicht einfach sein: Die Alliierten
müssen wohl schwere Verluste hinnehmen, wenn sie versuchen,
beide Küstenflanken von Mittelitalien zu stürmen. Wie wir
noch sehen werden, ist der »schwarze Krausbart« Nostradamus'
Bezeichnung für den noch berühmteren Nachfolger von Herkules, dem die Aufgabe zufallen wird, den Krieg schließlich zum
Ende zu führen und die Mahnmale zu errichten, die im nachhinein für angemessen gehalten werden.

III.32   *Bei der Toskana Leichenfelder weit*
              Für Aquitaines Gefalllne stehn bereit,
              Wenn schlimmer Krieg regiert bei Deutschland nah,
              Sich zieht bis übers Land von Mantua.

Nostradamus macht sehr deutlich, was er sagen will: Auch während die Alliierten über die lombardische Ebene südöstlich auf die Adriaküste zueilen, stoßen sie sehr wahrscheinlich auf heftigen Widerstand und müssen weiterhin schwere Verluste hinnehmen. Daher trifft die Warnung von III.43 oben zu: diejenigen, die nicht Leib und Leben riskieren wollen, sollten auf jeden Fall versuchen, sich aus dem Ganzen herauszuhalten.

III.38   *Frankreichs Verbände mit fremder Streitkraft*
              Hinter den Bergen Tote viel benennen.
              Sechs Monde später, Ernte noch nicht geschafft,
              Die Anführer sich einvernehmlich trennen.

Wie immer bei Nostradamus, erscheint auch hier ein Licht am Ende des Tunnels, wie unerträglich dunkel er auch immer in diesem Moment zu sein scheint. Nur sechs Monate nach der mörderischen Frühjahrsoffensive in Nord-und Mittelitalien verhandeln die Alliierten mit den übriggebliebenen asiatischen Eindringlingen über deren Kapitulation.

V.50   *Wenn Frankreichs Brüder dann volljährig sind,*
Einer von ihnen wird Italien halten.
Nach Rom zieht er auf freiem Weg geschwind,
Armeniens Herrn zu nehmen mit Gewalten.

So kommt es, daß »Herkules« fast ohne Widerstand in Mittelitalien einziehen kann. Außerdem sieht es so aus, als habe er
einen jüngeren Bruder, der gerade volljährig geworden ist.
Wahrscheinlich werden wir später noch mehr von ihm hören.

IX.2   *So hört von Rom die Warnung sich ergießen.*
»Hinfort! In dem zerriss'nen Land nicht bleibt!
Der Zorn vergeht: Der Roten Blut wird fließen,
Man sie aus Prato, Rimini, Colorno treibt.«

Während die belagerten Bewohner Italiens auf fast biblische
Weise gewarnt werden, sich aus allem herauszuhalten, drängt
die Befreiungsarmee auf Rom zu und vertreibt so letztendlich
die Besatzungstruppen aus dem ganzen Land. Sofern *Columna*
in der letzten Zeile nicht einen Verweis auf die Familie der
Colonna im Rom des sechzehnten Jahrhunderts darstellt, handelt es sich wohl um Colorno nördlich von Parma.

II.16   *Neapel und Palermo, Syrakus:*
Neue Regierung, neues Licht am Himmel;
Denn jetzt ist's an Gent, London, Brüssel, Suze
Zu triumphieren nach dem Schlachtgetümmel.

So kommt es, daß die Befreiungskräfte schließlich die Invasoren aus ganz Italien und Sizilien treiben, wenn auch nur nach weiteren starken Bombardierungen. Noch einmal: Westeuropa ist nun befreit, eventuell ist die iberische Halbinsel noch ausgenommen. Das rätselhafte *Suses* könnte Suze-sur-Sarthe nahe Le Mans sein, Suze-la Rousse bei Avignon oder Sus in der Schweiz, und natürlich Susa in Nordwestitalien selbst. Da Nostradamus das Wort aber absichtlich mit einem »s« am Ende schreibt, das nicht durch den Reim bedingt ist (er reimt es auf *Syracuse),* meint er damit die Grafschaft »Sussex«. Diese Zeile bezieht sich also in erster Linie auf eine Allianz zwischen Engländern und Belgiern.

IX.33   *Von Rom bis Dänemark Herkules regiert,*
Er heißt »Der Herr von Gallien dreigeteilt«.
Venedig und Italien lädiert:
Des höchsten Königs Ruhm ihm wird erteilt.

Der von »Herkules« eingenommene Status wird immer deutlicher: In diesem vorgreifenden Vers behandelt ihn Nostradamus nicht nur als erobernden Helden, sondern fast schon als einen königlichen Herrscher. Auf jeden Fall verwaltet er ein riesengroßes Gebiet. Der Ausdruck »tripartite Gaul« scheint auf den berühmten ersten Satz des *Gallischen Krieges* von Julius Caesar zu verweisen, der mit diesem Ausdruck ganz Frankreich und Belgien bezeichnete.

VIII.78   *Ein Kriegessöldner mit gespaltner Zung'*
Erreicht der heil'gen Kirche großes Tor:
Er wirft die Ketzer raus mit großem Schwung,
Öffnet die Kirche, die im Kampf zuvor.

So kommt es, daß ein Offizier der Befreiungsarmee schließlich
die Basilika von St. Peter selbst erreicht und die Aufgabe übernimmt, sie erneut zu öffnen.

X.80   *Der König kommt, zu herrschen übers Reich,*
          Die Bronzetüren sich mit Waffenschlag
          Öffnen durch König und Führer zugleich.
          Alles zerstört, doch ist's ein heitrer Tag.

Diese höchst symbolische Handlung ist eine Quelle großer
Freude für »Herkules« und seinen Berater, trotz all dem Chaos
und der Zerstörung, die um sie herrschen.

X.27   *Für ihn, den Fünften, und Herkules stark*
          Gewaltsam öffnen sie die Kirche weit;
          Von Adler, Schlüssel, Schwert war nie solch Streit.
          Ascanus, Julius, Clemens danken ab.

Dieser Vers scheint ebenfalls den Versuch vorherzusehen, den
Petersdom in Rom im Interesse von »Herkules« mit Waffenge-
walt wieder zu öffnen. Dieses ruft offenbar eine große Auseinandersetzung mit der Kirche (die »Schlüssel« sind wohl die
päpstlichen von St. Peter) einerseits und dem Militär und dem
Staat andererseits hervor. Die letzte Zeile deutet an, daß der
Papstthron drei verschiedenen Kandidaten angeboten wird (aus
metrischen Gründen habe ich ihre Reihenfolge geändert), die
alle drei ablehnen. In der ziemlich sonderbaren ersten Zeile
scheint Nostradamus nicht nur von »Herkules« zu sprechen,
sondern auch von einem anderen Mann (vielleicht dem Berater
aus dem vorangehenden Spruch), den er als Nachfolger eines

französischen Königshauses erkennt. Offenbar sieht er ihn als fünften in der Thronfolge und mit einem dementsprechenden Namen. Wenn dem so ist, werden wir ohne Zweifel später noch mehr von ihm hören . . .

IX.84 *Der König dann beschließt die Kämpferei,*
Indem er ihren Ursprung niederhaut,
Freigespült ist der Sarg, Marmor und Blei,
Des großen Römers mit Medusenhaupt.

So geschieht es, daß »Herkules« seine ganze Macht entfaltet, indem er seinen Erzfeind aufspürt, während gleichzeitig zerstörerische Naturmächte andere Geheimnisse aus der Vergangenheit ans Licht holen. Wieder einmal bietet sich Nostradamus hier die wunderbare Möglichkeit, seiner Vorliebe für die Wiederholung einer Idee in beiden Hälften des Vierzeilers zu frönen.

VI.66 *Wenn man zusammenkommt, die Sekte gründet,*
Man auch des großen Römers Knochen findet.
Aus reinem Marmor liegt der Sarg dort still,
Wenn bös die Erde zittert im April.

Es geht weiter: Der Versuch, den Vatikan in Rom aufs neue zu errichten, wird von einer Entdeckung infolge eines kleineren Erdbebens begleitet, die die Kommentatoren als das Grab des heiligen Petrus identifizieren. Allerdings spricht das Bild der Medusa im vorangehenden Vers gegen eine derartige Zuordnung.

III.65   *Man findet des großen Römers Grab einmal.*
               Der nächstgewählte Papst im Dom eintrifft.
               Doch der Senat verwünscht schnell seine Wahl.
               Im heil'gen Kelch reicht man ihm tödlich Gift.

Der Versuch, den Vatikan wiederaufzurichten, sorgt weiterhin
für heftigen Widerspruch. Ein neuer Papst wird am Tag nach
der bedeutungsvollen Entdeckung gewählt, wird aber kurz
danach vergiftet, offensichtlich auf Betreiben des italienischen
Parlaments. Anscheinend gibt es im Volk großen Widerstand
gegen den Versuch, das frühere Kirchenregime wiederherzustellen, fast so, als mache man es für die Katastrophe verantwortlich,
die über Europa hereingebrochen ist.

III.40   *Das große Schauspiel wird nun aufgezogen:*
               Netze geworfen, Würfel abgewägt.
               Erschöpft so wie ein längst geschnitzter Bogen,
               Spürt der die Stärke, der die Glocke schlägt.

Wahrscheinlich um die öffentliche Meinung zu beschwichtigen,
versucht »Herkules« nun, die antike römische Beruhigungsstra-
tegie von »Brot und Spielen« wieder einzuführen. Es stellt sich
allerdings heraus, daß die althergebrachte Volksbelustigung zu
anspruchsvoll für die ersten Teilnehmer ist: mit einer Metapher,
die in seinem Zeitalter viel geläufiger war, als sie uns ist, erklärt
Nostradamus, daß alte Bogen schwer zu spannen sind. Anders
ausgedrückt: die überlieferten Praktiken erfordern eine körperli-
che Stärke, die es schon lange nicht mehr gibt und die nur langsam wieder aufgebaut werden kann.

~~~~~~

X.79   *Die alten Straßen werden neu geschmückt:*
             Mit Psalmen sie nach Memphis alt gelangen,
             Wenn Herkules' merkurisches Edikt
             Erd, See und alle Länder bringt zu Bangen.

Auch hinsichtlich anderer Methoden liegt »Herkules« viel an der Wiederherstellung der klassischen Vergangenheit. Mit großer Mühe werden die antiken römischen Straßen restauriert und ihr vergangener Glanz wiederhergestellt. Außerdem werden die Verbindungswege im allgemeinen ausgebessert.

~~~~~~

II.71   *Die Exilierten's nach Sizilien zieht,*
             Die Fremden dort vom Hunger zu befrein.
             Am Morgen man Franzosen noch nicht sieht,
             Doch geht's voran: der König greift jetzt ein.

Nun scheint es eine plötzliche leidenschaftliche Initiative der italienischen Antikriegsbewegung zu geben, die den fremdländischen Siedlern in ihrer Heimat Sizilien beistehen will, da diese offensichtlich lange Zeit vom eigenen asiatischen Regime vernachlässigt worden sind. Aufgrund ihrer jüngsten Erfahrungen zögern die Franzosen natürlich, obwohl sie öffentlich Unterstützung zusichern. Zur allgemeinen Überraschung beschließt aber »Herkules«, sich persönlich dieser Angelegenheit zu widmen.

IV.95   *Erst an der Macht, das Paar bleibt nicht lang oben,*
                 Nach drei Jahren hat man sieben Monat' Krieg,
                 Bis sie bei den Vestalen Aufstand proben.
                 Der Jüng're der Bretagne bringt den Sieg.

Dieser Vierzeiler ist extrem unklar. Er scheint anzudeuten, daß
die beiden Kommandeure, die gemeinsam den alliierten Streitkräften vorstehen, sich nun auf dramatischste Weise zerstreiten.
Diese, höchstwahrscheinlich militärische, Auseinandersetzung
wird sich über das gesamte befreite Europa ausbreiten, bis
anscheinend Italien und Griechenland dem Ganzen Einhalt
gebieten und somit den Streit beenden. Die geographische Aus-
dehnung dieses Kampfes scheint dadurch bestätigt zu werden,
daß der jüngere der beiden Kämpfer als Sieger in Nordwestfrankreich hervorgeht, während die Schlachten auch böse Auswirkungen auf den Osten haben, wie wir noch sehen werden.

V.23   *Zwei Kontinente glücklich sind vereint,*
                 Die einmal selbst auf Krieg waren erpicht.
                 Afrikas Herrscher zittert vor dem Feind,
                 Bis das Duumvirat zur See zerbricht.

Nostradamus gibt den beiden Kontinenten keine Namen, aber
Europa und Amerika treffen in diesem Fall sehr wahrscheinlich
zu. Möglicherweise hat das schreckliche Ausmaß der Ereignisse
in Frankreich und Italien zu einem bestimmten Zeitpunkt eine
transatlantische Einmischung nötig gemacht. Wenn das
stimmt, dann ist es vollkommen verständlich, daß der neue
Kommandeur der Orientalen vor Angst zittert. Das »Duumvi-
rat« bezieht sich wohl auf die zwei oben erwähnten Befehlsha-

ber, deren Streitigkeiten sich schließlich bis weit in das Mittelmeergebiet hinein erstrecken. Kein Wunder, daß der Anführer der Orientalen für eine kurze Zeit nicht mehr so stark unter Druck steht.

VI.58 *Wenn die Sonn' das Mondlicht reduziert,*
Zwischen den zwei Monarchen nun entzweit
Entrüstung und Rivalität regiert,
Jetzt, da Siena und die Inseln sind befreit.

So kommt es, daß die Uneinigkeit, deren Donnergrollen man schon im gesamten befreiten Europa spüren konnte, nun offen zutage tritt. Erst als die zwei Anführer die Gelegenheit nutzen und einen Kampf austragen, wird es für alle möglich, sich ein wenig zu entspannen. Wahrscheinlich handelt es sich bei den Streithähnen um »Herkules« und seinen Berater und möglichen Nachfolger.

VI.95 *Dann ein Verleumder greift den Jüng'ren an,*
Wenn Kriegestaten herrschen überall.
Doch stützt nicht viel davon den ältren Mann.
Das Königreich kommt bald entzweit zu Fall.

Es läßt sich schwer sagen, ob dieser Vierzeiler auf die oben angesprochene Auseinandersetzung angewendet werden kann. Wenn ja, dann könnte der »Ältere« »Herkules« sein und der »Jüngere« sein zukünftiger Nachfolger. Auf jeden Fall scheint der Disput nun das gesamte Regime auseinanderzureißen.

II.34   *Die Kampfeswut gefühllos und gehetzt*
              Sieht Streiter ziehen ihre grausen Waffen.
              Beleidigt leicht, zerrissen und verletzt,
              Die große Fehde Frankreich läßt erschlaffen.

Der Streit ist offensichtlich eine sehr persönliche Angelegenheit
und steht überhaupt nicht im Zusammenhang mit dem militärischen Geschehen. Doch seine Auswirkungen sind extrem weit-
reichend, wie wir sehen werden.

V.64   *Um zu beruhigen der Leute Schar,*
             Ziehn sie zurück Truppenverbände, Flotten.
             Überall bringen Nizza, Genf Gefahr:
             Sie sich gegen den Herrn zusammenrotten.

Die Angaben sind vollkommen durcheinander: Tatsächlich
neigt Nostradamus bei solchen Zankereien immer dazu, alles zu
verwechseln. Aber es scheint doch so, daß die beiden »Helden«
von ihren Mitstreitern irgendwann unter Druck gesetzt werden,
ihre gewalttätigen Handlungen, wenigstens zeitweilig, zu unter-
lassen. Die Dringlichkeit einer wie auch immer gearteten
Lösung des Konflikts wird noch unterstrichen, weil die Garni-
sonen vor Ort langsam Partei ergreifen.

VI.7   *Norweger, Briten und Rumänen sind*
             Verärgert durch das große Brüderpaar.
             Der Herrscher Roms aus Frankreichs Stamm entrinnt,
             Versteckt im tiefen Wald, so der Gefahr.

Diese Strophe fügt sich schon besser in das Bild ein. Nach den
Ländern zu urteilen, die in der ersten Zeile aufgelistet werden,
scheinen die beiden »Brüder« verheerende Auswirkungen auf
die europäischen Alliierten im Norden und Süden zu haben.
Wieder einmal scheint hier aber angedeutet zu werden, daß sich
ihr Streit bis weit hinunter in das Mittelmeergebiet erstrecken
wird. Am Ende ist der große »Herkules« gezwungen zu fliehen;
das gleiche Schicksal trifft seine Armee, wie das Original enthüllt.

V.45   *Zerstört wird sein der ganze Kontinent,*
       Die Macht geht über zum Ardenner Wald.
       Bastarde von den Älteren getrennt,
       Dann hält Ahenobarbus die Gewalt.

Zumindest eine Zeitlang sind die Auswirkungen verheerend:
Die neue Regierung in Europa wird außer Kraft gesetzt, ihr
Oberhaupt (wahrscheinlich »Herkules«) gezwungen, nahe der
französisch-belgischen Grenze Zuflucht zu suchen. Schließlich
jedoch greift ein älterer Befehlshaber ein, um dem Ganzen ein
Ende zu machen. Vielleicht ist es »Ahenobarbus« selbst. Auf
jeden Fall reißt er die gesamte Befehlsgewalt an sich. Die
Bedeutung der dritten Zeile ist unklar; vielleicht findet Nostra-
damus die beiden Hauptdarsteller so abstoßend, daß er sie als
»Bastarde« bezeichnet.

II.38   *So viele von Verdammung sind bedroht,*
       Wenn sich die beiden Führer dann vertragen.
       Einer der beiden in so großer Not,
       Daß er das Bündnis will nicht länger wagen.

Dennoch hat die Auseinandersetzung ernstzunehmende Auswirkungen auf alle Beteiligten, nicht zuletzt auf die beiden strei-
tenden Anführer selbst. Einer von ihnen ist offenbar nicht einmal mehr in der Lage, ihre frühere freundschaftliche Beziehung
wiederaufzunehmen, vielleicht trifft ihn aber auch irgendein
anderes Unglück.

VIII.5   *In Borne und bei Breteuil die Kerzen brennen.*
             Er kommt in die Kirch' mit Glanz und Schmuck.
             Nach Luzern alle im Kanton hinrennen,
             Wenn er in seinem Sarge friedlich ruht.

Wir sehen nun den Grund dafür. Augenscheinlich ist »Herkules« entweder gestorben oder getötet worden, offenbar noch
irgendwo im Osten. Sein Sarg wird in die Zentralschweiz
gebracht und auf dem Weg dorthin in verschiedenen Städten
aufgebahrt. (Es gibt zwei Städte namens Breteuil: Die eine liegt
südlich von Amiens in Nordostfrankreich, nicht weit von Arras
und St. Quentin. Wenn Borne nicht der Name eines Dorfes in
den Niederlanden ist oder ein Druckfehler von Bern in der
Schweiz, ist wohl der Fluß Borne in der Gegend von Annecy
südlich von Genf gemeint.)

V.21   *Beim Tod des Römerherrschers holen sich,*
             Die unter ihm einst wurden protegiert,
             Durch Brandschatzen die Beute lästerlich.
             Zum Tod werden die Ehrlichen geführt.

Der Verstorbene, so sieht es aus, ist tatsächlich »Herkules«,
jedoch stellt sich nun heraus, daß sein Regime ziemlich korrupt

gewesen ist, so daß seine Freunde bei seinem Tod ganz unverhüllt versuchen, alles an sich zu reißen. Wahrscheinlich war sogar diese Korruption die Ursache für die tödliche Auseinandersetzung.

IV.14   *Des ersten Königs Tod die Änderung*
Zu bringen scheint. Ein andrer kommt zur Macht,
Jetzt oder später, und obwohl noch jung,
Er furchtbar über Land und Wasser wacht.

Nichtsdestotrotz findet sich bald ein Nachfolger. Wie X.26 (S. 254) andeutet, ist es wohl nicht der letzte Gegner von »Herkules«, sondern ein vollkommen neuer Führer. Nostradamus ist der Ansicht, daß er früher oder später nach oben gelangen mußte, obwohl er noch sehr jung ist. Er verspricht ein ebenso kühner militärischer Führer zu werden.

V.74   *Aus Frankreichs Königsblut ein Herz entwächst,*
Germanschen Ursprungs, das zur Herrschaft kommt.
Den Araber er aus dem Lande hetzt,
Der Kirche alte Macht zurückkehrt prompt.

Nostradamus geht noch weiter. Sein Blut soll das der *Troyen* sein: das bedeutet, daß er, wie angeblich alle französischen Könige, von Priamus von Troja abstammt. Gleichzeitig wird er auch etwas Deutsches haben. Daher ist anzunehmen, daß der Anführer in Nostradamus' Augen nichts Geringeres als eine Wiedergeburt Karls des Großen selbst ist. Seine Lebensaufgabe wird es sein, Frankreich endgültig von den Invasoren zu befreien und der Kirche ihren alten Glanz zurückzugeben.

V.39   *Geboren aus dem Stamm der Lilienblume,*
                  Sein altes Blut Werk von so mancher Hand,
                  Als Erbe ist Italien zum Ruhme,
                  Erblüht schön mit der Pracht von Florenz' Land.

Der Anführer hat nicht nur französische und deutsche Vorfahren, ihm wird von »Herkules« auch noch Italien vererbt.

V.41   *Aus dunklem Schatten ohne Sonnenhelle*
                  Er zwischen Reichtümern und Macht regiert.
                  Er seine Sippe speist aus alter Ouelle,
                  Die Bronzezeit in eine goldne führt.

Die Aussichten sind für ihn fast schon märchenhaft: Aus dem Nichts soll er aufsteigen zu einer Persönlichkeit von weltweiter Bedeutung.

X.26   *Für seinen Schwager er Vergeltung droht:*
                  Aus Rache er sich an die Spitze stellt.
                  Er gibt stets an, daß schuld sei dessen Tod.
                  Lang Großbritannien zu Frankreich hält.

Der neue Führer wird nicht nur mit »Herkules« in Verbindung gebracht, für ihn ist seine tiefe Trauer um den Tod seines Gefährten sogar eine Art Motivation und Entschuldigung dafür, daß er den Ereignissen jetzt seinen Stempel aufdrückt.

IX.41   *In Avignon ergreift Heinrich die Macht.*
            Aus Rom süße Beschwerdebriefe kommen,
            Durch Boten aus Canino ihm gebracht:
            Carpentras wird von Schwarzen rot genommen.

An diesem Punkt wird uns der neue Führer namentlich vorgestellt. Nostradamus nennt ihn wiederholt »Chyren«, was man
allgemein für ein Anagramm von Henryc oder Henricus (»Heinrich«) hält. Es gibt Hinweise darauf, daß er vorher zum Ver-
waltungspersonal in Avignon gehörte und daß er daher an der
richtigen Stelle war, um die Macht nach dem Tode von »Herkules« an sich zu reißen. Wenn letzterer sein Hauptquartier vor
seinem Tod im fernen Nordosten in Rom aufgeschlagen hatte
(immerhin wird er in VI.7, S. 250, als der »römische Führer«
bezeichnet), könnte das der Grund für die heftigen Beschwerden
aus der italienischen Hauptstadt sein, besonders wenn man die
dort alltägliche Korruption in Betracht zieht, von der oben die
Rede war. Zwischenzeitlich scheint es bei Carpentras im Rhônedelta einen Aufstand gegen die neuen Herrscher zu geben. Er
wird von einem schwarzen regimekritischen General angeführt,
der die Ansichten der Rathäuser im fernen Südwesten vertritt.

VIII.54   *Der Islam dem spendablen Heinrich dankt,*
            Unter dem Schutz von einem Ehebund.
            Dadurch er Arras, St. Ouentin verlangt,
            Und Spanien tritt in den Hintergrund.

Doch Heinrich ist nicht einfach nur ein Soldat: augenscheinlich
ist er auch ein erstklassiger Diplomat, der ebensogut Worte und
Versprechen wie militärische Macht einsetzt, um seine Ziele zu

erreichen. Im vorliegenden Fall scheint sein Hauptziel zu sein, die noch verbliebenen Sprengsel von asiatischem Widerstand in der Nähe von Breteuil auszuradieren, durch die sein Vorgänger wohl zu Tode gekommen ist. Gleichzeitig trifft er Vorbereitungen, um die Eindringlinge endgültig von der geschwächten iberischen Halbinsel zu vertreiben.

∽∿∾∾∿∾∾∿∾∾∿∾∾∿∾∾∿∾∾∿∾∾∿∾∾∿∾∾∿∾∾∿∾

IV.3   *Von Bourges und Arras werden Ostler fließen.*
                 Gascogner immer weiter kämpfen werden.
                 Die Menschen von der Rhône viel Blut vergießen
                 In Spanien, nahe Saguntos Bergen.

So geschieht es, daß das letzte Häufchen von asiatischen Widerständlern zusammenbricht. Daraufhin sollen Heinrichs Truppen, die an Spaniens Mittelmeerküste entlang vorrücken, im Schatten der Berge von Sagunto einen großen Sieg erringen. Aber erst sollen andere Ereignisse seine Aufmerksamkeit in Anspruch nehmen...

∽∿∾∾∿∾∾∿∾∾∿∾∾∿∾∾∿∾∾∿∾∾∿∾∾∿∾∾∿∾∾∿∾

I.99   *Der große König gern verbringt den Tag*
                 Mit zwei andern in Freundesliaison.
                 Welch üblen Argwohn das erregen mag!
                 Wehe den Kindern in und um Narbonne!

Eine Rebellion kocht langsam im äußersten Südwesten Frankreichs hoch – offensichtlich eine Art Abschiedsgeschenk der ehemaligen Besatzer, das wahrscheinlich von den noch überlebenden asiatischen Regierungen jenseits der spanischen Grenze angezettelt wurde. Nostradamus deutet an, daß die Folgen für die Zukunft wohl nicht sehr erfreulich sind.

VII.12   *Der jüngre Bruder dann den Krieg beendet,*
Er sorgt sich nicht um die, die nicht begreifen.
Moissac, Cahors sich seinem Griff entwendet:
Lectoure wird er zerschlagen' Agen schleifen.

Hier wird Heinrich offenbar so beschrieben, als sei er tatsächlich der *jüngere Bruder* von »Herkules«: Das ist natürlich ohne weiteres möglich, besonders weil Nostradamus Heinrich weiter oben als Herkules' Schwager ausgab. Auf jeden Fall gibt es im Südwesten auf militärischer Ebene noch einiges zu tun.

IV.72   *Nach Agen, Lectoure die Macht vom Norden*
In St. Félix verhandelt mit Geschick.
Zur falschen Stunde kommen Bazas' Horden,
Nehmen sich schnell Condom, Marsan zurück.

Um weiteres Blutvergießen zu vermeiden, übt sich Heinrich erneut im Verhandeln, dabei macht er sich die Tatsache zunutze, daß ein Flügel seiner Streitkräfte immer noch bei Condom und Mont-de-Marsan festgehalten wird.

IX.92   *Der König will erobern Villeneuves Fort,*
Den Feind besiegen dann durch Kesseltreiben.
Ein Befreiter sagt so manches falsche Wort.
Der König wird im sich'ren Abstand bleiben.

Wieder einmal stoßen wir auf Nostradamus' *cité neufue,* die wir weiter oben als Villeneuve-sur-Lot identifizierten. Da der Feind überall lauert, muß Heinrich sehr vorsichtig vorgehen.

IX.15   *Bei Perpignan die Roten aufgehalten,*
             Aus ihrem Elend machen keinen Hehl.
             Fünf ohne Essen, dreien sie den Schädel spalten,
             Auf des Bischofs und des Herrn Befehl.

Alldem zum Trotz werden die Rebellenführer vor Ort dann
doch gefangengenommen und sehr grob behandelt. Offenbar
beginnt die rachsüchtige Kirche nun ihre Zähne zu zeigen.

X.11   *Der Letztgeborene mit seinen Mannen*
             Unter Jouchères durchs Tor gefährlich dringt,
             Dann zieht er durch die Pyrenäen von dannen,
             Wo er Perpignans General empfängt.

Diese weitere Phase der Auseinandersetzungen ist schwer zu
entschlüsseln, aber es scheint, als würde Heinrich seine Truppen
aus der Gegend von Limoges mit der Absicht in den Südwesten
führen, über einen der Pyrenäenpässe in Spanien einzudringen.

VI.1   *Und in den Pyrenäen ein fremdes Korps*
             Wird bald dem König helfen, ihn beraten.
             Bei der Garonne und Mas d'Agenais' Kirchentor
             Es wird der Römerherr im Wasser waten.

Gleichzeitig gibt es im Südwesten einen gewaltigen Säube-
rungsfeldzug, der nicht ganz nach Heinrichs Vorstellungen verläuft. Die »Fremden« könnten englische Besatzungseinheiten

aus der Guyenne sein. Zu einem bestimmten Zeitpunkt bleibt entweder er oder einer seiner Befehlshaber vor Ort in den Sümpfen stecken und fürchtet um das eigene Leben. Das Wetter scheint zu dieser Zeit besonders regnerisch zu sein.

II.17   *Man sucht bald der Vestalin Tempel auf,*
Von Elne und von den Pyrenäen nicht weit.
Den Großen bringt im Sarg man dort hinauf.
Im Norden fault der Wein, der Fluß verschneit.

Während das schlechte Wetter anhält, gibt es eine neue Entwicklung etwas näher an der Mittelmeerküste, bei Perpignan. Was sich als der Körper eines Rebellenführers zu entpuppen scheint, wird zu einem Ausgrabungsplatz antiker römischer Ruinen gebracht. Andererseits könnte es auch einer von Heinrichs Generälen sein, der sich heimlich auf das Gelände schleicht.

II.48   *Über die Berge zieht der Horde Spur,*
Wenn Mars die Fische, Saturn Schützen trifft.
Ihr Führer hängt an einer dicken Schnur,
In fischförmigen Sprengköpfen liegt Gift.

Obwohl genauso schwer zu entschlüsseln, scheint dieser Vers zumindest eine Art Zeitangabe zu liefern. Allerdings ergeben die bisher durchgeführten Berechnungen das nicht sehr vielversprechende Datum des 13. Juli 2193. (Wahrscheinlich ist dabei nicht in Erwägung gezogen worden, daß Nostradamus gern die Reihenfolge der Wörter im Satz durcheinanderbringt, ganz nach Vergils Vorbild.) Auch ist überhaupt nicht klar, wessen

Führer hier gehängt wird. Was ich als »fischförmige Spreng-
köpfe« wiedergegeben habe, heißt im Original schlicht und einfach »unter Lachsköpfen«, was alles und gar nichts bedeutet. (Es
erfüllt lediglich wieder Nostradamus bekannte Besessenheit,
eine Idee in der zweiten Hälfte der Strophe zu wiederholen,
die er der ersten entnommen hat.) Dennoch scheint es sich
um einen undeutlichen Hinweis auf den Einsatz chemischer
Kampfstoffe zu handeln.

VIII.48   *Steht Mars im Jupiter, im Krebs Saturn,*
                Im Februar ein Seher rettet allesamt.
                Sierra Morena fällt im Dreifachsturm:
                Der Wörterkrieg zum Waffenkrieg entflammt.

Der spanische Feldzug wird weiterhin mit Propagandamitteln
und an der militärischen Front geführt.

V.59   *Der Engländer zu lang in Nîmes verweilt.*
                Ahenobarbus hilfreich nach Spanien eilt.
                Im Krieg sterben so viele, der entsteht,
                Wenn auf Artois ein Meteor niedergeht.

Zu einem bestimmten Zeitpunkt besucht der englische
Befehlshaber aus der Guyenne offenbar »Ahenobarbus« in der
Provence, wahrscheinlich, um dessen Hilfe für den Spanienfeldzug zu gewinnen. Während er verreist ist, gerät der Südwesten plötzlich außer Kontrolle, so daß er mit Ahenobarbus
auf schnellstem Weg zur Front eilt.

X.95   *Der König wird in Spanien einkehren:*
             Mit wieviel Übel er den Halbmond niederringt!
             Er macht die wehrlos, die den Freitag ehren.
             Zu Land und See den Süden er bezwingt.

So kommt es, daß Heinrich schließlich erfolgreich die muslimischen Streitkräfte (»die den Freitag ehren«) aus Spanien und
zurück nach Afrika drängen kann.

II.69   *Frankreichs König nach altem Recht der Kelten,*
             Nachdem er sah, welch Streit man hat erhalten,
             In Gallien dreigeteilt sein Recht läßt gelten,
             Gegen der Hierarchie tödliches Walten.

Zu diesem Zeitpunkt entscheidet Heinrich (wenn er es denn
ist), daß das Ganze nun ein Ende haben soll. Mit der Zersplitte-
rung unter den Befehlshabern vor Ort muß nun endgültig
Schluß gemacht werden. Was fehlt, ist eine Art beständiger
Gesamtherrschaft, wenn die Asiaten jemals vollständig von der
Szene vertrieben werden sollen.

IV.50   *Im Herbst des Westens volle Macht entsteht,*
             Er herrscht dann über alles nach Belieben:
             Doch niemals Asiens Herrschaft untergeht,
             Bis nicht das Zepter halten hoch die sieben.

Nostradamus liefert uns nun eine Art Zeitplan für das gesamte
Vorhaben, die Invasoren aus Europa zu vertreiben. Er gibt an,

daß es sechs Regierungswechsel lang dauern wird, bis der gesamte Kontinent befreit ist. Wenn man bedenkt, daß Nostradamus Franzose war, bezieht sich diese Angabe wahrscheinlich auf Frankreich. Damit könnte tatsächlich eine Zeitspanne von sieben Amtszeiten des Präsidenten (was auch immer er sich darunter vorstellte) gemeint sein, was neunundvierzig Jahren entspricht. Wenn das zutrifft, und wenn vom Beginn der großen westlichen Gegenoffensive an gezählt werden soll, würde das bedeuten, daß der Endsieg erst ziemlich spät im einundzwanzigsten Jahrhundert eintritt. Wenn wir allerdings vom Beginn des gesamten europäischen Konflikts im Jahre 1999 an zählen sollen (was wahrscheinlicher ist), dann läge der Endsieg ungefähr im Jahre 2048. Andererseits sind die ersten französischen Präsidentenwahlen nach 1999 theoretisch erst 2002, dann wären wir sechs Amtszeiten weiter schon im Jahre 2044, wobei Todesfälle oder Abdankungen das Datum der endgültigen Siegesfeiern auch bis in die späten dreißiger Jahre des neuen Jahrtausends vorrücken könnten. Es ist interessant, daß die moderne Prophetin Jeane Dixon[3] das Jahr 2037 für eben das Ereignis vorausgesehen hat.

VIII.4a   *So viele wolln die Kriegsherren beschwören,*
Sie in Verhandlungen zum Aufhörn zwingen.
Kein Stück werden die Herren sie erhören.
Weh uns, wird Gott uns keinen Frieden bringen!

Dieser Vierzeiler ist eine der späten Zufügungen zu Centurie VIII. und im Vergleich zu den »regulären« Centuries ziemlich schwach. Er deutet an, daß die Völker der Erde – oder sogar die Menschen in irgendeiner nicht näher beschriebenen Gegend wie z. B. Westeuropa – wie üblich anfangen werden, die militärischen Initiativen ihrer Anführer zu untergraben, sobald für sie persönlich keine direkte Gefahr mehr besteht, die Kämpfe aber weitergehen. Sie sind wahrscheinlich in erster Linie dagegen, die Invasoren bis in deren eigene Heimat zu verfolgen, und fürchten sich vor den zusätzlichen Verlusten, die es dann auch auf ihrer Seite geben wird. Doch werden sie, wie so oft, nicht sehr viel Erfolg damit haben, ihre Führer zum Einhalten zu bewegen. Die »Friedensbewegung« ist kein neues Phänomen, und wir dürfen wohl damit rechnen, daß sie bis weit in die Zukunft hinein bestehen wird – genau wie die übliche Reaktion der Politiker.

VIII.2a   *Vom großen Frieden spricht mancher am Rande,*
Ob er zum König, zum Kriegsheld gehört.
Doch ganz so einfach kommt er nicht zustande,
Wenn man nicht mehr als andre noch zuhört.

Dieser weitere zusätzliche Vierzeiler ist gekennzeichnet durch noch größere Unbestimmtheit und Unverbindlichkeit. Dennoch scheint die Vorhersage zu passen, obwohl sie weder Orts- noch Zeitangaben enthält. Die Führer in der ganzen Welt werden den Frieden wohl weiterhin mit Lippenbekenntnissen hinauszögern, während sie im stillen ihren alten Träumen von Macht und Einfluß nachhängen. Nostradamus sieht richtig voraus, daß dieser Prozeß immer unsinnig sein wird. Die Politiker werden lernen müssen, auf ihre Wähler einzugehen *(obeissans)*, während die Diktatoren lernen müssen, die Bedürfnisse ihres Volkes zu beachten. Wohlfahrt beginnt zu Hause, Friede im eigenen Herzen.

X.86   *Der König wie ein Griffon aus Europa hetzt,*
                Gefolgt von allen nördlichen Kollegen.
                Rote und Weiße zahlreich führt er jetzt
                Den großen Herrschern Babels kühn entgegen.

Im Licht des vielsagenden Bezugs auf den König von Babylon in
der letzten Zeile war es für die Kommentatoren in der Vergangenheit nur zu einfach, diese Vorhersage in einen düsteren apokalyptischen Zusammenhang zu stellen. Wie immer scheint
hier aber von etwas viel Konkreterem die Rede zu sein, nämlich
von der endgültigen Zerschlagung der asiatischen Koalition
durch die Staaten Nordeuropas, die sich entschlossen haben, die
Orientalen nicht nur aus Europa zu vertreiben, sondern sie den
ganzen Weg zurück in den Mittleren Osten zu verfolgen und
ihre Macht dort vollständig zu zerstören. Das ungewöhnliche,
doppeldeutige Bild des »Griffons« könnte sich auf die geographische Löwengestalt Großbritanniens beziehen, das mit dem
ebenso traditionellen Adler Italiens, Deutschlands, Polens und
des früheren kaiserlichen Frankreichs verbündet ist – vielleicht
sogar mit den Vereinigten Staaten von Amerika. Die »Roten«
und »Weißen« sind viel schwerer zu entziffern: Es könnte
sowohl eine politische wie eine rassische Zuweisung sein, oder
auch etwas ganz anderes: Es ist wohl höchst unwahrscheinlich,
daß die »Roten« mit dem schon erwähnten Regime nach der
Invasion in Südwestfrankreich gleichzusetzen sind, wenn sie
nicht in der Zwischenzeit der jüngste militärische Feldzug gegen
sie überzeugt hat, die Seite zu wechseln.

III.64   *Der Führer Persiens Frachtschiffe bepackt*
               Und Kriegsschiffe auf die Moslems schickt
               Von Persien. Dann er die Kykladen packt,
               Dann im Ionischen Hafen ruht beglückt.

Weil er krampfhaft seinen bekannten literarischen Tick anzuwenden versucht, in der zweiten Hälfte der Strophe eine Vorstellung aus der ersten Hälfte wiederaufzunehmen, geht
Nostradamus jetzt fast so weit, daß die Perser von Persern
attackiert werden. Tatsächlich aber scheint Heinrich eine große
Zahl von Händlern der Orientalen gefangengenommen zu
haben, die er nun mit ihren Schiffen und Versorgungseinheiten
für seine Zwecke nutzt. Was die Kriegsflotte angeht, hätten die
in Zeile zwei im französischen Text angesprochenen *triremes* zu
Nostradamus' Zeit wohl nichts anderes bedeutet als große,
mächtige Kriegsschiffe mit Eigenantrieb. Daher sollten wir sie
auch genauso verstehen. Nachdem Heinrich die Invasoren, hier
sehr anschaulich als »Meder und Parther« beschrieben, von den
griechischen Inseln vertrieben hat, teils, um ihre Kampfmoral
zu drosseln, und teils, um neue, geeignete Ausgangspunkte für
weitere Feldzüge zu erhalten, begibt er sich in einen der sicheren Häfen am Ionischen Meer, wahrscheinlich Taranto in Itali-
en, um sich dort zu erholen und wieder zu Kräften zu kommen.

VI.27   *Wo fünf Ströme auf einer Insel fließen,*
               Heinrich gegen den Halbmond Krieg bezweckt.
               Ein Nieselregen wird ihn dort verdrießen.
               Sechs können fliehn, in Flachsbündeln versteckt.

Bisher habe ich nicht herausfinden können, auf welcher Insel
fünf Flüsse zusammenfließen. Die Erwähnung von »Nieselregen« könnte wieder einmal darauf hinweisen, daß Heinrich chemischen Waffen ausgesetzt wird, wenn er eine bestimmte Befe-
stigung der Moslems angreift.

I.74   *Auf Griechenland sie ihre Blicke richten.*
                Nach Antioch bringt man Befreiungstat.
                Der schwarze Krausbart in des Reiches Pflichten,
                Verbrannt wird sein der mit dem roten Bart.

An dieser Stelle liefert uns Nostradamus eine Personenbeschrei-
bung von Heinrich sowie von seinem zum Scheitern verurteilten
Gegner. Nach einer Ruhepause, in der man sich erholt und neu
ausstattet, wird nun ein gewaltiger europäischer Gegenangriff
vom ehemaligen Epirus – heute Albanien und Westgriechen-
land – gegen den Mittleren Osten geführt. Das Territorium des
antiken Antiochia wird heute von der türkischen Stadt Antakya
belegt, die ungefähr siebzig Kilometer westlich von Aleppo in
Syrien liegt.

IX.75   *Franzosen einer leidenden Kultur*
                In Arta und in Thrake Hilfe reichen.
                Sie hinterließ in der Provence manch' Spur,
                Von ihren Riten, Bräuchen viele Zeichen.

Nostradamus betrachtet es als eine Art kultureller Revanche,
wenn Frankreich nun den Griechen hilft und ihnen Beistand leistet, also der Nation, die einst im Altertum die Provence besie-
delte und zivilisierte.

Griechenland leidet noch immer an den Nachwirkungen der Erdbeben und Überflutungen (siehe V.31, S. 149).

❦❦❦❦❦❦❦❦❦❦❦❦❦❦❦❦❦❦

II.22   *Zum Meer Europas große Flotte segelt:*
Die aus dem Norden stellt sich auf zur Wacht.
Bei der versunknen Insel wird' geregelt.
Die Weltenmitte ergibt sich größ'rer Macht.

Offenbar wird der Feldzug auf dem Kontinent auch von einer gewaltigen Operation zur See begleitet. Das Ziel soll ein Regierungswechsel im Mittleren Osten sein, in erster Linie in Jerusalem, das traditionell als Mittelpunkt der Welt betrachtet wird. (Das könnte bedeuten, daß III.97, S. 62 möglicherweise an dieser Stelle zutrifft und daher nicht von der Wiedererrichtung des Staates Israel im Jahre 1948 spricht.) Die »versunkene Insel« wird nicht näher beschrieben, könnte aber angesichts von III.64 (S. 265) sehr gut die Vulkaninsel Santorin sein.

❦❦❦❦❦❦❦❦❦❦❦❦❦❦❦❦❦❦

VI.85   *Von Frankreichs Kraft wird Tarsus ungeschützt*
Zerstört: Moslems in Ketten weggebracht –
Zur See von Portugiesen unterstützt –
An Urbans Tag, wenn der Sommer erwacht.

Die Invasion der Türkei ist noch nicht zu Ende: Man landet in Tarsus, nur wenige Kilometer nordwestlich des antiken Antiochia.

IV.39   *Das Volk von Rhodos schnell um Hilfe fleht,*
Denn von den Moslems wurde es verlassen.
Arabiens Streitkraft auf dem Fuß umdreht.
In Ordnung bringen es westliche Massen.

Die Insel Rhodos benötigt besondere Zuwendung, da die Insel-
bewohner, so wie die Sizilianer vorher, von den Besatzern stark
vernachlässigt worden sind (siehe II.71, S. 247). Die näherrük-
kenden Europäer leisten die dringend notwendige humanitäre
Hilfe.

VI.21   *Wenn einst der Norden straff zur Einheit strebt,*
Der Osten ist bestürzt, Angst im Gemüt.
Der neu gewählte Herr zittert und bebt.
Rhodos, Byzanz mit Ostlerblut besprüht.

Der westliche Gegenangriff hat den gewünschten Effekt auf den
regierenden Zirkel im Osten. Der eigentliche Herrscher dort
ist, wie wir gesehen haben, entweder gestorben oder getötet
worden. Die zuversichtliche Haltung seines Nachfolgers, die
entweder auf seine Wahl zum Herrscher oder vielleicht auf den
Zuspruch seiner Alliierten zurückzuführen ist, wird so stark
erschüttert, daß er der wütenden Attacke des Westens nichts
mehr entgegensetzen kann, die sich nun schon über die griechischen Inseln bis vor seine eigene Haustür im Mittleren Osten
vorgearbeitet hat.

II.70 *Es jagen durch den Himmel Schußobjekte:*
Der Tod trifft überall mitten ins Leben.
Axt schlägt, hochmüt'ges Volk wird hingestreckt.
Alarmrufe, Vorzeichen, Bußestreben.

Diese Strophe zeigt uns, wie das möglich war. Augenscheinlich wurde eine Art Wurfgeschoß gegen die Invasoren eingesetzt. Es hat verheerende Auswirkungen und macht alle Zuversicht der Orientalen zunichte. (Es muß allerdings angemerkt werden, daß dieser Vers das Ziel nicht ausdrücklich benennt: Der einzige Anhaltspunkt ist der Ausdruck »hochmütige Rasse«.)

IX.43 *Zur Landung Christenschiffe sind bereit,*
Die dunklen Araber argwöhnisch blicken.
Die Schiffe dringen ein von jeder Seit',
Zehn Auserwählte sie zum Angriff schicken.

Immer mehr europäische Schiffe fahren in die Häfen ein. Was Nostradamus mit dem Hinweis auf deren Christentum allerdings genau meint, werden wir wohl erst im nächsten Vierzeiler verstehen.

VII.36 *Nach Istanbul kommt Gottes Sakrament*
Mit sieben roten Kahlköpfen im Gespann.
Für Ihre Gnaden Trabzons Parlament
Macht zwei Gesetze: erst Schrecken, Glauben dann.

Was nun zu folgen scheint, ist schier unglaublich: Eine Delegation von missionierenden Kardinälen erreicht das ehemalige Byzanz; sie sind entschlossen, die besiegten Moslems sozusagen mit dem Schwert zum Christentum zu bekehren – falls Zeile drei nicht bedeutet, daß sie selbst bekehrte Asiaten sind. Verständlicherweise reagieren die betroffenen Einwohner zuerst mit reiner Panik. Die Missionare werden vom Parlament verdammt, das momentan weiter östlich in Trabzon zusammengetroffen ist, wohin es vor den europäischen Invasoren geflohen ist. Trotzdem ist die Delegation mit ihren Bekehrungsversuchen erfolgreich, wahrscheinlich, weil sie die Religion der Sieger vertreten.

II.79   *Der schwarze Krausbart mit großem Geschick*
          Die stolze böse Rasse unterjocht.
          Heinrich der Große bringt all die zurück,
          Die bei den Moslems waren eingelocht.

Nachdem Heinrich den Invasoren bis ins Ausland gefolgt ist, unterwirft er sie in ihrer Heimat oder jedenfalls im Mittleren Osten, wie es aussieht.

II.60   *Das östliche Bündnis zusammenbricht.*
          Tagus, Loire, Jordan, Rhône nicht zu vergleichen!
          Wenn niemand mehr auf Reichtum ist erpicht,
          Flotte zerstört, im Wasser treiben Leichen.

So geschieht es, daß das östliche Bündnis unter dem beständigen Druck aus dem Westen praktisch ohne Gegenwehr zusammenbricht. Vom Mittleren Osten bis nach Portugal (Nostradamus neigt dazu, Völker nach den Namen ihrer Flüsse zu benennen) ändert sich alles. Nachdem die Eindringlinge schließlich ihren verständlichen Appetit auf die Reichtümer des Westens gestillt haben, setzen sie sich zur Ruhe oder kehren nach Hause zurück; sie lassen eine vollkommen zerstörte Militärmaschinerie zurück, besonders die Marine ist stark betroffen. Anders ausgedrückt: hier scheint Nostradamus den endgültigen Auszug der großen asiatischen Invasion oder Einwanderung zu beschreiben. Von nun an wird man nicht mehr viel davon hören. Andere Hellseher[14, 20] sprechen an dieser Stelle von einer Vermischung der Rassen, so wie Nostradamus selbst in seinem *Brief an Heinrich den Zweiten, König on Frankreich* von einer Vermischung der Sprachen spricht (siehe das Zitat zu Beginn dieses Kapitels). Wie schon angesprochen, könnte III.97 (S. 62) eigentlich hierhin gehören.

V.52   *Ein neuer König alles ändern tut,*
Flüchtlinge setzt in hoher Stellung ein.
Die Reinen, Keuschen wateten im Blut,
Doch unter seiner Herrschaft sie gedeihn.

Sofern sich dieser Vers nicht auf ein viel späteres Zeitalter, nämlich das Tausendjährige Reich, bezieht, deutet das französische Original an, daß Heinrich den Exilierten und den zurückkehrenden Flüchtlingen große Macht verleiht, da er immer versucht, die Benachteiligten vorzuziehen. Tatsächlich benutzt Nostradamus in allen seinen Schriften den Ausdruck *exilés* so häufig, als wolle er sagen, daß Flüchtlinge ein Charakteristikum der Welt im einundzwanzigsten Jahrhundert sein werden.

VI.70   *Herr über alles Heinrich wird genannt,*
    Wie Karl der Fünfte ist gescheut, bestaunt.
    Ihn freut's, daß er als Sieger ist bekannt.
    Zum Himmel hoch man seinen Ruhm posaunt.

Nun triumphiert Heinrich. Nostradamus vergleicht ihn mit dem Kaiser des Heiligen Römischen Reiches, Karl V.

Présage 41   *Viel Räuber, Hitze, Dürre ist im Land:*
    Manch Prüfung schwer wohl niemals ist beendet.
    Zu lange hält man ausgestreckt die Hand:
    Der neue Herr den ganzen Osten blendet.

Letztendlich gibt es doch noch Grund zur Hoffnung: Der neue Führer beginnt mit einer brillanten Ostpolitik, in der die Vergebung eine große Rolle spielt – nach Nostradamus' Geschmack wohl eine zu große. Die Räuber, Hitze und Dürre der ersten Zeile hören sich zwar etwas apokalyptisch an, kündigen aber nicht notwendigerweise die Endzeit an, wie Nostradamus erklärt. Gesetzlosigkeit und schlechtes Wetter, so scheint er sagen zu wollen, wird es immer geben. Spätere Vierzeiler deuten allerdings an, daß es zu diesem Zeitpunkt beunruhigende meteorologische Erscheinungen in Südeuropa geben wird – jedoch läßt sich nicht sagen, ob sie in irgendeiner Verbindung mit dem schon oft erwähnten »Feuer vom Himmel« stehen.

IV.86   *Wenn in den Wassermann Saturn gelangen*
Und Sonne, wird der mächt'ge König groß
In Reims und Aix gesalbt und dort empfangen:
Viele geopfert werden ahnungslos.

So unglaublich es auch scheinen mag, Heinrich besiegelt seinen
Triumph nun durch die Wiedereinführung der alten französischen Monarchie und läßt sich selbst in Reims krönen und
salben (wo im Mittelalter nicht weniger als sechs französische
Könige gekrönt wurden), und außerdem, was noch bedeutsa-
mer ist, in Aachen, wo Kaiser Karl der Große gekrönt und beer-
digt wurde. Leider gibt es Anzeichen dafür, daß er anfängt,
sich selbst zu überschätzen und gegen viele, die sich während
der Auseinandersetzungen keines Verbrechens schuldig mach-
ten, gewalttätig Anklage erheben wird. Offenbar hat sich die
menschliche Natur nicht geändert.

V.6   *Das Haupt des Königs der Prophet dann weiht,*
Betet für Frieden in Italiens Land.
Das Zepter nimmer er in die linke Hand,
Der König bringt den Frieden allezeit.

Wir befinden uns offensichtlich noch immer bei der Krönung
Heinrichs. Die Erwähnung Italiens deutet an, daß der »Prophet« ein hochgestellter Kirchenmann aus Rom ist. So wie es
aussieht, ist der Krieg schließlich doch noch beendet worden.

X.73 *Die Gegenwart und die Vergangenheit*
Bewertet neu der mächt'ge Gottesmann.
Doch letzten Endes sind ihn alle leid,
Die Priester stolz belegen ihn mit Bann.

Der Kleriker, von dem hier gesprochen wird, ist offenbar ein
charismatischer Mensch. Es drängt sich der Eindruck auf, daß
er danach strebt, die Kirche auf neuen Grundsätzen wiederauf-
zubauen, die einer wahren, ursprünglichen Religion viel näher
sind als vieles andere vorher. Seine Bemühungen werden jedoch
durch die überlebende Priesterschaft untergraben, die verständlicherweise lieber die alte theokratische Bürokratie mit ihrer
überkommenen Lehre wiederherstellen würde, in der die eigene
Macht gesichert war.

IV.34 *Der mächtige Gefangne aus der Fremde*
Vor König Heinrich steht, der goldgeschmückt.
Auf seine Horde trafen Schwert und Brände,
Italiens Krieg, Milanos Schlacht mißglückt.

Als letztes Zeichen des Sieges wird der Oberbefehlshaber des
asiatischen Feldzuges – oder zumindest des italienischen Flügels
– als Gefangener vor den mit feierlichen Insignien geschmück-
ten neuen König gebracht, um sich zu ergeben. Die letzten beiden Zeilen beziehen sich nicht auf zeitgleiche Ereignisse, sondern auf die Herbeiführung seiner Niederlage.

IV.77   *Sieg in Arabien, Italien in Frieden,*
Regiert ein Christenkönig die gesamte Welt.
Bei Blois er ruhen will, wenn hingeschieden,
Den Räubern er zur See den Weg verstellt.

Nur noch wenig Aufräumarbeit muß geleistet werden, und
Heinrich wird zum uneingeschränkten Weltherrscher. Nostradamus schildert ihn sogar wie den Messias (und gibt dadurch
womöglich den beharrlichen französischen Royalisten Auftrieb,
eben das zu glauben). Nun kann er über seinen Lebensabend
und Tod nachdenken. Er überlegt sich, daß er in oder in der
Nähe von Blois, der Stadt seiner Vorfahren, begraben werden
möchte, wo die französischen Könige früher residierten und
regierten. Dieser Entschluß scheint angemessen.

V.79   *Den ganzen heil'gen Pomp wird er verbannen,*
Wenn er dann als Gesetzgeber regiert:
Arme er rühmt, Rebellen jagt von dannen.
Die Erde so einen nie mehr gebiert.

Wieder beschreibt Nostradamus Heinrich wie einen Messias – sofern sich dieser Vers nicht auf das spätere Millennium selbst bezieht, das ungefähr achthundert Jahre entfernt in der Zukunft liegt.

IX.66   *Die Wende: Einheit, Frieden ohne Waffen;*
Die Unterdrückten kommen nun ans Licht.
Die ersten Qualen: Reisewege schaffen,
Den Krieg beenden, Fälle vor Gericht.

Jedoch ist es niemals einfach, die Grundfesten einer neuen Zivilisation zu legen: Es ist noch viel Verwaltungsarbeit zu leisten.

❧❧❧❧❧❧❧❧❧❧❧❧❧❧❧❧❧❧❧❧

II.95   *Wo Massen wohnten, kann nun niemand leben,*
          Neu werden abgesteckt die Felder weit.
          Den Anfängern sie Königreiche geben.
          Die Brüder tot, wann kommt der nächste Streit?

Die Umstände sind in der Tat mehr als kompliziert. Der Krieg hat augenscheinlich furchtbare Auswirkungen auf die Umwelt gehabt. Während bestimmte Gegenden nicht mehr zu bebauen sind, sind andere schlichtweg verlassen. Auch Führer von der Statur eines »Herkules« oder Heinrichs kommen mit solchen Umständen nur schwer zurecht. Wieviel schwerer wird es dann wohl für ihre weniger charismatischen Nachfolger sein!

❧❧❧❧❧❧❧❧❧❧❧❧❧❧❧❧❧❧❧❧

IV.20   *Der Friede wird das ganze Land durchdringen:*
          Überall Lilien blühn im wüsten Reich.
          Dahin wird man die armen Toten bringen.
          Die immer hofften, dort zu ruhen bleich.

Zur gleichen Zeit wird sich etwas sehr Bewegendes ereignen: die Leichname der Flüchtlinge werden zurückgebracht und in ihrer noch menschenverlassenen Heimat beigesetzt.

II.19   *Wehrlose Städte finden die Gesellen,*
Lassen sich nieder in ganz leeren Plätzen.
Pest, Hunger, Krieg; dann Felder zu bestellen.
Feld und Flur, Häuser, Städte sie besetzen.

In diesen Gegenden wird es offenbar noch weitere Streitigkeiten über Landrechte geben, die sich aber auf die Siedler vor Ort beschränken. Ansonsten übernehmen sie in jeglicher Hinsicht jungfräuliches Land.

III.26   *Bilder von Prinz und König man verehrt,*
Und leere Zeichen man als Omen pflegt.
Des Opfers Horn ist gold und blau gefärbt.
Orakelsprüche sind neu ausgelegt.

In diesem Vers scheint Nostradamus nun zunehmende Leichtgläubigkeit und einen Hang zur Vergötterung im Volk vorherzusagen: sie vergöttern ihre Anführer in Form eines sogenannten »Personenkults« und sind leichtgläubig, da sie sich wieder einer Art ritualisiertem Heidentum zuwenden, das dem »Verstehen des Innersten« besondere Bedeutung zuschreibt. In den letzten Jahren haben wir beides erlebt, und besonders letzteres wird wohl noch eine ganze Weile anhalten, wenn es sich nicht durch die sogenannte New-Age-Bewegung sogar noch weiter ausbreitet. In der letzten Zeile scheint Nostradamus sogar das Erscheinen von Büchern wie diesem hier vorherzusehen. Es ist allerdings wahrscheinlicher, daß er hier von der endgültigen Entschlüsselung seiner Prophezeiungen redet, die er an anderer Stelle (III.94, S. 301) fünfhundert Jahre nach der Veröffentlichung seiner Erstausgabe datiert – also ungefähr im Jahr 2055.

Immerhin beschreibt er hier aber eigentlich friedliche Beschäfti-
gungen, die nichts mehr mit Krieg zu tun haben. Das allein
schon ist ein Zeichen der Hoffnung für die Zukunft.

❦❦❦❦❦❦❦❦❦❦❦❦❦❦❦❦❦❦

V.77			*Mit sämtlichen kirchlichen Gunsterweisen*
			Man Jovial Ouirinus nun verehrt.
			Die Priester werden Mars Ouirin jetzt preisen,
			Bis daß sie dann Frankreichs Monarch bekehrt.

Die herrschende Bevölkerungsschicht billigt die Neuorientie-
rung zum Heidentum nicht und leitet daher schließlich Schritte
ein, um die Bewegung zu unterbinden.

❦❦❦❦❦❦❦❦❦❦❦❦❦❦❦❦❦❦

III.76			*Den Deutschen kommt ein Glaube in den Sinn,*
			Der fast sie spielen läßt die frohen Heiden.
			Das Herz unfrei – so sehn sie nicht Gewinn.
			Sie für das Wahre wieder sich entscheiden.

Doch wird die anfangs aufregende Neigung zum Heidnischen
die Menschen, besonders in Deutschland, auf Dauer sowieso
langweilen: Dann wird man allgemein wieder zur längst etablierten Religion zurückkehren.

❦❦❦❦❦❦❦❦❦❦❦❦❦❦❦❦❦❦

II.8			*Der Kirche altrömische Heiligkeit*
			Bis auf die Fundamente sie zersprengen,
			Schreiben sich auf ihr Banner Menschlichkeit,
			Anstelle von geheiligten Gesängen.

Dennoch kehrt man nicht zur etablierten Religion mit ihren derzeit geltenden Sitten und Gebräuchen zurück, vielmehr will man zu den eigentlichen Grundsätzen des Christentums zurückfinden, das heißt zu den einfachen, überlieferten Gebräuchen der Frühkirche. Das gesamte hochkomplizierte Bauwerk des traditionsreichen römischen Katholizismus wird wohl schwer erschüttert werden, wenn auch einige seiner wichtigsten heiligen Kulthandlungen überleben werden, zumal sie sehr tiefgehende, noch vorchristliche Bedürfnisse der menschlichen Seele befriedigen.

X.6 *In Nimes viel Wasser die Gardon hochziehn.*
Als sei Deukalion zurückgekehrt.
Die meisten in das Kolosseum fliehn.
Dort einst erloschnes Feuer sich verzehrt.

Doch ist niemals alles vollkommen perfekt; und irgendwann wird der Süden Frankreichs von schweren Wettereinbrüchen getroffen. Gewaltige Überflutungen sind die Folge: Deukalion ist nämlich das griechische Gegenstück zu Noah aus der Bibel. Die Bevölkerung sucht Zuflucht in dem berühmten Amphitheater. Aber sogar Unglücke dieser Art haben ihre gute Seite, wie die letzte Zeile und die nun folgenden Verse verheißen.

V.66 *Dort unter der antiken Tempelhalle,*
Nicht weit vom Aquädukt, längst ruiniert,
Ruhn wie die Sonne glänzende Metalle,
Und Trojas Lampe brennt dort, goldgraviert.

Wahrscheinlich infolge der Überschwemmung kommen einige bemerkenswerte Entdeckungen zum Vorschein, in diesem Fall eine alte Grotte, die eine scheinbar nie verlöschende Lampe birgt (im Gegensatz zu der vierten Zeile des vorhergehenden Verses). Die Angaben machen deutlich, daß diese Entdeckung tatsächlich in Nîmes gemacht wird, wo das Kloster von St. Sauveurde-la-Fontaine auf den Überresten eines alten Diana-Tempels erbaut wurde. Anstatt »trojanisch« zu sein (wie man allgemein annimmt), könnte die Lampe auch aus der Zeit Kaiser Trajans stammen, wie Nostradamus eigentlich schreibt.

IX.9   *Wenn Lampe, die sich nie zum Ende neigt,*
         Zwischen den Tempelmauern wird gefunden
         (Von einem Kinde, das durchs Wasser steigt),
         Zerstören Fluten Nîmes, Toulouse geschunden.

Ob die Überflutung nun wirklich die Entdeckung möglich macht oder andersherum die Entdeckung die Wassermassen ankündigt, ist aus dieser Strophe nicht ersichtlich. Aber das ist es bei Nostradamus ja selten. Wahrscheinlich trifft wohl eher die erste Möglichkeit zu.

IX.37   *Dezember wird zerstören Brücken, Mühlen:*
         Die Strömung der Garonne fließt turbulent;
         Wasser die Mauern von Toulouse umspülen:
         Ein alter Mensch den Ort kaum noch erkennt.

Fest steht auf jeden Fall, daß die Überschwemmung in jener Zeit bedrohliche Ausmaße erreicht, und zwar nicht nur in Nîmes, sondern im gesamten Südwesten Frankreichs.

VIII.30 *Unfern des Gräbers Schaufel in Toulouse,*
Die gräbt hervor den palais de spectacles,
Man findet einen Schatz, der ist konfus,
In zwei Verstecken nahe dem Basacle.

Vielleicht geschieht es im Laufe der Wiederaufbauarbeiten, daß noch weitere wertvolle archäologische Funde gemacht werden. Der Ausdruck *Basacle* ist jedenfalls die Bezeichnung für den ehemaligen Mühlenbereich der Stadt und für das Schloß, das die Müller schützen sollte – außerdem spricht Nostradamus im vorangehenden IX.37 ausdrücklich von Schäden, die an Mühlen angerichtet werden.

VIII.29 *Entdeckt in Saint-Sernin, beim vierten Pfosten,*
(Als Fluten nah, gespalten durch ein Beben)
Des Caepios Topf unter den Bodenrosten
Voll geraubten Goldes; sie ihn weitergeben.

Tatsächlich soll Toulouse noch mehr Schätze hervorbringen, diesmal unter der berühmten Basilika von Saint-Sernin. Der römische Konsul Caepio, der Toulouse im Jahre 106 v. Chr. plünderte, schaffte es irgendwie, die Schätze zu verlegen, die er dort »erstand«, denn er wollte sichergehen, daß sie niemals Rom erreichten. Daraufhin wurde er natürlich angeklagt und vom Senat verstoßen. Wenn Nostradamus recht hat, werden die Wassermassen schließlich doch enthüllen, wo er seine Reichtümer versteckte.

IX.12   *So viele Silbermünzen sind die Frucht,*
              Mit Hermes und Diana drauf im Teich,
              Für einen Töpfer, der nach Erde sucht,
              Daß er die Seinen macht unglaublich reich.

Zur gleichen Zeit im Kloster... Auch hier zeichnet Nostradamus ein doppeldeutiges Bild: Im Original wird das Eintauchen ins Wasser durch das Eintauchen in Gold wiederaufgenommen. Ist das vielleicht Nostradamus' Art anzudeuten, daß jede Münze zwei Seiten hat? Und ist die Entdeckung von in der Erde verborgenen Reichtümern vielleicht ein Symbol für das, was die Menschheit nun tief in ihrer eigenen Seele entdecken soll?

X.89   *Ob Stein, ob Marmor: Mauern sind zerstört.*
              Dann siebenundfünfzig Jahre Friedenszeit.
              Die Aquädukte neu; dem Mensch gehört
              Nun Friede, Freude, Wohlstand,
              Fruchtbarkeit.

Wenn hier sowohl die Gebäude der ehemaligen Regierung als auch der Kirche als Machtsymbole niedergerissen werden, erhält man nun endlich den Eindruck, daß der alte Zustand wiederhergestellt ist und daß der Wohlstand länger als ein halbes Jahrhundert andauern wird. Sicherlich bedeutet diese Tatsache auch, daß die Welt oder wenigstens Europa danach wahrscheinlich wieder von einem Krieg überwältigt wird. Aber immerhin gibt es solch lange Friedenszeiten relativ selten, daher wird die Menschheit wohl für dieses Geschenk dankbar sein müssen. Auf jeden Fall ist eine lange Phase nie dagewesener Auseinandersetzungen im Mittelmeergebiet und in Westeuropa nun endlich beendet worden, und die Menschheit kann freudig einigen Jahrhunderten entgegenblicken, in denen es zwar auf der ganzen Welt nicht immer schön sein wird, deren Hauptprobleme und Errungenschaften aber wenigstens völlig anderer Art sind als alles bisher Erlebte.

6
Die ferne Zukunft

Ihr werdet sehen bald die große Wende.
Die Zeichen Schrecken, grause Rache meinen,
Wenn erst das Mondlicht auf des Schicksals Hände
Am höchsten Standpunkt wird im Winkel scheinen.

Centuries: I.56

Wie immer kann auch hier die Reihenfolge der nostradamischen Vorhersagen für die ferne Zukunft nicht sehr genau sein. Je näher die Geschehnisse liegen, von denen die Rede ist, desto eher ist es möglich, die Abfolge exakt festzulegen. Dennoch kann eine hundertprozentige Sicherheit immer erst nach dem Eintreten der Vorhersagen festgestellt werden, manchmal nicht einmal dann. Daher könnte die Anordnung der im vorangehenden Kapitel aufgeführten Weissagungen immer noch verbessert werden. Was jedoch die Vorhersagen betrifft, die weit in die Zukunft reichen, kann deren eigentliche Reihenfolge bisher wirklich nur näherungsweise bestimmt werden.

Aber trotzdem findet man gewisse Kennzeichen, die eine grobe Abfolge der übriggebliebenen Sprüche möglich machen und die zu der Anordnung führten, wie sie in diesem Kapitel nun zu sehen ist. Es wird darin ein Bild gezeichnet, das nach meiner Auffassung Nostradamus' Vision von den letzten Jahren widerspiegelt, die auf das ferne Millennium zuführen.

Das wahrscheinlich auffälligste Merkmal dieser letzten Vorhersagen ist wohl ihre Unverbindlichkeit und das Fehlen von konkreten Angaben, fast so, als wäre die Welt nach den traumatischen Ereignissen des einundzwanzigsten Jahrhunderts so verändert, daß sie praktisch nicht mehr wiederzuerkennen ist, nicht einmal mehr für Nostradamus ...

I.63 *Das Weh vorbei, die Welt wird kleiner werden:*
Die Länder leer, lang wird man Frieden sehn.
Sie reisen in der Luft, auf See, auf Erden.
Dann wird erneut ein böser Krieg entstehn.

Nach all den Katastrophen der letzten vierzig Jahre wird es scheinbar eine lange Zeit des Friedens und des Fortschritts geben. Die erste Zeile sollte man nicht unbedingt als Vorhersage verbesserter Kommunikationswege verstehen (wie uns viele Kommentatoren glauben machen wollten), auch wenn Nostradamus das Fliegen als weit verbreitete Reisemöglichkeit vorhersieht: Es ist nur so, daß die Bevölkerung großer Teile Europas im besonderen durch Krieg, Hungersnot und Krankheit (wahrscheinlich in dieser Reihenfolge) so weit dezimiert wird, daß es fast keinen Grund mehr gibt zu kämpfen und dafür auch kaum noch Menschen vorhanden sind. Ganze Landstriche werden verlassen sein oder, wie sich Nostradamus ausdrückt, *inhabitées* (was allerdings nicht »bewohnt« bedeutet, wie man auf den ersten Blick vielleicht meinen könnte, sondern ganz im Gegenteil »unbewohnt«). Besonders Italien und Frankreich leiden unter diesem Phänomen. Erst nach dieser langanhaltenden Zeit des Friedens werden schließlich die letzten Prüfungen zurückkehren, die zur endgültigen großen Wende führen.

V.32   *Wenn alles gut ist und die Sonne strahlt,*
            Mitten im Wohlstand bricht Unglück herein,
            Noch wenn mit Eurem großen Glück Ihr prahlt,
            Erscheint am Himmel wie der Siebte Stein.

Wenn wir Nostradamus Glauben schenken können, ist das erste
Anzeichen für das Ende von Frieden und Überfluß die Erscheinung einer Art Komet am Himmel, der wie der siebte Stein aus
der biblischen Offenbarung des Johannes brennt und der wie ein
grüner Serpentin, goldener Topas oder gelber Olivin beschrieben wird. Möglicherweise werden wir hier mit der Wiederkehr
des Kometen Swift-Tuttle im Jahr 2126 konfrontiert. Andern-
falls wird irgendein anderer Himmelskörper mit der Erde kolli-
dieren und insbesondere den reichen Landstrichen der Welt den
Untergang bringen.

II.45   *Himmel das Zwitterwesen sehr beklagt.*
            Wo Blut versprüht, in hoher Luft geboren.
            Der Tod hilft doch zu spät dem Volk geplagt.
            Hilfe steht früher oder später vor den Toren.

Dieser geheimnisvolle Vers könnte fast alles bedeuten. Wer ist
das neugeborene geschlechtslose Wesen, das von den Himmels-
mächten so beweint wird, und was sind das überhaupt für Himmelsmächte? Warum wird Menschenblut hoch in der Luft oder
sogar im Weltraum vergossen? Wenn der Tod des androgynen
Wesens seine Rasse irgendwie wiederbeleben soll, warum ist es
dann schon zu spät? Und ist die langerhoffte Hilfe ein Retter aus
dem Weltall oder nur eine Art Beistand von der Erde? Sicherlich
ist die Erklärung mit dem Außerirdischen sehr verführerisch. Es

klingt fast, als sei ein vermeintlicher Helfer aus dem Weltraum blutig zurückgeschlagen worden, so daß er seinen Auftrag, den Planeten Erde zu erlösen, nicht ausführen konnte. Das erinnert an Marlowes außergewöhnliche Zeile in Doktor Faustus:

Seht, seht, des Christus' Blut strömt übers Firmament!

Dennoch wird es auch in der Zukunft noch weitere Erlösungsvorhaben dieser Art geben.

X.99   *Nicht mehr der Wolf beim Ochsen friedlich ruht.*
Mitten im Rudel steht das scheue Reh.
Es fällt kein Manna mehr herab, o weh!
Den Doggen fehlen Wachsamkeit und Mut.

Auf unbestimmte, neblige Weise entwirft Nostradamus nun das Bild einer Zukunft, in der die ehemalige Ordnung und der Wohlstand wieder zusammenbrechen werden. Seine aus der Bibel entnommenen Metaphern deuten an, daß er diese Entwicklung in der weit entfernten Zukunft ansiedelt. In der letzten Zeile deutet er sogar an, daß der Verfall aufgehalten werden könnte, wenn die Menschheit etwas wachsamer wäre.

I.44   *Bald wird das Schlachten wieder auferstehn.*
Die Widerständler gehn zum Folterpfosten.
Äbte, Novizen, Mönche nicht zu sehn:
Honig wird mehr als Bienenwachs noch kosten.

Genauer gesagt sieht Nostradamus ein Zeitalter großer Brutalität voraus, in dem die Kirche wieder einmal unterdrückt wird.

Damit verbunden scheint eine ansteigende Inflation zu herrschen, die besonders die Preise der Lebensmittel betrifft. Das könnte wiederum bedeuten, daß die Menschen unter Nahrungsmittelknappheit leiden.

IV.67   *Wenn Mars und Saturn gleichermaßen brennen,*
Die trocknen Winde fegen übers Land.
Versteckte Feuer läßt der Rauch erkennen.
Kaum Regen, heißer Wind, dann Krieg und
Brand.

Hier ist wahrscheinlich der Grund dafür: Eine Zeit unerbittlicher Dürre beginnt. Die »versteckten Feuer«, mit denen die Dürre in Verbindung gebracht wird, können entweder Feuer sein, die niemand bemerkt, oder eine Art unterirdischer Verbrennung oder Strahlung. Bei letzterem fragt man sich, ob nicht eine Beziehung zu der Feuerwaffe besteht, die von den asiatischen Invasoren vor allem im Südwesten Frankreichs eingesetzt wurde. Nostradamus spricht allerdings nicht davon, daß die Dürre weltweite Ausmaße annehmen wird. Doch führt die dadurch bedingte Nahrungsmittelknappheit wie immer zu Geplänkeln und Auseinandersetzungen.

I.67   *Ich muß Euch eine Hungersnot verheißen,*
Die kommt und geht, dann streckt sich übers Land.
Sie ist so groß, so lang, daß man wird reißen
Der Mutter noch den Säugling aus der Hand.

Auch hier taucht die Nahrungsmittelknappheit wieder auf, wobei die letzte Zeile die furchtbaren Ausmaße dieser Katastro-

phe deutlich macht. Ob wir jedoch den angesprochenen Kanni-
balismus wörtlich nehmen müssen, und was für eine Menge von
Menschen oder Nationalitäten mit dem Wort »man« *(on)*
gemeint ist, bleibt ungeklärt. Obwohl weder in dieser Strophe
noch in der vorhergehenden Ort und Zeit genauer beschrieben
werden, ist doch deutlich, daß Nostradamus die Nahrungsmittelknappheit, die schon heute überall ersichtlich ist, letztendlich
als weltweites Problem auffaßt. Dies korrespondiert mit der
Vorhersage von Hungersnöten, die in der »kleinen Apokalypse«
in Matthäus 24 angekündigt werden. Auch scheint das Ganze
aus heutiger Sicht nicht unwahrscheinlich, wenn man die rasant
ansteigende Weltbevölkerung, die sich verbreitende Verwüstung
und die möglichen Auswirkungen der Luftverschmutzung
bedenkt. Die Antwort liegt, anders gesagt, größtenteils wieder
einmal in unserer Hand. Daher verdient es Nostradamus' Vierzeiler so oder so, uns eine ernstzunehmende Warnung zu sein.
Das war schon immer die Aufgabe des wahren Propheten.

II.75   *Auf Treppe und Kanon' hört man den Klang*
              Von eines ungewohnten Vogels Weisen;
              Der Weizenpreis zu hoch: Der Mensch im Zwang,
              Den Bruder aus Verzweiflung zu verspeisen.

In diesem etwas obskuren Vers prophezeit Nostradamus ein
weiteres Mal die schließlich einsetzende Hungersnot, rasant
ansteigende Inflation und deren unvermeidliche Folgen. Das
Bild vom »ungewohnten Vogel« (und nicht vom »ungewollten
Vogel«, wie manche Versionen meinen)[4] findet sich auch in dem
Brief an Heinrich den Zweiten. Ob die Formulierung »Mensch
frißt Mensch« wörtlich oder symbolisch verstanden werden soll,
wird nicht deutlich: Allerdings ist es sehr ungewöhnlich, daß
hungernde Menschen den Drang verspüren, sich gegenseitig

aufzuessen, und erst recht, daß sie diesem Drang auch nachgeben. Es wird kein Datum angegeben, aber man hat bei diesem Vierzeiler wie auch bei dem vorhergehenden den Eindruck, daß es sich um Geschehnisse in der fernen Zukunft handelt.

III.5   *Die Himmel Sternendunkel vorbereiten*
(Zwischen März und April wird das gelingen),
Wie teuer wird's! Doch zwei Persönlichkeiten
Zu Land und Meer allen den Beistand bringen.

Die »zwei großen Himmelskörper« aus dem Original sind wohl Nostradamus' Bezeichnungen für die »zwei großen Lichter« im Schöpfungsbericht der Genesis, die an das Firmament gehangen werden, um Tag und Nacht zu beherrschen, also Sonne und Mond. Ihr »Sternendunkel« könnte sich möglicherweise auf ihre erwartete Verdunkelung kurz vor der Ankunft des himmlischen Königreichs auf Erden beziehen, so wie es Jesus selbst in Matthäus 24, 29 ankündigt (wenn auch auf der Grundlage der älteren Prophezeiungen aus dem Alten Testament):

> *Sofort nach den Tagen der großen Not wird sich die Sonne verfinstern, und der Mond wird nicht mehr scheinen; die Sterne werden vom Himmel fallen, und die Kräfte des Himmels werden erschüttert werden.*

Wir können über die wahren Ursachen für diese außergewöhnliche Erscheinung spekulieren: Die eingängigste Erklärung wäre eine starke Luftverschmutzung welcher Ursache auch immer (in der Reihenfolge ihrer Wahrscheinlichkeit: Vulkanausbrüche und Industrieabgase; man braucht hier nicht den atomaren Winter in Erwägung zu ziehen). Dennoch bringt Nostradamus hier zwei neue Variablen in die Gleichung: Erstens macht er tatsächlich den Versuch, die frühen Anzeichen dieser Ereignisse zu datieren, wenn auch nicht genau aufs Jahr. Zweitens sieht er ein wenig Hoffnung in der Gestalt von zwei gutgewillten Weltmächten (wenn damit nicht die Himmelsmächte oder die Außerirdischen aus II.45, S. 286, gemeint sind), die ihr Äußerstes tun werden, um den Menschen, die von der folgenden Hungersnot und der galoppierenden Inflation am stärksten betroffen sind, auf schnellstem Wege Hilfe zu bringen.

III.4 *Ehe Sonne und Mond aufhörn zu glänzen,*
Wenn, zwar noch fern und noch nicht relevant,
Kälte und Dürre lauern an den Grenzen,
Auch dort, wo das Orakel einst entstand.

Trotz der Versuche in anderen Kommentaren, Nostradamus' Ausdruck *lunaires* auf die heutigen muslimischen Länder zu beziehen, da sie den Halbmond in ihrer Fahne führen, ist es doch durch die große Ähnlichkeit der Wörter viel eher möglich, daß dieser Vierzeiler (ungewöhnlicherweise) mit seinem direkten Nachfolger verbunden ist, und daß das Wort *lunaires* eine nostradamische Verkürzung des Wortes *luminaires* (»Himmelskörper«) ist. Diese Vorhersage spricht daher von den gleichen Erscheinungen wie III.5 oben. Die unvermeidliche Folge einer Verdunkelung von Sonne und Mond durch Wolken und/oder Rauch in der Atmosphäre wäre sicherlich eine große Kälte – und wahrscheinlich auch eine Dürre infolge der mangelnden Sonnenhitze und der daraus entstehenden Änderung des Wetterkreislaufs auf der Erde. Außerdem scheint es auch noch besondere Gefahren »nah der Grenze« zu geben, was (verständlicherweise) bedeuten könnte, daß die Suche nach Nahrung zu bewaffneten Raubüberfällen auf Nachbarländer führen könnte. Die letzte Zeile sieht wie ein Versuch des Sehers aus, die Gegend genauer zu definieren, in der man am stärksten unter diesen Auswirkungen leidet. Leider erklärt er aber nicht, welches »Orakel« er hier meint. Als erstes denkt man natürlich an Delphi in Griechenland, aber genausogut könnte er natürlich von seinem Elternhaus in Südfrankreich sprechen.

III.34   *Wenn Sonne nicht mehr ihre Strahlen schickt,*
Erscheint ein Monster hell im Tageslicht.
Die Meinungen darüber im Konflikt;
Zu schade ist ihm nichts, Gold will es nicht.

Nostradamus macht überhaupt keinen Versuch, dieses geheimnisvolle Zeichen, diese Erscheinung zu erklären, sei sie nun außerirdisch oder was auch sonst. Ich wäre verrückt, wenn ich es versuchen würde.

I.91   *Die Gottheit es den Menschen nun erklärt:*
Der große Krieg entstand aus ihren Händen.
Bevor der Himmel aufklärt, Speer und Schwert
Sich mit noch größ'rer Kraft nach links hinwenden.

Die dritte Zeile legt nahe, daß dieser Vierzeiler mit III.4 und III.5 (S. 290 f.) in enger Verbindung steht, wenn sich nämlich am Himmel schließlich wieder Zeichen einer Wetterbesserung erkennen lassen und die Menschen auf der Erde ihre alte Lebensweise wieder unverändert aufnehmen. Der Satzbau hier ist jedoch mehr als verworren. Er könnte bedeuten, daß alles buchstäblich in der Hand der Götter liegt – dann kann man natürlich nichts daran ändern. Genausogut könnte es aber heißen, daß die Menschheit selbst ihr eigenes Leid verursacht. In Cassius' Worten aus Shakespeares *Julius Caesar:*

Nicht durch die Schuld der Sterne,
lieber Brutus,
Durch eigne Schuld nur
sind wir Schwächlinge.

Die Botschaft, wenn es denn eine ist, mag düster scheinen, aber eigentlich hat sie einen höchst positiven Inhalt: Wenn wir unsere Qualen selber verursachen, dann liegt es auch ganz klar in unserer Hand, die eigene Erlösung herbeizuführen. Ob sich diese Vorhersage, wie die vorhergehenden und die folgenden, jemals bewahrheitet, hängt also größtenteils davon ab, wie wir uns verhalten. Nichts, so scheint es, ist unabwendbar. In diesem Fall hängt allerdings alles davon ab, wer die Gottheit aus der ersten Zeile überhaupt ist. Ufologen und Erich von Däniken beispielsweise werden sicher glauben, daß es wieder einmal die Außerirdischen sind. Wer weiß, vielleicht haben sie ja recht.

I.17   *Vierzig Jahr' sieht man keinen Regenbogen,*
Dann wird er vierzig Jahre jeden Tag gezogen.
Das öde Land wird dann noch öder sein.
Sodann folgt Überschwemmung, trotz
Sonnenschein.

Offenbar wird das Wetter auch in der Zukunft genauso wechselhaft sein, wie es schon immer war. Auf vierzig Jahre Trockenheit ohne Regen und deshalb auch ohne Regenbogen folgen vierzig Jahre Regen und Überschwemmungen.

VI.5   *Die Pest bedingt, daß alles trocken werde,*
          Die Pole unter Regengüssen leiden.
          Samarobryn, hundert Stunden von der Erde,
          Gesetzlos sie dort Politik vermeiden.

Die letzten beiden Zeilen dieser außergewöhnlichen Prophezeiung scheinen eine Art Raumfahrtstation zu beschreiben, die hundert französische Wegstunden (das sind 442,24 Kilometer) von der Erdoberfläche entfernt ist. Das ist fast genau die Höhe der Erdumlaufbahn, in der das amerikanische Skylab ausgesetzt war, und es liegt nur wenig höher als die sowjetische Raumstation Mir. Der hier genannte Name ist aber nicht Skylab oder Mir, sondern »Samarobryn«. Diese ominöse Bezeichnung (Nostradamus behandelt sie wie einen Plural) hat die Ausleger lange Zeit beschäftigt, doch erstaunlicherweise scheint es sich direkt aus den russischen Wörtern *samo* (»selbst«) und *robotnik* (»Arbeiter«) abzuleiten, als solle damit angedeutet werden, daß die erdumkreisenden Raumstationen nicht nur russisch sind, sondern auf ihre Weise auch unabhängig. Die Besatzung scheint keiner bestimmten Nation anzugehören, und das Gesetz, dem sie nicht unterliegen, könnte schlicht das Gesetz der Erdanziehung sein, wobei wir nicht wissen, ob Nostradamus dies bewußt war. Das würde bedeuten, daß man ihre Mission viele Jahre voraus in der Zukunft ansiedeln muß, vielleicht sogar Jahrzehnte oder Jahrhunderte. Die beiden ersten Zeilen kündigen an, daß eine Art schwere Epidemie zu der Zeit die nördliche Halbkugel erschüttern wird, von »langen Regenfällen« begleitet. In Nostradamus' Tagen brach unter solchen Umständen sicherlich die altbekannte Pest wieder aus, wenn die Ratten aus ihren Verstecken geschwemmt wurden. Das deutet auch der vorhergehende Vierzeiler an.

II.46   *Der das Rad dreht, der wird's erneut bewegen:*
              Auf ersten Zirkel folgt ein größ'rer Kreis.
              Pest, Hunger, Krieg, blutig-milchiger Regen.
              Ein Feuer zieht am Himmel Spur so heiß.

Hier schließlich nähert sich Nostradamus der Ankunft des Tausendjährigen Reiches selbst. Kommentatoren legen gemeinhin die erste Zeile falsch aus (die in meiner Version als zweite Zeile erscheint), da sie das Wort *troche* (siehe »Wissenschaftliche Anmerkungen«) vollkommen mißinterpretieren: Sie verstehen es als Hinweis auf einen nuklearen Weltuntergang und auf ähnliche furchtbare Auswüchse. Zum Glück aber enthält wenigstens diese Zeile des Textes keine derartigen Bezüge.

Auch die letzten beiden Zeilen dürfen nicht so ohne weiteres für bare Münze genommen werden: Sie fußen so überaus deutlich auf der biblischen Apokalypse, daß man mit Bezug auf das dritte Gesetz der Prophetie (S. 32) ernsthafte Zweifel an ihrer Gültigkeit äußern kann. Der »blutige, milchige Regen« ist tatsächlich etwas seltsam, obwohl Nostradamus auch an anderer Stelle solche Vergleiche anstellt (II.32, III,18, III.19 und möglicherweise VIII.77 auf den Seiten 101, 204, 123, 76). Unter bestimmten meteorologischen Bedingungen sind rötliche oder milchige Regentropfen durchaus möglich. Andererseits könnte *pluye, sang, laict* in diesem Zusammenhang natürlich auch eine nostradamische Verschlüsselung von *pluie sans (re)lâche* – »nie endender Regen« sein, und damit ein weiterer Hinweis auf die »langanhaltenden Regenfälle«, die in den oben angeführten Vorhersagen erwähnt werden. Diesmal scheint das Feuer am Himmel allerdings den schon lange angekündigten großen Stern der Apokalypse (Offb 8, 10–11) darzustellen: Diese Angabe könnte sogar helfen, den Vierzeiler genauer zu »datieren«, da der Halley'sche Komet (wenn so etwas gemeint sein sollte) ungefähr um das Jahr 2822 herum wiederkehrt; das wären nur ungefähr sechs Jahre vor dem von Nostradamus errechneten Beginn des Millenniums.

❦⌇∿⌇∿⌇∿⌇∿⌇∿⌇∿⌇∿⌇∿⌇∿⌇∿⌇∿⌇∿⌇∿⌇❦

IX.83   *Und wenn die Sonne in den Stier gehört,*
            Wird aufs Theater Beben niedergehn,
            Es Himmel, Luft und Wasser trifft und stört.
            Treulos sie nun zu Gott und Göttern flehn.

Im Monat Mai scheinen bestimmte Naturkatastrophen zumindest einen Teil der Menschheit heimzusuchen, obwohl die Menschen zu jenem Zeitpunkt überhaupt nicht auf dergleichen vorbereitet sind. Auch die, die ihren Glauben lange Zeit vernachlässigt haben, suchen darin plötzlich wieder Zuflucht.

❦⌇∿⌇∿⌇∿⌇∿⌇∿⌇∿⌇∿⌇∿⌇∿⌇∿⌇∿⌇∿⌇∿⌇❦

X.74   *Wenn schließlich kommt die große Nummer sieben,*
            Ein rituelles Spiel wird angeboten,
            Erde zum Himmel wird die Macht verschieben,
            So daß der Erd' entsteigen dann die Toten.

Dieser Vers bezieht sich wahrscheinlich auf dasselbe Ereignis. Es ist aber mehr als nur ein schlichtes Erdbeben. Erneut spricht Nostradamus hier auf der Grundlage der biblischen Endzeitauffassung von der angekündigten Auferweckung aller Toten vor Beginn des Millenniums – wie abstrus sich das Ganze für uns heutzutage auch anhören mag und wie auch immer wir es verstehen wollen (die Leser seien an dieser Stelle an die Wirkungsweise des achten prophetischen Gesetzes auf Seite 32 erinnert). Hier ist aber besonders auffällig, daß Nostradamus das Thema des Millenniums mit zwei Vorhersagen verbindet, die eindeutig von ihm selbst stammen. Zum einen setzt er sie zu den, wie er sich im Französischen ausdrückt, »Hekatombischen Spielen« (also Opferspiele) in Beziehung, wohl eine zukünftige Form der Olympischen Spiele. Außerdem versieht er sie mit einer Zeitangabe: Dieses die herrschende Weltordnung verändernde Ereignis wird am Ende des siebten Jahrtausends eintreffen; das wäre nach Nostradamus' Auffassung der biblischen Zeit im oder um das Jahr 2827/8 (siehe nächsten Abschnitt). Interessanterweise sagt auch Mario de Sabato den Beginn einer vollkommen neuen Weltordnung um das Jahr 2800[20] voraus, während die Pyramide von Gizeh den Anfang des Millenniums für Juli 2989 anzusetzen scheint. Diese Vorhersage von Nostradamus ist verwirrend und – das muß in Anbetracht des dritten prophetischen Gesetzes gesagt werden – eine nicht sehr vielversprechende Mischung aus Erwartung und Weissagung, und nur die Zeit wird zeigen, inwiefern sie zutrifft.

❧

II.13   *Den seelenlosen Leib wird's nicht mehr geben.*
Der Todestag gebiert ein neues Leben.
Der Heil'ge Geist erneut Verzücken schickt,
Sobald die Seel' die Ewigkeit erblickt.

Tatsächlich sieht das von ihm angekündigte Friedensreich vergeistigt und nicht sehr nach Blut und Leben aus: eher ein Erdenreich im Himmel, so könnte man sagen, als ein Himmelreich auf Erden. Vielleicht stellt es auch das von Apostel Paulus ersehnte spirituelle Universum dar, das wiederum die Glaubenshaltung der antiken Essener widerspiegelt. Auf jeden Fall steht die Vorhersage im Einklang mit der christlichen Lehrmeinung – obwohl letztere so offensichtlich dem Alten Testament und den Grundsätzen der Evangelien widerspricht, und nicht zuletzt dem Vaterunser mit seiner deutlichen Aufforderung:

Dein Reich komme,
wie im Himmel, so auf Erden.

Auch hier sollten wir wieder besser vorsichtig sein und uns nicht vorschnell und unkritisch auf Angaben verlassen, die wahrscheinlich eher Nostradamus' fremdbestimmten Erwartungen entspringen als seinen tatsächlichen Visionen. Weitaus besser wäre es gewesen, so ist man versucht zu sagen, hätte er sich enger an letztere gehalten: Er mag ja ein Prophet gewesen sein, doch das heißt noch lange nicht, daß er auch ein Theologe war, und schon gar kein verläßlicher Theologe.

❦⟞⟋⟍⟞⟋⟍⟞⟋⟍⟞⟋⟍⟞⟋⟍⟞⟋⟍⟞⟋⟍⟞⟋⟍⟞⟋⟍⟞⟋⟍⟞⟋⟍❦

III.2   *Göttliches Wort dem groben Stoff vermacht*
         Himmel auf Erden, das mystische Gold.
         Körper, Geist, Seele nun gehört die Macht
         Von Erd' und Himmel – so ist es gewollt.

So kommt es, daß Nostradamus nun in einer endgültigen Vision ein Universum erblickt, in dem Himmel und Erde eins sind, in dem der Mensch schließlich doch die Einheit mit dem Göttlichen gefunden hat und in dem die großen Ideale der Menschheit, die religiösen, alchimistischen und auch, das muß gesagt werden, die politischen, letztendlich erreicht werden.

❦⟞⟋⟍⟞⟋⟍⟞⟋⟍⟞⟋⟍⟞⟋⟍⟞⟋⟍⟞⟋⟍⟞⟋⟍⟞⟋⟍⟞⟋⟍⟞⟋⟍❦

V.53   *Sonne und Venus sind immer im Streit,*
         Wer den wahren Propheten inspiriert.
         Zwischen den beiden herrscht Uneinigkeit.
         Messias wird vom Sonnenweg geführt.

Zum Schluß widmet Nostradamus seine Aufmerksamkeit den Prophezeiungen selbst und ihren Erfüllungen. Es gibt anscheinend zwei prophetische Wege, vielleicht den männlichen und den weiblichen, und der Messias selbst wird den Sonnenweg verfolgen. Das könnte bedeuten, daß auch Nostradamus für sich in Anspruch nimmt, diesen Weg zu gehen.

I.48   *Der Mond jetzt zwanzig Jahr' bestimmt den Plan.*
Ein Neuer herrscht nach siebentausend Jahren.
Bevor die Sonne aufnimmt ihre Bahn,
Werden sich meine Worte offenbaren.

Vielleicht ist dies der Höhepunkt der nostradamischen Weissagungen: Er behauptet, daß all seine Prophezeiungen bis zum Jahre siebentausend erfüllt sein werden, das heißt, siebentausend Jahre nach der biblischen Schöpfung. Da er die Erschaffung der Welt in seinem *Brief an Heinrich den Zweiten, König von Frankreich,* auf das Jahr 4173 v. Chr. festsetzt, muß dementsprechend das »siebte Jahrtausend« im Jahre 2827/8 enden. (Für Mathematiker: das Jahr 0 gibt es nicht, da in unserem System der Zeitrechnung, das von Dionysus Exiguus im sechsten Jahrhundert nach Christus erdacht worden ist, das Jahr 1, das »erste Jahr nach der Geburt Christi«, direkt auf das Jahr –1, dem »ersten Jahr vor der Geburt Christi«, folgt. Wenn man allerdings die anderen Ereignisse in Betracht zieht, die mit dieser Zeitmessung schon zuverlässig datiert worden sind, stellt sich heraus, daß Jesus von Nazareth wahrscheinlich im Herbst des Jahres geboren wurde, das wir heute als 2 v. Chr. bezeichnen. Uns bleibt daher nur, die mathematischen Berechnungen mehr oder weniger unverändert zu lassen und lediglich eine Spanne von vier oder fünf Monaten mit einzurechnen.) In der ersten Zeile wird außerdem noch der

Zeitpunkt der ersten Veröffentlichung des Vierzeilers selbst angegeben: Es ist das Jahr 1555, da Roussat und andere[3, 11] annehmen, daß der letzte große astrologische Mondzyklus von 1535 bis 1889 andauerte.

7
Wer gewarnt ist,
ist gewappnet

Fünfhundert Jahre: Man gibt auf ihn acht,
Der das Entzücken seiner Tage war.
Plötzlich bricht strahlend durch des Lichtes Macht,
Als stelle es den neuen Zuspruch dar.

Centuries: III.94

Nostradamus hat sein Licht nie unter den Scheffel gestellt, und mit diesen leidenschaftlichen Worten, die anscheinend von ihm selbst sprechen, hat er wohl den Triumph seiner Prophezeiungen und deren Anerkennung in der Gesellschaft bis zum Jahre 2055 vorhergesagt. Das würde bedeuten, daß die meisten der größeren Vorhersagen bis zu diesem Zeitpunkt erfüllt und damit auch bei den größten Zweiflern anerkannt sein werden.

Wahrscheinlich wird das alles nötig sein, um so eine unwahrscheinliche Kehrtwende in der Einschätzung von Nostradamus herbeizuführen. Solange sie sich nicht tatsächlich zutragen, scheinen die meisten seiner Vorhersagen mindestens so gut wie abwegig zu sein; und sie wirken noch abwegiger, wenn man seine eigenen oft wiederholten Worte bedenkt, daß viele von ihnen nicht unausweichlich eintreten müssen. Offenbar hängt sehr viel von unseren Reaktionen auf die Ereignisse und von unserer Einstellung zu den Vorhersagen selbst ab.

Geschichte wiederholt sich

Daher müssen wir uns immer die Tatsache vor Augen halten, daß sich einige der angeblich »zukünftigen« Prophezeiungen schon längst erfüllt haben, entweder ganz oder teilweise. Europa und Nordafrika sind immerhin schon vor langer Zeit von muslimischen Truppen aus dem Osten über Konstantinopel überfallen worden. Die osmanische Besatzung dauerte ungefähr vierhundert Jahre von 1453 an, und ihre grausamen Folgen, die religiösen und ethischen Konflikte, sind bis heute sichtbar, besonders auf dem Balkan. Nostradamus selbst sprach wiederholt davon, und nannte nicht nur seinen Zeitgenossen, den Osmanen Sultan Selim I., sondern auch dessen Nachfolger auf dem Pfauenthron, Suleiman den Prächtigen, und zwar ausdrücklich als Soliman und verschlüsselt durch das Anagramm (L') *Ogmios* (das man wahrscheinlich als »Solimog« lesen sollte), und das war ja auch der Name des sprachgewaltigen gallischen Gottes, der dem Herkules aus der Antike entspricht...

Auch die Päpste haben schon vor langer Zeit die Vorhersagen von Nostradamus erfüllt, als sie aus Rom in das Rhônetal flüchteten. Im vierzehnten Jahrhundert verharrten die französischen Päpste dort fast siebzig Jahre. Der Palast in Avignon steht noch immer. Auch als sie in den Vatikan zurückkehrten, blieb das französische Papsttum bestehen und führte so schließlich zu einer außergewöhnlichen Konstellation, als es nämlich zwei Päpste gab. Diese bezeichnete man (und tut es immer noch) als Papst und Gegenpapst (»anti-pope«), wodurch es sogleich vielsagend in den Köpfen derer klingelt, die immer nur an Apokalypsen und Antichristen denken. Auch wurde später ein Papst von Napoleon in Valence gefangengehalten, der dort schließlich starb, jedoch offensichtlich eines natürlichen Todes.

Außerdem hatten wir in Napoleon zusammen mit Hitler und Stalin schon drei anti-christliche Diktatoren, die zumindest in den Augen mancher Menschen den nostradamischen Beinamen des »Antichristen« sehr wohl verdient haben, auch wenn sie nicht den Anstand besaßen, bis zum Ablauf des Zeitalters zu warten.

Daher sind orientalische Invasionen, päpstliche Auseinandersetzungen und auch Antichristen nichts Neues. Und auch blutige Zeiten sind es nicht. Die gab es schon so häufig in der Vergangenheit, und auch in der Zukunft wird es sie zweifellos immer wieder geben. Leider oder glücklicherweise ändert sich die Natur des Menschen nie. Daher ist es nicht vollkommen ausgeschlossen, daß die dunkleren Abschnitte der Geschichte auch zukünftig wiederholt auftauchen, und zwar, wie es Nostradamus' Vorhersagen anzudeuten scheinen, bis zum Anbruch der wie auch immer gearteten Endzeit. Wie König Salomon, gar nicht zu sprechen von den Hindus und Buddhisten, glaubte wohl auch Nostradamus ganz fest an dieses Prinzip.

Den Boten beschuldigen

Wenn wir diese Tatsachen berichten, könnte man uns beschuldigen, nur schlechte Nachrichten zu verbreiten und im Sinne des vierten prophetischen Gesetzes (S. 32) die Zukunft überhaupt erst zu erschaffen, die wir so sehr fürchten. Andererseits: Waren Nachrichten jemals nicht vorrangig schlecht? Das Gegenstück zu Nostradamus Vorhersagen wären rückblickend dreizehnhundert Jahre Zeitungen. Kann sich jemand vorstellen, wie viele schlechte Nachrichten *die* enthalten würden? Auf die Beschuldigung, man würde die schlechten Zeiten allein schon durch deren Ankündigung schaffen, muß geantwortet werden, daß das schon längst geschehen ist. Man weise der Bibel die Schuld zu, man beschuldige Nostradamus selbst, auch wenn es sich verdächtig danach anhört, als beschuldige man dann den Boten für seine Botschaft. (Man frage sich auch, wie in aller Welt man Nostradamus für die Auswirkungen einer prophetischen Botschaft verantwortlich machen kann, die bis heute niemand vollkommen verstanden hat.) Es ist nun jedoch zu spät, um mich oder irgendeinen anderen Übersetzer oder Kommentator für die kommende Invasion der Asiaten zu beschuldigen, wenn sie denn kommt. Die Zahnräder der Prophetie, sollten sie tatsächlich existieren, haben sich schon vor vielen Jahrhunderten in Bewegung gesetzt. In Zentralasien, im Mittleren Osten oder im früheren Jugoslawien drehen sich längst die politischen und sozialen Zahnräder, unabhängig davon, was ich oder irgend jemand anders dagegen tut – das zeigt schon der flüchtigste Blick auf die Zeitungen von heute.

Das vierte Gesetz der Prophetie braucht Zeit, um seine Wirkung zu entfalten. Hat es sie nicht, besitzt es keine Macht. Seit Jahren benutzen die Möchtegern-Kommentatoren Nostradamus dazu, ein atomares Endgefecht und einen Dritten Weltkrieg zwischen der Sowjetunion, dem Warschauer Pakt und Westdeutschland vorherzusagen, doch nichts dergleichen ist bisher eingetreten. Darüber hinaus kann es nun auch gar nicht mehr eintreten. Man hat den Vorhersagen nicht nur zuwenig Zeit gelassen, um ihren Zauber wirken zu lassen, die in Frage kommenden Teilnehmer sind überhaupt nicht mehr vorhanden, um die Vorhersagen erfüllen zu können. Das soll heißen: Wenn es die Umstände nicht zulassen, kann das Gesetz der Selbsterfüllung nicht zum Einsatz kommen. Auch das vierte Gesetz braucht wenigstens den Anflug von Wirklichkeit, um arbeiten zu können.

Aber wenn es nun zu spät ist, Interpreten wie mir die Schuld für die kommenden schlechten Zeiten zu geben, so bleibt den prophetischen Gesetzen doch noch mehr als genug Zeit, um die guten Zeiten herbeizuführen, die ich ebenso für die ferne Zukunft auf der Grundlage von Nostradamus' Prophezeiungen vorhersage, sind die große Invasion und der Krieg erst einmal vorbei. Dafür gebe man mir dann ruhig die Schuld.

Das menschliche Bewußtsein verändern

Schuldfrage beiseite, es scheint tatsächlich ziemlich gut möglich zu sein, daß sich vergangene Ereignisse in der Zukunft wiederholen, ganz egal, ob sie vorhergesagt wurden oder nicht. Die zukünftigen Gegenstücke, so ist das nun mal, werden sogar noch größer und besser (oder schlechter) sein als die vergangenen. Das liegt wahrscheinlich daran, daß das menschliche Bewußtsein, das die Ereignisse hervorbringt, sich nicht geändert haben wird. Wenn dem so ist, dann ist der einzig verläßliche Weg, das Eintreffen dieser Ereignisse zu verhindern, das menschliche Bewußtsein zu verändern und nicht zu versuchen, Propheten und ihre Ausleger mundtot zu machen.

Und Möchtegern-Missionare sollten sich vor Augen führen, daß das bedeutet, ihr *eigenes* Bewußtsein zu verändern, nicht das anderer Menschen.

Nostradamus' Anliegen

Ob sich herausstellen wird, daß Nostradamus' Vorhersagen die kommenden Geschehen präzise widerspiegeln, ist fraglich. Auch wenn seine Verse oft ein Déjà-vu-Gefühl verbreiten, kann man wohl kaum verneinen, daß sie vieles enthalten, das überhaupt keinen Bezug zu Ereignissen der Vergangenheit hat, beispielsweise den Luftverkehr. In den Versen fallen die asiatischen Invasoren von Europa auch in Persien ein und stürmen ebenfalls Italien und Frankreich. Sie deuten den Gebrauch von besonders heimtückischen Luftgefechtswaffen an. Sie erwähnen fast nur Nordstern und Dreizack. Sie beschreiben äußerst detailliert die einzelnen Phasen des Feldzugs in Westeuropa, der kein Gegenstück in der Geschichte besitzt. Sie entwerfen sogar eine Art zeitlichen Ablauf für den Konflikt, der keinerlei Bezug zur Geschichte hat.

In dieser Hinsicht sind also all die Prophezeiungen von Nostradamus, die sich entschieden auf die Vergangenheit beziehen, bisher noch nicht erfüllt. Sie sind gleichzeitig bemerkenswert genau und einheitlich, eng miteinander verknüpft. Konsequenterweise stehen und fallen sie deshalb gemeinsam. Alles in allem bedeutet dies nun folgendes: Entweder bewahrheiten sich die noch ausstehenden Sprüche des Nostradamus in der Zukunft mehr oder weniger *en bloc*, oder sie sind schlicht und einfach falsch, Seite für Seite. Letzteres kann nicht einfach so vertuscht werden. Wir haben ja schon gesehen, daß Nostradamus manchmal tatsächlich die genaueren Angaben durcheinanderbringt, bisweilen sogar vollkommen verdreht. Wir wissen, daß er oft die Beweggründe der Menschen verwechselt und alles Apokalyptische übertreibt. Wir sind uns seiner Neigung vollkommen bewußt, alles in Rätsel zu fassen, die mehr als nur eine Interpretation zulassen.

Aber daß Nostradamus sich so vollständig und umfassend geirrt haben könnte, daß ein Großteil seines Gesamtwerkes überhaupt nicht auf die Zukunft anzuwenden ist, die es beschreibt, scheint sehr unwahrscheinlich – besonders, wenn man bedenkt, daß ihm sogar seine größten Kritiker zähneknirschend genaue Vorhersagen in der Vergangenheit zugestehen. Hätte er in nur ein oder zwei Sprüchen hin und wieder eine asiatische Invasion angedeutet, wäre es uns wohl möglich gewesen, ihn der flüchtigen Verirrung zu bezichtigen oder vereinzelte Treffer in dieser Richtung schlicht als Strohfeuer zu erklären. Aber das tat er nicht. Er hörte überhaupt nicht mehr damit auf, beschrieb die Invasion immer wieder und erschreckend anschaulich. Deswegen war er entweder ein verirrter Narr, der sich öfter irrte, als daß er recht behielt, oder wir müssen die Möglichkeit ernsthaft in Erwägung ziehen, daß seine Vorhersagen einen Funken Wahrheit enthalten.

Was können wir tun?

Vielleicht beabsichtigte er gar nicht mehr. Wenn die Erfüllung solcher Vorhersagen nicht unumgänglich ist, dann sind unsere eigenen Reaktionen von großer Bedeutung. Wir haben noch immer die Wahl: Wir können dafür sorgen, daß unsere Gedanken und Handlungen nicht so beschaffen sind, daß sie die Geschehnisse nach sich ziehen, die wir am stärksten zu vermeiden suchen. Wir können unsere religiösen Wortführer ermutigen, egal ob Moslems oder Christen, gegenseitig Respekt und Toleranz zu üben. Wir können auf frühzeitige Warnzeichen der vorhergesagten Ereignisse achten. Wir können uns aussuchen, wo wir leben wollen, und bei der Wahl des Wohnorts die Gegenden vermeiden, die wahrscheinlich am schlimmsten getroffen werden (man erinnere sich, daß eine große Zahl der nostradamischen Vorhersagen deutlich zum Ziel hat, die Bevölkerung der betroffenen Gegenden zu warnen). Wir können unsere Politiker unter Druck setzen, damit sie ein geeignetes prophylaktisches Programm entwickeln, versuchsweise Ausweichpläne entwerfen und angemessen reagieren, wenn die Geschehnisse langsam näherrücken. Wir können unser Militär drängen, geeignete Vorsichtsmaßnahmen allgemeiner Art zu treffen. In unseren Häusern (wenn wir zu den Glücklichen gehören, die welche besitzen) können wir uns ein wenig besser gegen eine soziale Störung wappnen, indem wir unsere eigene Brennstoffversorgung sicherstellen, unseren Energieverbrauch reduzieren, alternative Energiequellen benutzen, unsere eher einfachen Heizmöglichkeiten und Beleuchtungsarten bewahren, unsere eigene Nahrung anbauen, unsere alten hand- und fußgetriebenen Maschinen nicht ausrangieren und in allen Bereichen unseres Lebens wieder neu lernen, wie man herstellt, repariert und wiederverwertet. Wer gewarnt ist, so sagt man, ist gewappnet. Und wenn sich tatsächlich herausstellen sollte, daß sich Nostradamus so gründlich geirrt hat, daß solche Vorkehrungen überflüssig sind, dann wären doch die daraus erwachsenen Vorteile für die Umwelt auf unserem Planeten ein nicht zu hoher Preis.

Nur ein toter Prophet also, oder ein hoffnungsloser Fall? Die Zeit wird es zeigen. Aber wenn die Kritiker wirklich beweisen wollen, daß er sich so stark geirrt hat, wie sie es gerne hätten, dann täten sie das am besten nicht, indem sie es einfach *behaupten* und zum Beweis die nicht gerade überzeugende Begründung anführen, daß er gegen ihre vorgefaßten Theorien verstößt. Statt dessen müßten sie es mit eigenen Taten *beweisen*, das heißt, sie müßten verschiedene Schritte unternehmen, die die Bewahrheitung seiner Vorhersagen entweder unmöglich machen oder deren Auswirkungen mildern, sollten sie doch einmal eintreten. Dann erst dürften sie berechtigt behaupten: »Ich hab's euch doch gesagt.«

Und ich bezweifle nicht im geringsten, daß Nostradamus der letzte wäre, der dagegen etwas einzuwenden hätte.

Bibliographie

1 Brennan, J. H., *Nostradamus; Visions of the Future* (Aquarian, 1992)
2 Cannon, D., *Conversations with Nostradamus: His Prophecies · Explained,* Vol. 2 (America West, 1990)
3 Cheetham, E., *The Final Prophecies of Nostradamus* (Futura, 1989)
4 Cheetham, E., *The Prophecies of Nostradamus* (Corgi, 1973)
5 Clarke, A. C., *Profiles of the Future* (Pan, 1973): quotations by kind permission of David Higham Associates
6 Dixon, J., *My Life and Prophecies* (Muller, 1971)
7 Fontbrune, J.-C. de, *Nostradamus 1: Countdown to Apocalypse* (Pan 1983)
8 Glass, J., *The Story of Fulfilled Prophecy* (Cassell, 1969)
9 Hewitt, V.J. and Lorie, P., *Nostradamus: the End of the Millennium* (Bloomsbury, 1991)
10 Hogue, J., *Nostradamus and the Millennium* (Bloomsbury, 1987)
11 Laver, J., *Nostradamus or the Future Foretold* (Mann, 1973)
12 Lemesurier, P., *The Armageddon Script: Prophecy in Action* (Element, 1981): quotation by kind permission of Element Books Ltd.
13 Lemesurier, P., *Gospel of the Stars: The Mystery of the Cycle of the Ages* (Element, 1990)
14 Lemesurier, P., *The Great Pyramid Decoded* (Element, 1977)
15 Lindsey, H., *The Late Great Planet Earth* (Lakeland, 1970)
16 Loog, C., *Die Weissagungen des Nostradamus* (Berlin, 1921)
17 Pitt Francis, D., *Nostradamus: Prophecies of Present Times?* (Aquarian, 1984)
18 *The Prophecies of Nostradamus* (Avenel, N.Y., 1975)
19 Roberts, H.C., *The Complete Prophecies of Nostradamus* (Grafton, 1985)
20 Sabato, M. de, *Confidences d'un voyant* (Hachette, 1971)
21 Sabato, M. de, *25 ans à vivre?* (Pensée Moderne, 1976)
22 Tomas, A., *Beyond the Time Barrier* (Sphere, 1974)
23 Woldben, A., *After Nostradamus* (Spearman, 1973)

Index der Verse

316

Register

Econ & List

Matthias Horx
Das Zukunfts-Manifest
Aufbruch aus
der Jammerkultur
336 Seiten
TB 26636-5

Matthias Horx, der bekannteste deutsche Trendforscher, seziert in seinem engagierten Buch die Megatrends unserer Zeit. Er untersucht die Ursachen des weitverbreiteten Pessimismus und versteht es, den Ängsten vor der Globalisierungsfalle reale Chancen entgegenzusetzen. Der tiefgreifende Wandlungsprozeß, den die Industrienationen derzeit erleben, kann viel Positives bringen: eine freiheitliche Wissensgesellschaft, eine Kultur der Begegnung, ein sich dynamisch entwickelndes Wirtschaftsgefüge mit unzähligen neuen Möglichkeiten.

Das Zukunfts-Manifest ist ein fundiertes Plädoyer gegen den allgegenwärtigen Pessimismus und die Jammerkultur der Deutschen.

Heribert Illig
Wer hat an der Uhr gedreht?
Wie 300 Jahre Geschichte
erfunden wurden
288 Seiten
TB 26561-X

In seinem neuen Buch ist
Heribert Illig wieder dem
Phänomen der fiktiven Zeit
auf der Spur.

Er geht zahllosen Wider-
sprüchen und Fälschungen
der Geschichtsschreibung
auf den Grund und kommt
zu einem so abenteuerlichen
wie stichhaltigen Fazit: Fast
300 Jahre wurden nachträg-
lich in unseren Kalender
eingefügt. Karl der Große
und all seine Zeitgenossen
haben nie gelebt, und wir
stehen gerade am Beginn
des 18. Jahrhunderts. Ein
verblüffender Einblick in
eine gigantische Geschichts-
fälschung.

Horst-Eberhard Richter

**Als Einstein nicht
mehr weiterwußte**

Ein himmlischer
Krisengipfel

256 Seiten

TB 26569-5

Satirisch und ironisch, gleichwohl mit vollem Ernst, läßt Horst-Eberhard Richter die Meisterdenker Konfuzius, Platon, Buddha, Augustinus, Descartes, Marx, Freud und Einstein ein himmlisches Wortgefecht führen. So streiten sie, ob der globalisierte Ultrakapitalismus in weltweitem Chaos enden, ob die technologische Revolution eine schönere neue Welt bescheren oder ob ein gründlicher Sinneswandel die Menschen zur Gesundung ihrer Verhältnisse führen wird.

»Unter seiner Regie gelingt dem Club der toten Denker ein höchst lebendiger und spannender Dialog, der mitten hineinzielt in die ambivalenten Befindlichkeiten der Gegenwart.« *Die Zeit*